Johann Förster

**Übersicht der Geschichte der Universität zu Halle in ihrem ersten**

**Jahrhunderte**

Johann Förster

**Übersicht der Geschichte der Universität zu Halle in ihrem ersten Jahrhunderte**

ISBN/EAN: 9783743612969

Hergestellt in Europa, USA, Kanada, Australien, Japan

Cover: Foto ©ninafisch / pixelio.de

Johann Förster

**Übersicht der Geschichte der Universität zu Halle in ihrem ersten**

**Jahrhunderte**

# Uebersicht

der

# Geschichte der Universität

## zu Halle

in ihrem ersten Jahrhunderte,

von

## Joh. Christian Förster,

Königl. Preußl. Kriegs- und Domainen-Rath
und Professor auf der Friedrichs-Universität.

———————∞———————

Halle,
in der Buchhandlung des Waisenhauses.
1799.

# Vorrede.

Es interessiren sich gewiß für die Friedrichs-Universität in Halle bey dem ihr nun so nähern Schluße ihres ersten Jahrhunderts so viele, daß ich nicht im mindesten zweifle, es werde ihnen eine kurze Uebersicht der Geschichte derselben, besonders unter den jezigen Umständen, nicht unangenehm seyn.

Wirft man nach einer solchen Uebersicht einen allgemeinen Blick auf sie, so dringt sich der Gedanke wohl ganz natürlich auf; so vieles Gute, und so vieles Unvergeßliche, daß auf ihr und durch

sie

sie in einem vollen Jahrhunderte gewirkt ist, muß man größtentheils der vernünftigen Freyheit im Denken und im Schreiben beymeßen. Dies große Gut ist ihr von ihrem ersten Anfange an zu Theile gewesen, und dieses Glück muß sie besonders bey dem Ende einer so großen Periode mit innigster Dankbarkeit erkennen. Thomasius stehet hier gleichsam an der Spize, und eines seiner größten Verdienste nicht blos um diese Academie, sondern auch um die Wißenschaften und um die Menschen überhaupt, war ohnstreitig, daß er als ein so herzhafter und freymüthiger Mann sich über alte, verjährte, und den mehresten seiner Zeitgenoßen so starke Vorurtheile erhob, daher er in vielen Wißenschaften manches zu lehren anfing, das damahls unerhört war, wovon aber nachher das Wohlthuende und Beglückende fast allgemein eingesehen wurde. Ich brauche hiervon nichts weiter zu sagen, da ein mehreres in der nachstehenden Schrift darüber gesagt worden ist, inson-

derheit

derheit aber, da ganz neuerlich in der Erneuerung
des Andenkens dieses wichtigen Mannes in der berlinischen Monatsschrift, vorzüglich in dem dritten
Stücke über ihn, welches in dem Monathe März
dieses Jahrs befindlich ist, seine Verdienste um
diese Freyheit, und seine Freymüthigkeit selbst, so
fühlbar dargestelt worden sind. Und dies war ebenfals der Fall bey andern Lehrern der Universität
in den ersten Jahren derselben. Francke, und
überhaupt die spenersche Partey, die doch ihr
die ersten Lehrer der Theologie gab, war damahls sehr vielen ein großes Aergerniß, und wäre es nach den Wünschen mehrerer so genanten
Rechtgläubigen gegangen; so hätten Francke
und seine Anhänger nirgends einen Zufluchtsort
gefunden. Diese Männer lehreten frey und dran-
gen auf etwas mehreres, als blos auf die gewöhnliche Formular-Theologie. Bey allen widrigen
Anfällen auf diese ersten Lehrer der Universität ließ
sich aber der Stifter nicht irre machen, sein angefan-

genes

genes Vorhaben wirklich zu Stande zu bringen
Und obgleich es so gar schon vor der Inauguration
damahls zum Sprüchworte geworden war: Halam tendis, aut pietista, aut atheista reversi-
rus; so wurde doch dies alles von Verständigen
nicht geachtet; ganz geschwind wurde der Zufluß
von jungen Leuten, zu dieser neuen Academie,
über alle Erwartung groß, und der Erfolg hat
gelehrt, daß gerade das Gegentheil von jener
doppelten Prophezeyung geschehen. Unleugbare
Wahrheit ist es, daß aus Halle Lehrer in alle
Welt ausgegangen sind, welche der Religion bey
weiten mehr Zuwachs geschaft haben, als die von
dem größten Rufe der Rechtgläubigkeit. Aber die
Regenten, der Stifter und seine Nachfolger ließen
den Wißenschaften ihren ungehinderten, freyen
Lauf, die Lehrer mochten nach ihrer Ueberzeugung
und nach ihrem Gewißen lehren: diejenigen aber,
welche anderer Meynung waren, mochten sie widerlegen, wenn nur der bürgerlichen Gesellschaft da-

durch

# Vorrede.

durch kein Nachtheil erwüchse: denn so bald nur
davon etwa ein Anschein seyn mochte, sobald wurde auch durch Landesherrliche Dazwischenkunft
Einigkeit und Friede befördert, ohne daß irgend
die eine, oder die andere Partey auf eine Art ge-
drückt worden wäre; davon gleich im Anfange
der Universität die commissarischen Verhandlungen
bey den pietistischen Streitigkeiten in der nachstehenden Schrift erzählt worden sind. Zwar ist auch
nicht zu leugnen, daß unter der Regierung Friedrich Wilhelm I. der Lehre wegen zwey hiesige
Gelehrte so gar cassirt worden sind, der erste
wegen vorgeblicher Profanität und wegen solcher
Lehren, die zur Irreligiösität führeten: der
zweyte wegen übertriebener Frömmigkeit und
auffallender Separatisterey; der eine war Wolf,
und der andere, der nachherige würdige Bischof
der Brüder-Gemeinde, der damahlige Adjunct
der theologischen Facultät Aug. Gottl. Spangenberg. Es ist doch sonderbar, daß beyde
mahl

mahl Theologen hierbey die geschäftigsten und thä-
tigsten Triebfedern waren, bey Wolfen der D.
Lange, und bey Spangenberg, dieser ebenfals
und noch mehr einige seiner Collegen. Sie hatten
ihn 1732 mit den besten Erwartungen von Jena aus
nach Halle gezogen, aber schon das Jahr darauf
1733 misfiel er diesen seinen Beförderern so sehr,
daß sie einen sehr nachtheiligen Bericht von ihm
nach Hofe abgehen ließen, dessen Wirkung auch
dieselbe war, wie einige Jahre vorher mit Wolfen. Er mag als ein frommer Mann allerdings
wohl zu weit gegangen seyn, und er gestehet es
auch selbst; doch giebt er seine Caßation einem
Misverstande zwischen ihm und den hallischen Theologen schuld, welcher vielleicht auf eine mildere
Weise hätte können gehoben werden, als daß sogleich ein schwarzer Bericht von ihnen, an den
Monarchen hätte erstattet werden müßen *). Weil
Span-

*) Vergleiche Leben des Grafen von Zinzendorf beschrie-
ben von Spangenberg Theil 4. Seite 795 u. f.

# Vorrede.

Spangenberg blos ein Privat-Docent auf unserer Universität gewesen, so habe ich in der Schrift selbst, von ihm nichts gesagt, bey dieser Gelegenheit aber, muß ich nur etwas von ihm erwähnen. Auf der Universität Jena kam er bereits in nähere Bekanntschaft mit dem Grafen von Zinzendorf, und als er als Privat-Docent daselbst manche Vorlesungen zu halten anfing, erhielt er einen großen Beyfall und allgemeine Liebe: da er nun ganz seine humanistische Kentmiße hatte, so kam er nach Gundlings Absterben 1729 zur Profession der Beredsamkeit auf hiesiger Academie in Vorschlag; wie dies aber sich zerschlagen hatte, so suchten ihn die damahligen Directores des Wapsenhauses dennoch nach Halle zu ziehen; er erhielt, nach erfolgtem Bericht der theologischen Facultät an den Hof, den Ruf als Adjunct derselben, und wurde Auffeher über die Schulen des Wapsenhauses. Nun war er ein junger Mann von vielen Erwartungen, fand auch in seinen Vorlesungen alhier

großen

großen Beyfall, und in seinen Predigten vielen
Eingang bey den Bürgern. Aber er hing sehr
auf die Seite des Grafen von Zinzendorf, und
dies billigten die damahligen Lehrer der Theolo=
gie keinesweges; da er nun noch besonders sich
von dem gemeinen Haufen absondern, und blos
mit gleichgesinnten Freunden, in der Kirche das
Abendmahl genießen wolte, auch mehrere Er=
bauungsstunden mit Freunden, von eben seiner
Gesinnung anstellte; so konten freylich die damah=
ligen Theologen, nicht mit ihm einstimmen. Die
Directores des Waysenhaußes gaben sich alle Mü=
ße, ihn von seinen Eigenheiten abzubringen, da
aber diese Versuche fruchtlos ausfielen, so kam die
Sache an die ganze Facultät, doch Spangenberg,
wolte weder von seinen separatistischen Ideen, noch
von der Verbindung mit der Brüder=Gemeinde
ablaßen, daher die Directores des Waysenhaußes,
ihn von der Inspection entließen; und die theolo=
gische Facultät bey dem Könige im Anfange des

Mo=

# Vorrede.

Monaths März 1733 darauf antrug, ihn in Gnaden zu dimittiren. Allein der Monarch, welcher in solchen Sachen so leicht aufzubringen war, rescribirte an die Facultät, daß sie ganz recht gethan hätte, davon Anzeige zu thun, und an den damahligen Obristen des anhalt-deßauischen Regiments von Wachholz, ergieng unter dem 31sten März die Cabinets-Ordre, den Spangenberg anzudeuten: daß er seines Amts entsezt seyn, und sich noch vor dem Osterfeste von Halle wegbegeben solle. Der gute Spangenberg gehorchte, nahm von seinen Anklägern den herzlichsten Abschied, und reisete den Sonnabend vor Ostern von Halle, zuerst nach Jena, nachher zu den Grafen Zinzendorf ab. Es ist doch in der That sonderbar, daß oftmahls fromme und religiöse Landesherrn durch einen blinden und unverständigen Eifer von Theologen irre geführt, und mit den besten Absichten zu Verfügungen geleitet werden, die sie sehr gern wieder zurücknehmen, wenn sie beßer belehret werden. Dies

war

war der Fall bey dem König Friedrich Wilhelm I.
und der Probst Reinbeck, und einige andere
berlinische Theologen hatten das schöne Verdienst,
daß der König selbst einsahe, er wäre mit Wolfen zu weit gegangen, und sein Urtheil müße von
ihm zurück genommen, Wolf aber wieder in Ehre
und Ansehen gesezt werden. Ein wahrhaftig großer Zug in König Friedrich Wilhelms Charakter!
Mit Spangenberg war der Fall anders, er machte das gelehrte Aufsehen nicht, als Wolf, und er
wurde so gleich nach seiner Cassation ein für die
Brüder-Gemeinde sehr nüzlicher Mann; doch gewiß, jezt fallen die Urtheile der bewährtesten Theologen über ihn ganz anders aus, als die Urtheile
seiner ehemaligen Beförderer, die bald nachher
seine Feinde wurden. Möchte doch das Odium
theologicum auf ewig verbannet seyn!

Wir haben die zuverläßige und schöne Hofnung,
daß auch in dem zweyten Jahrhunderte die hiesige
Univer-

Universität ihren ansehnlichen Rang unter ihren
Schwestern behaupten werde; und dies wird geschehen, wenn sie dies Kleinod behalten wird, das
sie in ihren ersten hundert Jahren gehabt hat.

In der nachstehenden Uebersicht habe ich auf-
ser vielen größern und kleinern Schriften auch
besonders die Acten der Universität zu Rathe gezogen; man wird davon mehrere Belege finden; und
ich habe es mir zur unverbrüchlichen Regel gemacht, mit aller möglichen Unpartenlichkeit und
Freymüthigkeit die Begebenheiten kurz zu er-
zählen.

Oftmahls habe ich es bedauert, daß es schlechterdings nicht möglich war, kleinere Schriften, z. E.
Programmata auf ältere Lehrer der Universität
zu benuzen, da diese nirgends zu finden waren.
Auch muß ich einigen von meinen hochgeschäz-
ten Herrn Collegen es öffentlich nachrühmen, und
meinen Dank abstatten, daß sie mich durch diese

oder

# Inhalt.

Die

Die Universität Halle ist nun am Schluße ihres ersten Jahrhunderts, und es wird wohl allgemein eingestanden werden, daß auf ihr und durch sie überaus wichtige Veränderungen in allen Wißenschaften befördert worden sind. Es ist daher den Umständen der Zeit wohl angemeßen, daß eine kurze und allgemeine Uebersicht derselben angestellt werde, ob es gleich die Sache eines Mannes nicht ist, alle Wißenschaften durchzugehen, ihren Zustand bey dem Anfange dieser Universität vorstellig zu machen, und alsdann genauer anzugeben, was in einer jeden derselben durch die hallischen Lehrer geleistet worden sey, oder eine genaue Vergleichung zwischen dem Anfange und dem Ende eines ganzen Jahrhunderts in dieser Absicht anzustellen.

Würde dies von mehrern insonderheit in Anwendung auf ihre verschiedene Hauptwissenschaften gezeiget; so würde es einen wichtigen Beytrag zur Geschichte der Gelehrsamkeit in einem vollen Jahrhunderte abgeben; denn es kann doch wohl mit aller Freymüthigkeit, der Wahrheit gemäß gesagt werden, daß Halle in Hinsicht mehrerer Wißenschaften Epochen gemacht habe; und dies ist dieser Universität um so viel rühmlicher, da in ihren ersten und blühendesten Decennien auf ihr so wenige Hülfsmittel vorhanden waren, weder eine ansehnliche Bibliothek, noch andere Institute, die an

A                          jetzt

jetzt für äuserst nothwendig gehalten werden, und welche auch in Wahrheit sehr anlockend sind, überdem
auch ihre ersten Lehrer gröstentheils mit gar geringen
äusern Vortheilen zufrieden waren; so, daß ihre Talente, ihr Fleiß und ihr Drang zum gemeinen Besten
und zur Erweiterung der Wißenschaften das mehreste
gethan haben, um das in der That zu bewirken, was
durch sie wirklich geschehen ist.

In eine solche algemeine Uebersicht gehören weder
die Lebensbeschreibungen, noch die genauern Erklärungen
deßen, was von ihnen in den verschiedenen Theilen der
Gelehrsamkeit geleistet worden ist: dies würde ein weit-
läuftiges und schweres Unternehmen seyn; blos die
Grund-Ideen und die Hauptveränderungen, welche
durch sie in den Disciplinen hervorgebracht oder doch
veranlaßet worden sind, müßen hier mehr berührt als
ausgeführt werden; das besondere gehört in die literair-
Geschichte oder gar in die Geschichte der einzeln Wißenschaften.

Noch muß ich einige Anmerkungen überhaupt
vorausschicken, um den Gesichtspunct nicht zu verfeh-
len, welchen ich mir in der nachstehenden Abhandlung
vestgesetzt habe.

1. Die Bestimmung eines Lehrers auf Universitäten
   ist, die Grundsätze und das jetzt Bekannte, kurz das
   System seiner Wißenschaft ordentlich, lichtvoll,
   gründlich und den Absichten seiner Zuhörer gemäß,
   ihnen vorzutragen; dazu wird nun keinesweges erfordert, daß er ein Erfinder neuer Wahrheiten und
   
   ein

ein Erweiterer seiner Wißenschaft seyn müße.
Wenn er dies wirklich wäre, so ist er in der That
mehr als ein academischer Lehrer, er hat opera su-
pererogationis und er arbeitet nicht blos für
seine jungen Zuhörer, sondern für die Wißenschaften
selbst und für ihre Erweiterung. Es ist allerdings
zu vermuthen, daß auf einer ansehnlichen Universität in einem beträchtlichen Zeitraume unter einer
Gesellschaft von Gelehrten auch solche sind, und gewesen sind, die wirklich mehr geleistet haben, als
von ihnen als academischen Lehrern von Rechts wegen erfodert wird; aber der Regel und der Erfahrung nach wird es immer mehrere gute und ver-
dienstvolle Lehrer geben, die bey diesen ihren Verdiensten doch nicht eben etwas neues erfinden, nicht
eben die Wißenschaften wirklich erweitern, oder doch
durch ihren Fleiß und Genie hier und da Aufklärun-
gen geben, die vor ihnen unbekant waren, als solche,
die außerdem, daß sie gute Lehrer sind, auch das
eine oder das andere dieser lezten Stücke leisten. Ja
vielleicht ist ein solcher großer Gelehrter und Erweiterer der Wißenschaften nicht eben ein guter und
vorzüglicher Lehrer für junge Leute, nach deren Faß-
ungskräften er sich wohl nicht gehörig zu richten
weiß, oder dem die Anfangsgründe, zu deren Erklärung er eigentlich berufen ist, und der Vortrag
derselben selbst eckelhaft und unangenehm seyn kann.

2. Bey Beurtheilung der Verdienste der einzeln Gelehrten und Lehrer muß besonders auf die Zeiten, in
welchen sie lebten, gesehen werden. Ein Viertel

und

**4**

und ein halbes Jahrhundert ist ein Zeitraum, da am Ende deßelben eine Wißenschaft an sich, wohl ganz anders beschaffen ist, als sie an deßen Anfange war: bey der glücklichen spätern Bearbeitung sind doch wohl die Verdienste derer, welche früher gearbeitet haben, wirklich größer, als die der spätern, wenn diese gleich weiter gekommen sind, als ihre Vorfahren; denn sie würden nicht dahin gekommen seyn, wenn sie nicht glückliche Vorgänger gehabt hätten. Diese lezten hatten die Hülfsmittel nicht, welche die neuern benuzt haben, es würde also eine ungerechte Herabwürdigung der ältern seyn, wenn man sie in Vergleichung mit ihren spätern Nachfolgern verkleinern wolte. Aber gerade umgekehrt ist dies bey Profeſſoren und bey academiſchen Lehrern: diese müßen den neueſten Zuſtand ihrer Diſciplinen kennen, und wolten sie blos das sagen, was ihre Vorfahren, oder sie ſelbſt vor zwanzig und mehrern Jahren vorgetragen hatten; so wäre ihr Vortrag nicht den neueſten Zeiten angemeßen, und dies iſt immer ein gar merklicher Fehler, eine Folge von Faulheit, und von Unterlaßung des Nachlernens, welches von einem jeden Lehrer auf Univerſitäten erfordert wird: denn ſonſt hält er nicht mit den Gelehrten ſeiner Zeit gleichen Schritt, und macht ſeine Zuhörer nicht mit ſeiner Wißenſchaft bekant, wie ſie in ſeinen Jahrzehenden iſt.

Gele»

# Gelegenheit
## und erste Einrichtung der Universität
### bis auf das Jahr 1694.

Schon ein und ein halbes Jahrhundert vorher war der damalige Erzbischof von Magdeburg der Cardinal Albert aus dem Hauße Brandenburg entschloßen, eine Universität in Halle zu errichten. Blos das Allgemeine hiervon muß doch angezeigt werden, da es schon genauer von dem ehemaligen Canzler v. Ludewig, und aus ihm von dem Geh. Rathe v. Dreyhaupt erzählt worden ist *).

Die Umstände waren damahls nach der Absicht des Cardinals besonders für eine Universität: aus dem benachbarten Wittenberg verbreiteten sich zum empfindlichen Verdruße dieses hohen Geistlichen die Lehren des Lutherthums, und diesem wolte er als der erste, aber auch als der eifrigste Geistliche in Deutschland kräftigen Einhalt thun. Er war nach den damahligen Zeiten ein wirklich gelehrter Herr, und nichts lag ihm mehr am Herzen, als seine väterliche Religion, derselben Aufrechthaltung und der äußerliche prächtige Gottesdienst: deshalb sagte er oft: dilexi decorum
domus

*) Außer den kürzern Nachrichten in Dreyhaupts Beschreibung des Saalcreyses Th. 2. hat von den damahligen Umständen mit mehrerer antiquarischen Gelehrsamkeit in Hinsicht auf das Universitäts-Wesen genauer gehandelt Joh. Pet. v. Ludewig in den consiliis halensibus in der Vorrede zum zweyten Theile.

domus meae, und er that besonders in der ihm so
lieben Stadt Halle alles, was ihm möglich war, um
diese seine Zwecke zu erreichen.    Da nun Luthers Lehren immer mehr und weiter ausgebreitet wurden, so
fiel er auf die Gedanken, eine neue und mit gelehrten
Männern besezte Universität würde das zweckmäsigste
Mittel seyn, die weitere Ausbreitung der neuen Lehren zu
verhüten, ihren völligen Wiederruf von ihren Bekennern
zu erhalten, und alles bald wieder auf das Alte zurück
zu bringen.    In dieser Hinsicht hatte er bereits mit
päbstlicher Einstimmung mehrere Klöster in der Stadt
Halle eingezogen, ein neues Stift in ihr errichtet, diesem einen sehr kostbaren Schaz von Reliquien, die er
mit so vielen auf Tonnen Goldes sich belauffenden Unkosten überall zusammengebracht hatte, einverleibet,
von dem päbstlichen Legaten Lorenz Campegius im
Jahre 1 5 3 1 den Stiftungsbrief der Universität erlangt
und alle Anstalten vorgekehrt, daß die Lehrer dieser seiner neuen Universität gemächlich leben und durch Fleiß
und Gelehrsamkeit seinen Zweck, die Aufrechterhaltung
der alten Religion befördern möchten, indem die bisher
von ihm gebrauchten gelinden und härtern Mittel un-
wirksam befunden worden waren.    Anfänglich nämlich
bath, ermahnete und beschwor er die hallischen Bürger,
der bisherigen Religion treu zu bleiben, oder zu ihr zurück zu kehren, für deren Wahrheit er ihnen mit Leib
und Seele, und mit seiner Seelen Seeligkeit stände, da
aber dies alles nichts half, so vertrieb er mehrere aus
der Stadt und confiscirte ihre Güter.    Jedoch alle seine Bemühungen waren fruchtlos, er wurde es endlich
überdrüßig, gieng aus seinem Erzstifte Magdeburg in

sein

sein anderes Erzbisthum Mainz, ließ den Schaz von
Reliquien auch dahin abführen, woselbst er noch jezt
unter dem Nahmen des magdeburgischen Schazes
aufbewahrt wird, überließ Halle und das ganze Erzbisthum Magdeburg dem Schicksale, und starb zu
Aschaffenburg im Jahre 1535, mit ihm wurde also
zugleich sein Entwurf, in Halle eine Universität anzulegen, begraben.

Bey Beendigung des dreysigjährigen Krieges 1648
erlangte der große Churfürst Friedrich Wilhelm außer
andern Provinzen auch die Expectanz auf das Erzbisthum Magdeburg, welches bey dem künftigen Absterben des damahligen und also lezten Abministrators des
Herzogs August aus dem churfürstlichen Hauße Sachsen ein erbliches und weltliches Herzogthum werden solte.    Dieser Fall ereignete sich 1680, und nun wurde gar bald der alte Entwurf, in Halle eine Universität
anzulegen, vom neuen für die Hand genommen.  Die
damahligen Umstände schienen auch dieses Vorhaben
und deßen Ausführung fast nothwendig zu machen, davon
einige auf die Stadt Halle, und andere ungleich wichti-
gere auf die gesamten brandenburgischen Länder giengen.
Jene hatte einen ganz ansehnlichen Hof, der bisher in
ihr residirt hatte, und dadurch einen guten Theil ihrer
Nahrung und ihres Wohlstandes verlohren, aber diesen
suchte man nach den Absichten des Hofes mehr zu befördern als zu vermindern, und jede sich etwa darbiethen-
de Gelegenheit dazu wurde gar gern benuzt.   Eine so
kleine Gelegenheit both sich auch gleich im Anfange der
geänderten Regierung dar.   Der bisherige geheime
Cammerdiener des verstorbenen Abministrators Mich.
la Fleur

la Fleur genant Milie, wolte gern die erste Nachricht von dem Absterben seines bisherigen Herrn dem
Churfürsten überbringen — doch waren ihm schon zwen
andere hierbei in etwas zuvorgekommen — bey seiner
nun überbrachten Nachricht empfahl er sich und seine
vielen Kinder der Gnade seines neuen Herrn und trug
dahin an, daß er für die jungen Leute, die sich damahls
in der Stadt Halle aufhielten, zum Exercitien-Meister angenommen werden mögte. Es wurde ihm seine
Bitte gewährt, und es wurden annoch einige Sprach-
Tanz- und Fecht-Meister bestelt, die unter seiner Aufsicht in ihren Sprachen und Künsten auch Unterricht
ertheilen solten. la Fleur kaufte zum Behuf dieses
Instituts das einsiedelsche Hauß, jezige baumgartensche
und nehmißische, in der Märckerstraße, — welche zwen
Häuser damahls eines waren — hing über dasselbe das
churfürstliche Wappen, und nahm die Sprach- und
Exercitien-Meister in seine Kost; allein diese ganze la
Fleursche Einrichtung erlitte bald von innen und von
außen starcke Erschütterungen, da theils die Sprach-
und Exercitien-Meister unter einander zerfielen, theils
dem Rector Prätorius auf dem damahligen sehr berühmten Gymnasium das ganze französische Werk ein
Dorn in den Augen war, welcher daher dem Wachsthum deßelben sich kräftig entgegen sezte. Den jungen
Leuten gefiel allerdings die Leichtigkeit und Popularität
des la Fleur und seiner Collegen ungleich mehr als das
ernsthafte und arbeitsame in dem Gymnasium; aber
der Rector Prätorius mahlete diese französischen Einrich-
ungen, wo er nur Gelegenheit finden konte, als leicht-
sinnige, seichte und zweckwidrige Anstalten ab, jedoch
erhielt

erhielt sich diese französische Schule, aber freilich ziemlich schwankend, bis zum Anfange der folgenden Regierung.

Man hat vorgegeben und man hat es auch ziemlich wahrscheinlich machen können, daß Churfürst
Friedrich Wilhelm schon damahls höhere Ideen gehabt
hätte, und sein Entwurf bereits in dieser Zeit dahin gegangen wäre, aus diesem geringen französischen Institute eine wirkliche Universität zu machen. Der Canzler
von Ludewig am angezogenen Orte erzählt dies auch
geradehin, ohne die Sache genauer zu untersuchen und
beruft sich dabei lediglich auf das Zeugniß des berühmten
Joh. Georg Grävius: ich glaube, diese ganze Nachricht verdiene einige Untersuchung, weil allerdings ein
großer Schein von Warheit vorhanden. Grävius
nämlich dedicirte 1687 seine Ausgabe des Lucians
dem Churfürsten Friedrich Wilhelm und rühmt in
dieser Zueignungsschrift das Vorhaben desselben als
höchst preißwürdig, daß dieser annoch, wie er es das
Jahr vorher 1686 aus des Churfürsten seinem Munde
zu Cleve selbst gehört habe, eine Universität in dem
magdeburgischen errichten wolle. Ich führe die
Stelle unten *) mit den eigenen Worten des Grävius
an, und man wird aus ihr zu dieser Behauptung
überaus stark bewogen, selbst Cellarius muß sie so verstanden

_____

*) quot eruditionis et sapientiae palaestras excitasti
aut magnifico tueris impendio? In Porussia *Regio-
montum*, ad Viadrum *Francofortum*, in Cliuis *Duis-
bergensem*. — In tanto numero *nouam* doctrinae
liberalioris *officinam* Te moliri in magdeburgensi
dioecesi, nuperius — ex Tuis sermonibus mihi datum
fuit intelligere:

standen haben: allein die Acten der Inauguration, die
ich bei dieser Gelegenheit durchgesehen habe, sagen dar=
über ausdrücklich das Gegentheil.    Cellarius erlangte
nämlich nach der Inauguration der Universität vom
Hofe den Befehl, die Geschichte der dabei vorgefallenen
prächtigen Solennitäten zu beschreiben, vorher aber den
Entwurf dazu einzuschicken.    Natürlich hatte er diese
Edition des Lucians, vielleicht selbst von Grävius zum
Geschenke erlangt, er laß die Dedication und die an=
gegebene Stelle in ihr,  er rühmte in dieser Absicht in
dem  eingeschickten Entwurfe den verstorbenen großen
Churfürsten und nun bekam der Archivarius den Auf=
trag, die Acten deshalb genau durch zu gehen, und das
Resultat davon einzureichen, dieses wurde dem Cella=
rius überschickt, aber nun ist kein Wort in dieser cel=
lariußischen Beschreibung der Inauguration von dem
Vorhaben des Churfürsten Friedrich Wilhelm.    Die
Nachricht, die der Archivarius deshalb giebt, ist von
mir aus den Acten extrahirt, und mit seinen eignen
Worten folgende:

Der höchstsel. Churfürst Friedrich Wilhelm
hat zwar ein Paar Exercitien=Meister nach Halle
bestellt, umb das Gymnasium daselbst desto mehr
in Aufnahme zu bringen, daß Er aber jemahlen
Willens gewesen seyn solte, daselbst eine vollkom=
mene *Academiam scientiarum et artium* einzurich=
ten, davon findet sich bey den *Actis* nicht die ge=
ringste Nachricht.    Sondern solche *resolution*
ist der Izo glorwürdig regierenden Churfürstl.
Durchl. *tam in intentione, quam executione* ganz
allein zuzuschreiben. — Was bey des Hochsel.
Chur=

Churfürsten Regierung mit dem Kloster Hillersleben vorgegangen, solches hat nie einig Absehen
auf die Fundirung einer Universität gehabt, sondern hochgedachte Se. Churfüstl. Durchl. wolten solches Kloster *iure desolatorum* schlechterdings
Ihrer Kammer *incorporiren* und ein Amt daraus
machen, wie auch wirklich geschehen, und ist dabei von den *reditibus* die doch *considerabiles* sind,
und sich an 1600 Thlr. zum wenigsten belauffen,
ein mehreres nicht *ad usus pios et studiorum de-
stinirt* worden, als was von Altersher bei diesem
Kloster auf 3 *conuentualen* und ein paar Knaben
verordnet u. s. w.

In eben diese Zeiten fält auch das Aufnehmen der
französischen Reformirten in den brandenburgischen
Staaten, da sich 1685 eine Colonie auch in Halle
etablirte: wie nun die Stadt allerdings ansehnliche
Vortheile dadurch erhielte, so war dies auch ein Grund
mehr zur Errichtung der Universität, da man darauf rechnete, daß die jungen Leute einen nützlichen Umgang mit den gesitteten und fleißigen Colonisten in Halle haben könten.

Der Churfürst Friedrich Wilhelm starb 1688
und sein Sohn und Nachfolger Friedrich der Dritte
nahm es sich gleich bey dem Antritte der Regierung vor,
dem geringen Institute des la Fleur vorerst eine beßere und ausgedehntere Verfaßung zu geben. Er errichtete deshalb sogleich in diesem Jahre in Halle eine Ritteracademie, und setze derselben als Stallmeister Anton Günther von Berghorn vor, dem auch die
Sprach- und Exercitien-Meister untergeben seyn solten.

ten. Gar bald entstunden aber zwischen diesen und dem la Fleur viele Uneinigkeiten, und da ein jeder von ihnen seine Gönner am Hofe hatte, so kam es am Ende zwischen beiden zu einem Vergleiche, bey welchem der Stallmeister dem la Fleur jährlich 100 Rthlr. und die Besorgung der Sprach- und übrigen Exercitien-Meister überließ. Der Churfürst bestätigte zwar selbst diesen eingegangenen Vergleich, jedoch, um bey dem ganzen Werke freye Hände zu behalten, blos auf zwey Jahre. Nunmehr fanden sich auch mehrere junge Leute in Halle ein, um die Sprachen und Uebungen zu treiben, dazu nach zwey Jahren auch der Unterricht in einigen Wißenschaften kam, wozu der nachher so berühmt gewordene Thomasius die erste Veranlaßung gab. Dieser Christian Thomasius, oder, wie er sich in allen seinen deutschen Schriften nennt, Thomas war ein junger Doctor der Rechte in Leipzig, ein Mann von auffallender Freymüthigkeit, munter, arbeitsam, sich über die Vorurtheile hinwegsezend, und in einem hohen Grade satyrisch und beisend; aber eben dadurch zog er sich bald in dieser seiner Vaterstadt Leipzig viel Haß und Verfolgung zu, und es kam so weit, daß er Gefahr lief, in Verhaft genommen zu werden. In dieser mislichen Lage entfernte es sich von Leipzig und reisete 1690 nach Berlin, um in den brandenburgischen Staaten eine Beförderung zu suchen. Er war dem berlinischen Hofe auch kürzlich von der Seite gut bekant, und deshalb von dem Churfürsten Friedrich ansehnlich belohnt worden, daß er die Heyrath des Herzogs von Sachsen-Zeiz, als eines Lutheraners, mit der Schwester des Churfürsten, Maria Amalia, die von der reformirten Confession war,

sehr

ſehr freymüthig in Sachſen vertheidiget hatte, woſelbſt
mehrere Theologen wider ſie mit empörender Heftigkeit
geſprochen hatten. In ſeiner Vaterſtadt hatte er es genug gezeigt, daß er nach ſeinen Fähigkeiten und Neigun-
gen ſich beſonders zu einem Lehramte ſchicke, und auch
ſchon damahls wurde wohl von einer in Halle zu errichtenden Univerſität geſprochen, daher es nicht unwahr-
ſcheinlich iſt, daß er ſelbſt in Berlin den Antrag gethan,
daß er in Halle bei der Ritteracademie als Lehrer angeſtellt werden mögte. Da nun die Abſicht des Hofes ſchon
damahls auch wirklich dahin zu gehen ſchiene; ſo glaubte man, daß füglich mit dieſem jungen, feurigen und
vertriebenen Manne, der ſchon ſo viel Aufſehn gemacht
habe, und im Grunde jezt gedruckt und verfolgt werde,
weshalb auch ſeine Habſeligkeiten in Leipzig mit Arreſt
belegt waren — welcher nicht eher, als da er ſchon
in Halle als Profeſſor angeſtellt war und zwar durch
churfürſtlich brandenburgiſche Interceſſion aufgehoben
wurde — vorerſt blos ein Verſuch gemacht werden
könte, wie weit es nun kommen möchte, wenn auch zugleich Wiſſenſchaften auf der halliſchen Ritteracademie
gelehrt würden.

Die Umſtände der geſamten brandenburgiſchen
Länder waren damahls ſo beſchaffen, daß ſie die Errich-
tung einer Univerſität faſt zu erfordern ſchienen. Zwey
Bemerkungen werden dies hinreichend beweiſen.

1. Durch den weſtphäliſchen Frieden hatte das Hauß
Brandenburg einen ſehr merklichen Zuwachs ſeiner
Provinzen erhalten. Der Hof war der reformirten
und der größte Theil der Unterthanen war der luther-
ſchen

schen Religion zugethan, aber die Universität Frankfurth, und die erst von dem Churfürsten Friedrich Willhelm errichtete zu Duisburg, beyde waren
reformirte, die einzige lutherische in den brandenburgischen Staaten war die in Königsberg; allein
diese war allerdings den mehresten Landeskindern zu
entfernt.   Bei der großen Zahl der lutherischen
Pfarren und Schulämter sahe man sich also genöthiget, die jungen Leute, die dereinst in Kirchen und
Schulen lehren solten, auf auswärtigen Universitäten in Wittenberg, Jena, Leipzig oder Helmstädt
u. s. w. bilden zu laßen.   Ohne Rücksicht auf den
starken Geldausfluß kamen diese aber in ihr Va-
terland zurück und traten in Aemter, worin sie wohl
nichts weniger, als den weisen Absichten des Hofes
gemäß, friedliche und duldsame Gesinnungen an den
Tag zu legen pflegten.   Der Eifer der damahligen angesehensten Lehrer der zwey protestirenden Kirchen
gieng besonders auf vorgeschützte Reinigkeit in der
Lehre, und der Widerspruch und der Haß der einen
Parten gegen alle übrigen war wirklich oft so auffallend, daß dieses nicht blos bey den Geistlichen blieb,
sondern auch von ihnen auf ihre Pfarr-Kinder gebracht wurde, die daher nicht selten einander haßeten
und flohen, weil sie über einige Religions-Lehren
verschieden dachten, oder vielmehr nachbeteten, und
dies war den Grundsäzen des Hofes gerade entgegen,
welcher bei der Verschiedenheit der Religionsbegriffe,
bürgerliche und practisch-christliche Eintracht beabsichtete; aber die Lehrer der Religion konten dies
hindern oder befördern, je nachdem ihre theologischen

ſchen Begriffe und Grundſäze ſo oder anders
waren.

2. Die Verhältniße der Stände des Reichs ſolten nun
auch mehr entwickelt, die Rechte der Fürſten aufrecht
erhalten und die neuern weit freyern Begriffe davon
mehr in Umlauf gebracht werden; und das konte
am beſten durch den academiſchen Unterricht und
durch die Schriften der Lehrer auf Univerſitäten geſchehen, und am ſchicklichſten und nachdrücklichſten
auf einer neuen Univerſität eines mächtigen Reichs-
ſtandes.    War auch der Plan bey Errichtung der
neuen halliſchen Univerſität nicht überall ſo merklich
und ſichtbar angelegt; ſo ſind doch bald die erſten
Lehrer derſelben auf ihn natürlich gekommen und haben ihn auch freymüthig und rühmlich ausgeführt.

Von Pfingſten 1690 an lehrete nun Thomaſius
auf der Rittacademie, da er ſeine anzuſtellenden Vorleſungen einige Wochen vorher durch ein eigenes Programm bekant gemacht hatte *). Er arbeitete ſich nach
ſeiner Thätigkeit und Freymütigkeit durch viele ihm in
dem Weg gelegte Hinterniße durch, beſonders trug
er einige philoſophiſche Wißenſchaften in einem populairen Tone und unter gefälligen Nahmen, als einer
Hofphiloſophie, einer Erfindung, anderer Menſchen
Gemüther zu erkennen u. ſ. w. vor, und in einer
andern Einladungsſchrift machte er in Halle allen
und jeden bekant, er wolle in einer eigenen Vorleſung

*) De inſtituendis lectionibus publicis et privatis, phi-
loſophicis et iuridicis: proponitur in illo occaſio et
ſcopus, item methodus harum lectionum: invitatio ſtu-
dioſorum, vt Halam veniant.   Halae 1690 in Fol.

lesung allerhand Erfindungen neuer Wahrheiten und
Entdeckung alter Irrthümer vortragen, wozu sich denn
nicht blos Studenten, sondern Leute von allerley Ständen in einer großen Anzahl einfanden. Diese Popularität gefiel gar sehr, und da er besonders manchen alten dummen Aberglauben in seiner lächerlichen Gestalt
zeigte; so sahe man bald auf Halle, als auf einen Ort,
wo junge Leute zu brauchbaren und sich in die Welt
schickenden Männern, nicht aber zu gelehrten Wort-
zänkern gebildet wurden. Bey einer Durchreise des
Churfürsten durch Halle, da ihm diese Zöglinge in einer
ziemlichen Anzahl ihre Ehrfurcht bezeigten, faßete er
auf Anrathen des Ministers von Dankelman den end-
lichen Entschluß, diese Ritteracademie zu einer Universität zu erheben. Gleich darauf wurde dem Prof. Thomasius als College Joh. Jac. Spener, der Sohn
des berühmten Theologen, von dem und deßen Verdiensten um die Errichtung dieser Universität wir bald etwas mehr sagen werden, an die Seite gesezt: lehrete
nun Thomasius eine gemeinnüzige und populaire Philosophie, so solte der junge Spener den Zöglingen der
Ritteracademie in der Physik und Mathematik, diesen
Theilen der Gelehrsamkeit, welche in der Welt und in
den Geschäften von einem so grosen Werthe sind, Unterricht ertheilen. Diese seine Unterweisung fing er auch bald
darauf wirklich an; aber er verstarb schon in eben diesem
Jahre 1691 und es gieng darauf eine geraume Zeit hin,
ehe diese Wissenschaften so, wie es seyn solte, auf der
Universität Halle gelehrt werden konten. In diesem
Jahre 1691 erging nun, da es wirklich Ernst wurde,
eine Universität zu stande zu bringen, ein churfürstlich

Rescript

Rescript an die magdeburgische Regierung, die damahls ihren Sitz in Halle hatte, nach welchem sie schon vorläuffig eingerichtet und mehrere Lehrer auf ihr ernennet wurden. Aus diesem ist ersichtlich, daß man anfänglich alles so wirthschaftlich und mit so wenigen Unkosten zu erhalten versucht habe, als nur möglich. Dies war die Ursach, daß man Männer als Lehrer anstellen wolte, die bereits in der Stadt in Aemtern standen, in der Voraussetzung, daß sie zugleich auch gute Professores seyn, und diesen Antrag, um annoch etwas nebenbey zu verdienen, mit Freuden annehmen würden. Der damahlige hiesige Superintendent und Oberpastor Joh. Christian Olearius, und der Consistorialrath Christoph Schrader — welcher an der hiesigen Domkirche als erster lutherischer Prediger stand, und nachher in den pietistischen Unruhen eine Hauptrolle in der Stadt spielete, der auch deswegen endlich einen Ruf nach Dresden annahm und daselbst verstorben ist — der D. Kraut, lic. Wolf, lic. Creuzing und Thomasius, die Doctores Medic. Knaut, Stißer, der Stadt-Syndicus D. Biek, der französische Prediger Augier, der privatisirende Gelehrte Madeweiß, der Rector des Gymnasiums Prätorius, der Conrector Vockerodt u. a. wurden nach diesem Rescripte so gleich in den Professorstand, wenigstens nur einstweilen, versetzt. Ob sie, oder nur einige von ihnen in den Jahren 1691, 1692 auch wirklich Vorlesungen gehalten, davon findet sich weder in den Universitäts- noch in den Magistratsacten einige Nachricht, vielmehr verbathen sie theils diese Aemter ganz, theils entschuldigten sie sich mit ihrem Alter, Kränklichkeit oder andern Beschäfti-

B                                    gungen,

gungen, in Berlin wurde also der Entschluß gefaßt,
bereits in Ansehen und auf Universitäten stehende Gelehrte auf diese neue zu errichtende zu berufen.

Der so berühmte Theologe Phil. Jac. Spener,
welcher in Frankfurth am Mayn, und darauf in Dresden, und jetzt in Berlin als Probst so viel Aufsehen wegen seiner Frömmigkeit gemacht hatte, war von dieser
Zeit an die vornehmste Triebfeder, theils daß die Universität wirklich zu stande kam, theils daß die nachherigen ersten Lehrer der Theologie auf sie gezogen wurden.
Spener war weder ein Freund der gewöhnlichen Pole-
mik, die doch damahls als für einen gelehrten Theologen
so wichtig angesehen, noch auch der in diesen Zeiten so
beliebten Homiletik, worauf das mehreste auf Academien gehalten wurde. — Der Ritter Michaelis sagt
in seinem Raisonnement über protestantische Universitäten in Deutschland, daß vor und noch um diese Zeit
auf mancher wohl 30 collegia homiletica angekündiget worden wären. — Spielender Wiz, lateinische
Apophtegmata, gekünstelte Emblemata, magere Em-
phases in den Wörtern der Grundsprachen, viele
Anführungen aus alten Schriftstellern und Kirchen-
vätern, besonders harte, seyn sollende Widerlegun-
gen der andern Religions-Parteyen, auch wohl erbauliche, wahre oder falsche Anecdötchen, dies waren die schönen Decorationen der damahligen Predigten,
die für die Hauptsache darin angesehen wurden. Ein
Mann, ein so exemplarisch-frommer Mann, wie Spener, der nach einem innern unwiderstehlichen Drange,
wahres thätiges Christenthum und ächte Frömmigkeit
zu befördern, äuserst beflißen war, konte unmöglich an
jenen

jenen Spielereyen und Streitigkeiten Geschmack finden:
seiner Meynung nach müße, sonderlich auf Universitäten bey den Studirenden, mehr Frömmigkeit, als
bisher, selbst überhaupt, wenn ja eines dem andern
nachstehen solte, mehr Frömmigkeit als Gelehrsamkeit
befördert, und durch ihren künftigen Unterricht und
Ermahnungen in Kirchen und Schulen mehr Gottesfurcht und practisches Christenthum unter alle Stände
verbreitet werden. Es ist bekant, daß bis sein Bestreben von seinen Gegnern Pietisterey, und er und seine
Anhänger Pietisten genent worden sind; aber die Geschichte dieser Streitigkeiten gehört nicht zu meinem
jetzigen Zwecke.     Jedoch seine und der so genanten
Pietisten Predigten waren gleichwohl von ganz anderer
Art, als die der damaligen angesehensten Prediger, und
wo Spener predigte, da fühlete man Wärme und Kraft,
unendlich mehr muste also seine Lehrart gefallen und
unendlich mehr muste sie beßern, als die damahls gewöhnliche: dies war es aber, was der brandenburgische
Hof in Absicht der Religion bey seinen Unterthanen der
verschiedenen Confessionen beabsichtete, und dies suchte
Spener durch die ersten hallischen Theologen zu erreichen, und wie schon vorher erwähnt worden ist, solten anfänglich die zwey Prediger Olearius und
Schrader die theologische Facultät ausmachen; aber
diese zwey bezeugten dazu keine Lust, und dieser erste
Plan wurde gänzlich aufgehoben.

Bey dem neuen Plane zur Universität warf er also
bald seine Augen auf den damahligen Senior in Erfurth
D. Joach. Just. Breithaupt: er war ihm schon
vorher von Seiten seines Ernstes, das wahre Christen-

B 2                     thum

thum zu befördern, bekant worden, er war ihm daher
gerade der Mann, den er auf die Univerſität Halle
wünſchte, auf ſeinem Vorſchlag wurde alſo Breithaupt
zum Lehrer der Theologie mit andern Neben- und Eh-
renämtern 1691 ernannt, und er trat bald darauf
dieſe ſeine Stellen wirklich an *).

Mit ihm ſtand damals zu Erfurth, an der Augu-
ſtiner-Gemeinde **Auguſt Herrmann Franke**, ein
junger, munterer, feuriger Mann von eben dem Eifer
als Spener und Breithaupt, Frömmigkeit zu verbreiten.　Bey dem Drucke dieſes, ſeiner Gemeinde und
überhaupt den Proteſtanten in Erfurth ſo beliebten
Mannes von den herrſchenden Catholiken daſelbſt, hatte
er von Berlin aus die Verſicherung erhalten, daß er,
wenn ſeines Bleibens in Erfurth nicht ſeyn könte, in
den Brandenburgiſchen befördert werden ſolte.　Nun
wurde er wirklich im Sept. 1691 ſeines Amtes entſezt,
und ihm dabey angedeutet, binnen zwey Tagen die
Stadt und das erfurthiſche Gebiethe zu räumen; aus
der Urſach, er zöge die Catholiken an ſich, und man
müße fürchten, daß ſie ihrer Religion untreu werden
möchten: aber Spener in Berlin, und Breithaupt in
Halle ſahen dies als einen kentlichen Wink der Provi-
denz an, daß von ihr Franke für Halle und für die
neue Univerſität beſtimt ſey.　Dazu kam noch der
glückliche Umſtand, daß eben in dieſer Zeit das Pa-
ſtorat in der Vorſtadt Glaucha als eine landesherrliche

---

*) Unſer jetzige D. Knapp hat in den halliſchen wöchentl.
Anzeigen vom Jahr 1783. S. 145. u. f. über Speners
Leben, Verdienſt und Streitigkeiten mehreres ange-
führt, das hierbey noch viel Erläuterung giebt.

siche Pfarre erlediget wurde: dieses Pastorat also und
die Profession der orientalischen Sprachen wurde ihm
wirklich aufgetragen. Im Anfange des Jahrs 1692
kam Franke über Berlin nach Halle, und er fand eine
äuserst verwilderte Gemeinde, und den grösten Theil des
Stadtministeriums wider ihn eingenommen; aber mit
Muth und Entschlossenheit trat er die sein Predigtamt an, und achtete kein Ansehen der Person, wenn er
nach seinem Gewißen glaubte verbunden zu seyn, selbst
die Fehler anderer Prediger, Aergernisße, Mangel an
Gottesfurcht und geistlichen Stolz nachdrücklich zu rü-
gen. Alles strömte aus der Stadt und den Vorstädten
nach der Kirche, wo und wenn dieser neue, ungewöhn-
liche Prediger auftrat; aber dies machte ihm noch mehr
Feindschaft, und verstärkte die großen und vielen Vorurtheile der andern Geistlichen wider ihn. Ohnstreitig
wurde hierbey, wie es gemeiniglich zu gehen pflegt, von
beyden Seiten zu weit gegangen. Manche, die Breithaupten und Franken herzlich anhingen, gingen zu weit,
und wurden fromme Sonderlinge, die sich wohl gar
sehr auffallender Schwärmereyen zu Schulden kommen
ließen; aber die Glieder des Ministeriums, die wider
diese zwey neue Theologen waren, warfen alle in eine
Claße und gaben ihre Ausschweiffungen und Schwärmereyen für Früchte und Wirkungen des Pietismus
aus; dies war zu weit gegangen. Franke und Breithaupt wolten dies auch durchaus nicht auf sich kommen laßen, und klagten besonders über Stolz, Ei-
gendünkel und Herschsucht ihrer Gegner, aber diese
Beschuldigungen trafen doch wohl wieder nicht alle
Glieder des Ministeriums. Der ganze Lerm dauerte
fast

faſt das ganze Jahr 1692 hindurch), da erſt am Ende
deßelben beyde Parteyen dem Anſehen nach ausgeſöhnt
wurden, davon nachher noch etwas.

Zur nähern Einrichtung der Univerſität und zum
beſondern künftigen Flor derſelben wurden an einem
Tage 1692 zwey berühmte Männer nach Halle berufen, Veit Ludewig von Seckendorf und Sam.
Stryk, erſterer als Canzler und letzterer als Director
der Univerſität.   Schon vorher ſolte nach dem Reſcripte von 1691 an die magdeburgiſche Regierung, Gottfried Stößer Edler von Lilienfeld Procancellarius
Academiä ſeyn: Dieſer war lange vorher in ſeiner Vaterſtadt Straßburg Profeſſor, und nachher in vielen
wichtigen und ehrenvollen Poſten geweſen, und nun
wolte er von 1690 an, den Abend ſeines Lebens auf ſeinem Guthe Dölckau im merſeburgiſchen verleben, doch
änderte er ſeinen Entſchluß, als Friedrich der dritte
ihm das Vicecancellariat der magdeburgiſchen Regierung
antragen ließ, und natürlicher Weiſe ſolte er nun, da
die Einrichtung der Univerſität 1691 der Regierung
des Herzogthums aufgetragen wurde, er aber ehedem
Profeſſor geweſen war, und alſo am beſten mit zu ihrer
nähern Einrichtung rathen und helfen konte, hierbey
vorzüglich gebraucht werden.   Und da er ſelbſt das
ius publicum auf der neuen Univerſität lehren wolte;
ſo wurde der Vicecanzler der Regierung zugleich zum
Procanzler der Univerſität ernennt: allein das Jahr darauf wurde die Einrichtung der Academie mehr von einigen Gliedern der Univerſität und von Berlin aus be-
ſorgt, ohne daß die Regierung anderweite beſondere
Aufträge dazu erlangt hätte, und Stößer von Lilien-

feld

feld wurde in mehrern wichtigen Commißionen, sonderlich in dem Clevischen verschickt, daher keine Spur vorhanden, daß er weitern Antheil an der Universität gehabt hätte.

Seckendorf war ein sehr berühmter und in den
Geschäften der Welt und am Hofe grau gewordener
Staatsmann, in Absicht der Religion aber der spenerschen Parthey sehr zugethan, durch deßen Bemühung Spener auch ehedem als sächsischer Oberhof-Prediger von
Franckfurth am Mayn nach Dresden berufen worden
war.   Die Absicht mit ihm auf der Universität war
nicht, daß er lehren, sondern daß er ihr eine besondere
Zierde, den Lehrern Unterstüzer und Rathgeber und den
lernenden gleichsam Vater seyn solte *).   Er kam gegen
den Herbst 1692 nach Halle, eben um die Zeit, da der
Streit zwischen den zwey Professoren und dem Stadt-
ministerium zum öffentlichen Aergernisse ausgebrochen
war.   Freylich war dies keine gute Empfehlung für die
neue Universität, die also der Hof so gut und so bald
als möglich, beigelegt zu sehen wünschte.   Es wurden
daher im Monat Sept. d. J. von Seckendorf, von
Platen, von Dieskau und Lütkens zu churfürstlichen
Commißarien ernannt, um nach Abhörung beyder
Theile einen Vergleich zwischen ihnen zu versuchen, und
dieser

---

*) Nach seiner Bestellung vom 30 Aug. 1692 solte er nicht
lesen, sondern der Universität blos ein Lustre machen und
wöchentlich zweymahl Assemblee halten.   Ganz neuerlich
1787 ist dieses Cancellariat Seckendorfs genauer untersucht worden, (ohne daß man doch heut zu Tage bestimmen könne, was es damit für Bewandniß gehabt haben solte: vergl. Nettelbladt Samlung kleiner juristischen Abhandlungen, Num. 16.

dieser kam auch im November glücklich zu Stande. In dem darüber geschloßnen Receße ließen beyde Parteyen alle Beschwerden und Klagen gegen einander fallen und beyde gelobten der Commißion an, sich friedlich und christlich gegen einander zu verhalen. Seckendorf wurde bald darauf krank und unterschrieb annoch an seinem Todes-Tage im December 1792 diesen von ihm besonders zu Stande gebrachten Receß.

Gerade in diesen Tagen traf Stryk von Wittenberg in Halle ein: dieser war in der Prigniß gebohren und bis vor einer kurzen Zeit, bis 1690 in Frankfurth an der Oder Professor, seit dieser Zeit aber der Juristen-Facultät in Wittenberg Ordinarius und churfürstlich-sächsischer Apellationsrath geweßen; nun hatte ihn der Churfürst von Brandenburg aus Frankfurth zwar entlaßen, doch mit der Bedingung des Wiederrufs, wenn man seine Dienste in seinem Vaterlande wieder brauchen solte, daher ihm auch bey seiner Dimißion der Charafter eines churbrandenburgischen Hofraths gegeben wurde. Jetzt, da so vieles geschahe, um der zu errichtenden neuen Universität gleich bey ihrem Entstehen ein hervorstechendes Ansehen zu geben, trat dieser Fall des Zurückrufens in Stryfs Person ein. Er stand als Gelehrter in dem größten Rufe in Deutschland, und Wittenberg war in seinem kurzen Besiße sehr glücklich gewesen, da alles, was nur in der Rechts-Wissenschaft etwas thun wolte, dahin eilete, um diesen grosen Lehrer zu hören, nichts konte also für Halle und für die zu errichtende Universität ersprießlicher gehalten werden, als Stryfen an der Spiße ihrer Lehrer zu haben. Der Stifter, Friedrich der dritte ließ es auch an nichts fehlen,

um

um ihn nur wieder zu erlangen, und ihn auf seine
neue Universität zu sezen.   Man wolte ihn gleichsam
mit Golde aufwiegen, und Ludewig erzählt, er habe
es aus des geheimen Cammerraths Christian Friedrich
von Kraut Munde, daß dieser den Auftrag gehabt
habe, bis auf 3000 Thlr. jährlichen Gehalts zu gehen,
um Strykks Abzug von Wittenberg nach Halle zu bewirken.   Ueberhaupt hat dieser gebohrne Hallenser von
Kraut bey der ersten Einrichtung der Universität viel
gearbeitet und er hat sich dadurch um seine Vaterstadt
sehr verdient gemacht, da er so manche eintretende
Schwierigkeiten glücklich gehoben und immer die Academie bestens zu unterstüzen gesucht hat.   Kraut war
in dem ihm aufgetragenen Geschäfte, Stryken zu gewin-
nen, glücklich genug, denn er erlangte seine Rückkehr mit
1200 Rthlr jährlichem Gehalte.   Stryk ging nun im
December 1692 als Director der Universität mit dem
damahls grosen Prädicate eines geheimen Raths —
welches noch kein Professor auf einer beutschen Universität gehabt hatte — nach Halle, und mit ihm zugleich
eine Menge von seinen Zuhörern, die nunmehr auf der
neuen hallischen Universität unter ihm fortstudiren wolten.   Gleich bey seinem Eintritte in die Stadt fiel
durch Seckendorfs Absterben die fernere Einrichtung der
Academie größtentheils auf ihn.

In eben diesem Jahre 1692 suchte man noch,
drey andere berühmte Gelehrte anhero zu ziehen, aber
man fonte keinen von ihnen erlangen; sie waren Sam.
von Puffendorf, Conr. Sam. Schurzfleisch
und Joh. Christoph Sturm.   Der erste war schon
mit schweren Kosten aus Schweden an den berlinischen
Hof

Hof gezogen worden, um das Leben des grosen Churfürsten zu beschreiben: hätte man ihn erlangen können,
so hätte die Universität gleich im Anfange den ersten Gelehrten in dem Natur- und Völkerrechte, und besonders in der Staaten-Geschichte gehabt, man machte
ihm deshalb auch sehr annehmliche Bedingungen, als
z. B. daß, da er seinen Wohnsitz in Berlin hätte, er
blos ab- und zureisen könne, um nur der Universität ein
mehreres Ansehn zu geben; allein Puffendorf war überhaupt kein Freund vom academischen Leben, ob er gleich
ehedem ein Professor gewesen war, und jetzt schüzte er
insonderheit theils sein Alter vor, theils, daß der größte Theil der Theologen seinen Grundsäzen in dem Naturrechte zuwider sey, wobey er wohl gar der neuen
Universität mehr nachtheilig als nüzlich werden möchte.
Schurzfleisch in Wittenberg solte Professor der Geschichte und Beredsamkeit werden, wie damahls auf allen Universitäten dieses doppelte Fach unter einander
verbunden zu seyn pflegte, und da er eine ganz auserle-
sene Bibliothek besaß; so war zugleich die Absicht,
diese von ihm als den Anfang einer anzulegenden öffentlichen Universitäts-Bibliothek zu erkaufen, ihm aber
den Gebrauch derselben, so lange er lebte, zu laßen,
und ob er gleich diesen Ruf bereits angenommen hatte,
so änderte er doch nachher seinen Entschluß und blieb
in seinem bisherigen Amte zu Wittenberg: Nach der
Beschreibung, die der Canzler von Ludewig von ihm
macht, und nach vielen andern Anecdoten, hätte Halle
in ihm zwar einen großen Humanisten erlangt, aber
einen mäsigen Lehrer, und in der Geschichte würde er das
nicht geleistet haben, was bald darauf verlangt wurde,

wenig-

wenigstens nicht in der neuern Staats-Geschichte; und
in Absicht seines Betragens war er ein Sonderling, der
sich nichts übel nahm, so gemein, ja so cynisch es auch
seyn mochte, da man seiner Aeußerung nach, bey einem
Gelehrten gar nicht auf das Aeußere und gleichsam die
Schale, als vielmehr auf sein Inneres, auf seine
Kentniß und Wißenschaft sehen müße.    Eben so ging
es auch mit Sturm in Altorf, welcher damahls ein
sehr berühmter Mathematiker und Mechanicus war;
da sich nun die Unterhandlungen mit ihm zerschlugen;
so giengen mehrere Jahre vorüber, ehe diese Wißenschaften auf der Universität recht geltend gemacht werden konten.

Statt Schurzfleisches fiel man glücklicher Weise
1693 auf den berühmten Rector in Merseburg Christoph Cellarius, nach einigen Schwierigkeiten nahm
er auch den Ruf wirklich an;  denn er war ein Mann
weniger für die Welt, aber ganz für die Wißenschaften
und für Bücher, und daher war sein Entschluß schwer,
sein stilles Schulleben mit dem geräuschvollen auf einer
Universität zu verwechseln.    Aber die Universität erlangte in ihm eine wahre Zierde, sein Ruhm war vorher schon so ausgebreitet, daß oft mehrere Gelehrte
nach Merseburg reiseten, um ihn kennen zu lernen, und
ihn zu sprechen.    Nach seinem Amte hatte er alte Autores zu erklären, Humaniora zu treiben und die Geschichte vorzutragen: er that dies auch mit dem rühmlichsten Fleiße, aber in einem Betrachte war er zu gelehrt, in einem andern wurde wohl selbst das, wozu er
angesetzt war, von den angesehensten Lehrern für entbehrlich ausgegeben, und zuverläßig waren auch seine gelehr-

ten

ten Arbeiten für den gemeinen Haufen der studirenden
damahls keine Brodstudia, daher sein Ruhm immer der
gröste bleibt, den er durch seine Schriften erlangt hat.

In eben diesem Jahre wurde annoch der Prof.
am academischen Gymnasium zu Coburg Joh. Franz
Buddeus als Lehrer der Moral, oder überhaupt der
practischen Philosophie anhero gezogen und da er nach
einigen Jahren auch licentiat der Theologie wurde,
und außer den ihn aufgetragenen Theilen der Weltweisheit, er auch sehr gern in der Theologie Unterricht gegeben hätte; so wolten doch die damahligen Umstände
dies nicht verstatten, er war und wurde noch mehr ein
sehr gelehrter Mann, aber am Ende für Jena, wie weiter unten gesagt werden wird.

Blos Stryk und Thomasius waren die Glieder
der Juristen Facultät: solten sie nun auch als Facultisten arbeiten, so fehlete ihnen wenigstens noch ein College: schon 1692 wurde also der bisherige Professor
in Jena Joh. Georg Simon in seine Vaterstadt
Halle berufen, und nun erlangte gleich in den ersten Tagen des Jahrs 1693 die Facultät durch ein churfürst-
liches Rescript das Recht und die Macht, über einge-
schickte Rechtsfälle zu respondiren und Urtheile abzufa-
ßen, womit auch unter Stryks Vorsitze im Monat Januar der Anfang gemacht wurde. Im August dieses Jahrs wurde annoch Heinrich Bodinus
aus Rinteln hierher berufen, welcher auch bald zugleich
weltlicher Consistorial-Rath wurde, und in den gewöhnlichen Theilen der Rechts-Wißenschaft als Professor
Unterricht ertheilete.

Für

Für die medicinische Facultät der neuen Universität war es ein besonderes Glück, daß, obgleich mehrere Jahre hintereinander eigentlich nur zwey Lehrer in ihr waren, ein jeder von ihnen gewiß Hauptepochen in ihrer Wißenschaft gemacht hat.   Der eine war Fr. Hofmann aus Halle gebürtig, welcher vorher in Minden und zuletzt in Halberstadt als Stadtphysicus gestanden hatte, der andere war Georg Ernst Stahl, bißheriger Leib- und Hofmedicus bey dem Herzog in Weimar. Beyde waren schon auf der Universität Jena academische Freunde geworden, und nun empfahl Hofmann seinen Freund dem berlinischen Hofe auf das beste, da dieser annoch einen Professor für die Medicin suchte. Beyde stifteten bald eigene medicinische Schulen, Hofmann die mechanische, Stahl die organische. Der erste wurde zugleich auch in der philosophischen Facultät Prof. der Physik, und Stahl wurde dies auch, aber erst nach mehrern Jahren.   Leibnitz schätzte Hofmannen und seine Art über den Körper zu philosophiren hoch, wie aus seinen Schreiben an ihn zu ersehen, da er den Moralismus dem Mechanismus entgegen setzt, aus jenem in der Geister- und aus diesem in der Körper-Welt alles zu erklären suchte *), und das hofmannische System war dieser leibnitzischen Hypothese besonders wohl angemeßen.

Breithaupt war immer noch der einzige Professor der Theologie: denn Francke hatte die Profession der orientalischen Sprachen, und diese wurde gleich vom erſten

*) Vergleiche deßen erſten Brief an Hofmann in dem Anhange zu deßen exercitatione de optima philosophandi ratione.

erſten Anfange der Univerſität zur philoſophiſchen Facultät geſchlagen: wenn aber dies auch nicht wäre, und
wenn man dem Prof. Francke wegen der nahen Ver-
wandtſchaft ſeines academiſchen Amts mit der Theologie
als einen Theologen annehmen wolte, ſo waren doch
beyde bey ſehr vielen als ſo genannte Pietiſten nicht wenig anſtößig, die Klugheit ſchiene alſo zu erfordern,
daß zum wenigſten noch ein Lehrer der Theologie von
unbeſcholtener Rechtgläubigkeit auf die Univerſität berufen und Breithaupten an die Seite geſetzt würde,
und hier fiel die Wahl des Hofes auf den Prof. in Jena
D. Joh. Wilh. Baier, welcher auch kurz vor der
Inauguration ankam, in den erſten Ort der Facultät,
folglich über Breithaupten geſezt und zum erſten Prorector der Univerſität ernannt wurde.

Der einzige Sohn des geh. Rath Stryk, Joh.
Sam. wurde zugleich mit ſeinem Vater zum außerordentlichen Lehrer der Rechte ernannt, und kam mit ihm
zugleich anher, ſo wie auch M. Joh. Peter Ludewig
ihm von Wittenberg nach Halle folgete: und weil nun
gar kein Lehrer der Mathematik ſogleich erlangt werden
konte; ſo wurde Martin von Oſtrow Oſtrowſky
einſtweilen zum außerordentlichen Profeſſor derſelben
beſtellt, welcher aber gleich 1695 weiter nach Königsberg befördert wurde.

Nunmehr war alſo die Univerſität völlig organiſirt,
bereits von 1 Januar 1693 an, geſchahen von dem Director Stryk die Inſcriptiones, welcher

in dem ganzen Jahre 1693 immatriculirt hat 449
von 1 Januar bis 1 Jul. 1694 ⸰ ⸰ ⸰ 316

Und

Und da der Churfürſt in dem Jahre 1693 bey ſeiner
Rückreiſe aus dem Carlsbade durch Halle gieng, und
die Univerſität in ihrer völligen guten Einrichtung, auch
die Frequenz der auf ihr ſtudierenden mit Augen ſahe;
ſo faſte er den veſten Entſchluß, in dem künftigen Jahre ſie zu inauguriren:   Alle Facultäten nämlich, außer
der theologiſchen, da Breithaupt bis kurz vor der Inauguration der einige Profeſſor der Theologie war,
hatten ſchon in dem Jahre 1693 ihre Facultäts-Arbeiten angetreten: die Juriſten kamen bey dem Ordinarius Stryk zuſammen und reſpondirten über die an ſie
eingeſchickten Fragen und Rechtshändel; bey der philoſophiſchen hatten die übrigen den Profeſſor Cellarius
das erſte Decanat in Nov. 1693 übertragen, welcher
alſo den neuankommenden den Depoſitionsſchein ertheil-
lete, ſo wie ebenfals ſchon vor der Inauguration M.
Ludewig zum Adjunct dieſer Facultät von den Gliedern derſelben ernannt worden war, und unter dem
Vorſitze der Profeſſoren Cellarius, Franke, Hofmann
und Buddeus, mehrere Diſputationes gehalten wurden,
deren Reſpondenten darauf bey der Inauguration die
academiſchen Würden erlangten, davon einige nachher
ſehr angeſehene und verdienſtvolle Lehrer bey der Univerſität geworden ſind z. E. Joh. Heinrich Michaelis,
welcher 1693 unter Franken über die hebräiſchen Accen-
te diſputirte.

Hofmann hatte, ehe noch Stahl 1694 ankam,
theils mehrere Vorleſungen gehalten, theils als Präſes
diſputirt, und unter ihm wurde auch die erſte mediciniſche Inauguraldiſputation ſchon vor der Einweihung
gehalten.

Endlich

Endlich wurden nach mehreren Schwierigkeiten die kayserlichen Privilegia vom Kayser Leopold den 19ten October 1693 ertheilt, und der damahlige churbrandenburgische Gesante am kayserlichen Hofe, Freyherr von Dankelmann hat nachher oftmals versichert, daß unter seinen vielen und wichtigen Negotiationen in Wien, ihm keine so schwer und mühsam geworden wäre, als die Betreibung dieser Universitätsangelegenheit, da die chur- und fürstlichen Häuser Sachsen diesem ganzen Vorhaben die mehresten Schwierigkeiten in Weg gelegt hätten, weswegen auch in das kayserliche Document die Parenthesis mit eingerückt worden: „sine tamen praeiudicio *vicinarum* universitarum:„ welche Claußel doch nicht die mindeste Wirkung hatte, und haben konnte.

Die Statuten der Universität und der einzeln Facultäten wurden vom Stryk und den Gliedern derselben selbst aufgesezt, und von dem Churfürsten unter dem 1 Jul. 1694 confirmirt, bey ihnen führten also Stryk, Breithaupt, Hofmann und Cellarius die Feder, auch schrieb der erste im Nahmen des Churfürsten ein Programm, in welchem unter den 5ten Jun. die Inauguration bekant gemacht; und im Nahmen der Universität unter den 24sten Jun. ein anderes, in welchem diese Festivität ebenfals besonders den hier bereits Studirenden eröfnet wurde.   Stryk correspondirte häufig mit den Ministern, und trug noch kurz vor der Solennität manches vor, das er dem Wohlseyn des Ganzen gemäß erachtete, oder das ihm insonderheit betraf; z. E. daß der Churfürst als Stifter das Cancellariat derselben selbst übernehmen, oder es einem des churfürstli

chen

chen Haußes übertragen, ihm Stryken ſelbſt aber, das
Procancellariat, wie die Idee anfänglich mit Stößer
Edeln von Lilienfeld geweſen ſey, gnädigſt ertheilen möchte, worüber doch niemahls etwas weiter entſchieden
worden iſt.

Wenn man alles zuſammen rechnet, was dem
Churfürſten anfänglich die Univerſität mit allen ihren
Officianten, auch Sprach- und Exercitien-Meiſtern ko-
ſtete, ſo war es jährlich etwas weniges über 5000 Thlr.
als aber nachher allmählich mehrere Lehrer angeſetzt wurden, und der gar geringe Gehalt der mehreſten von denen zu allererſt angeſetzten Profeſſoren nicht mehr zu-
reichen konte; ſo wurde der Etat, doch nur nach gerade
auf 7000 Thlr. geſetzt, — denn, was einige z. E. der
Canzler Wolf aus andern Caßen erhalten haben, das
iſt etwas außerordentliches und gehört nicht hierher —
und dieſer Etat von 7000 Thlr. iſt auch geblieben
bis 1786.

Da nun alles in die gehörigen Wege geleitet, die
vorige Ritterakademie ſchon 1693 der Univerſität untergeben, jede Facultät mit dem nothwendigen Lehrern
beſezt, jede auch in ihren Arbeiten thätig und wirkſam,
und die Zahl der ſtudierenden weit gröſer war, als auf
den mehreſten alten Academien; ſo fehlete ihr nichts
weiter, als die Ceremonie der ſolennen Inauguration,
welche alſo den 1 Jul. 1694 als an dem Geburths-
Tage ihres Stifters und in deßen Gegenwart mit ganz
ausnehmender Pracht in der hieſigen Domkirche vorgenommen, die Inaugurations-Predigt von dem damahligen Oberhof-Prediger und nachherigen Biſchoffe
Benj. Urſinus, die lateiniſche Inaugurations-Rede

C                                          von

von dem Staatsminister Paul von Fuchs und die
Danksagungs-Rede vom Prof. Cellarius gehalten,
auch der D. Baier zum ersten Prorector ernennt, —
da der Chur-Prinz, nachherige König Friedrich Wilhelm von dem Stifter zum Rector ernant war, welcher es auch bis 1700 blieb — und die Professores
öffentlich vereidet, den Tag darauf aber, als den 2
Julius von den Decanen Breithaupt, Stryk, Hofmann und Cellarius in der Marienkirche die Candidaten in jeder Facultät feyerlich promovirt worden, davon die Geschichte der prächtigen Inauguration auf
churfürstlichen Befehl der Prof. Cellarius in dem schönen lateinischen Stile beschrieben hat *).

Die Professoren zur Zeit der Einweihung waren;

in der theologischen Facultät: Baier und Breithaupt,

in der Juristischen: Stryk, Thomasius, Simon und
Bodinus.

Extraordinarius in ihr: der jüngere Stryk, (Joh.
Sam.)

in der medicinschen: Hofmann und Stahl,

in der philosophischen: Cellarius, Francke (Hofman) Buddeus.

Extraordinarius in ihr: von Ostrow.

———

Erste

*) Inauguratio Academiæ Fridericianae a Chriſtophoro
Cellario conſcripta: Halae 1698 in Fol.

# Erſte Periode.

## Ueberſicht von 1694 bis auf den Tod des Stifters 1713.

Der Churfürſt Friedrich der Dritte, als der Stifter der neuen von ſeinem Namen auch genannten Friedrichs-Univerſität that alles mögliche, um ſie zu einer der erſten in Deutſchland zu machen, und in ſeiner faſt noch zwanzigjährigen Regierung ergrif er jede Gelegenheit, wenn es nur irgend ſeyn konte, ihr ſeine Huld an den Tag zu legen. Er nennte ſie oft, wenn von ihr geſprochen wurde, ſeine liebe Tochter, und beſtrebte ſich, wo er nur konte, ihr immer mehr wachſendes Glück zu erweitern. Kurz vor ſeiner Abreiſe von Halle nach geſchehener Inauguration erklärte er ſich ſehr gnädig gegen die Profeſſores, daß, wenn ſie in der Folge etwas zum Beſten der Univerſität vorzutragen hätten, ſie es ihm nur freymüthig eröfnen möchten, er würde es immer gnädig aufnehmen. Bald darauf wurden daher der Geh. Rath Stryk und Hofmann von ihr nach Berlin deputirt, um, da nun annoch die Privilegien ſchriftlich ertheilt werden ſolten, das Beſte der Univerſität wahrzunehmen: dieſe wurden ihr den 4ten Sept. 1697 ertheilt, und nach denſelben wurde ſie und die Lehrenden auf ihr von der Jurisdiction der magdeburgiſchen Regierung gänzlich eximirt und ihnen das Forum immediatum unter dem churfürſt-

C 2                   lichen

lichen Geheimen Rathe ertheilt, zugleich wurden ihr nach Art der Frankfurther Universität einige Vorrechte in Absicht der Universitäts-Handwerker, und das Recht, einen Wein- und Bierkeller anzulegen, auch in Absicht des Abschoßes, und des Gnadenjahrs der künftigen Witwen manche Prärogativen gegeben. Die Universität trug zugleich bey ihrem gnädigsten Stifter dahin an, daß, da doch noch vieles fehle, und die mehresten einen gar geringen Gehalt hätten, einige in den Unterstiftern zu Magdeburg und Halberstadt erledigten Präbenden derselben zugewendet werden möchten, wie etwa in Leipzig, da die ältesten Lehrer mit solchen Stiftspräbenden rühmlichst versehen wären; und der Canzler Ludewig hat späterhin *) die Schicklichkeit dieses Vorschlags aus der Geschichte der Verfaßungen der Stifter zu erweisen gesucht, da der Scholasticus in ihnen eigentlich die Pflicht des Unterrichts habe, dies aber nun an die Lehrer der Universitäten gekommen, und niemand in den Stiftern sich weiter mit dem Unterrichte zu befaßen habe. Auf diesen Vorschlag wurde aber in Gnaden rescribirt: „er fände nicht füglich statt, weil schon viele damit versehen, und sie selbst solche Beneficien wären, womit Se. Churfürstl. Durchlaucht allerhand wohlmeritirte Leute zu begnadigen pflegten, doch wolten Sie auch der Professoren zu Halle in Gnaden eingedenk seyn." Eben so ging es auch bey dem Vorschlage, daß einige auf dem Falle stehende Lehngüter und Pfannewerke bey der hiesigen Saline — welche damahls größtentheils diese Eigenschaft hatten, und erst 1722 in Erbgüter verwandelt

*) in consiliis halensibus. Tom. I. lib. 2. num. 48.

delt worden sind — dazu zwey Salzkothe insonderheit
angegeben wurden, zur Verbesserung der Universität
und einiger ihrer Glieder verwendet werden möchten;
da denn die Resolution hierbey war: „Anwartung
auf solche Güter könte nicht ertheilt werden, Se.
Churfürstl. Durchl. müsten dabey freye Hände
haben und behalten, u. s. w.„

Die zwey Abgeordneten trugen auch besonders auf
Anlegung einer öffentlichen Universitäts-Bibliothek an,
und brachten dazu außer andern Fonds auch in Vorschlag, daß die Doubletten aus der landesherrlichen
Bibliothek zum Anfange derselben geschenkt werden
möchten, welches ihr auch 1697 zugestanden wurde.

Bald nach der Inauguration wurde außer den
vier letztern der Rechte auch der jüngere Stryk ein Mitglied der Facultät. Von Wittenberg war er als Licentiat
anhero gekommen, und bey der Inauguration war er
von seinem Vater zum Doctor creirt, und nunmehr
wurde er desselben College; Simon aber starb schon
1696 und seine Bibliothek war gleichsam der Anfang
der hallischen Universitäts-Bibliothek, da nach seinem
Absterben nach einigen abgemachten Schwierigkeiten
mit der hinterbliebenen Witwe, seine Bücher auf die
Waze geschafft, und als die ersten in den Zimmern aufgesezt wurden, woselbst die nachherige, nach gerade an-
wachsende Universitäts-Bibliothek bis in die ganz neuesten Zeiten herunter, bis 1780 gestanden hat.

In der theologischen Facultät standen Baier und
Breithaupt kaum ein Jahr mit einander in collegiali-
scher Verbindung: nach gemeiner menschlichen Beurtheilung waren schon ihre gegenseitigen bürgerlichen und

acade-

academischen Verhältniße nicht eben zur Freundschaft
und Einigkeit eingeleitet; aber in Absicht auf die Methode, junge leute zu künftigen lehrern in Kirchen und
Schulen zu bilden, waren sie von ganz verschiedenen
und entgegen gesetzten Meinungen. Breithaupt drang
besonders auf christliche, moralische Beßerung und
Frömmigkeit, deshalb hielt er so viel auf Ascetik und
Homiletik, aber allerdings nach spenerscher Weise auf
eine beßere und nüzlichere, als bisher gewöhnlich war,
hingegen Philosophie, mehrere Sprachkentniße, selbst
in den orientalischen Sprachen, war weit weniger
seine Sorge. Der Ritter Michaelis, welcher von
seinem Vater vieles von den Umständen der damahligen Zeit wißen konte, sagt in dieser Absicht *), „nichts
als hebräische oder auch orientalische Philologie,
war so glücklich, den Zugang zu erhalten, weil
Aug. Herrm. Francke, ein Mann, der viel Liebe
zur Gelehrsamkeit hatte, sie begünstigte; und
doch geschahe es, um Breithaupten nicht zu miß-
fallen, unter mancher Einschränkung von Ortho-
doxie nach dem dortigen Meridian. „ Baier hingegen wolte Gelehrsamkeit und sonderlich Philosophie,
wie sie auch damahls seyn mochte, getrieben wißen,
nach seinem Plane solten Sprachen und Philosophie
eher, und alsdann die theologischen Wißenschaften getrieben werden; aber, wolte man Breithaupten folgen, so konte man nicht früh genug mit der Theologie
anfangen, Philosophie und anderes menschliches Wissen müße, wenn annoch Zeit vorhanden sey, blos nebenbey getrieben, allenfals manches ganz bey Seite gesezt
wer-

*) In dem Raisonnement u. s. w. Theil 3. S. 27.

werden; genug, wenn nur das Herz gebeßert würde,
und dies geschähe nicht anders, als durch praktische
Theologie.  Bey diesem Widerspruche der Lehrer theil-
ten sich auch die lernenden, und einige hielten sich zu
diesem, andere zu jenem.  Doch Baier, der übrigens
ein sehr sanfter Mann war, wurde es bald müde, und
als er einen an ihn ergangenen Ruf als General-Superintendent nach Weimar angenommen und seine Dimission bereits gegen das Ende seines Prorectorats erlangt hatte, reisete er den 14ten Jul. 1695 gleich nach
Beendigung des Prorectorats von Halle ab; aber er
starb schon im October dieses Jahrs, da er kaum seine
Stelle angetreten hatte.  Baiers Profession erhielt
Paul Anton bisheriger Hofprediger zu Eisenach,
welcher schon in Leipzig auf der Universität mit Francken
und andern, die nach Speners Art die Frömmigkeit
zu befördern suchten, in die genaueste Freundschaft
getreten war.  Breithaupt und Anton lebten nun als
die zwey Glieder der Facultät, und als Francke 1698
ihr specieller College in derselben wurde, lebten diese
drey in der größten brüderlichen Eintracht, da ihre
Hauptbemühungen dahin gingen, mit und neben dem
Unterrichte besonders das Christenthum und Frömmigkeit zu befördern.

Ob zwar schon 1692 bey den Streitigkeiten zwischen Breithaupt und Francke an der einen, und den
Predigern der Stadt an der andern Seite durch die
commissarischen Verhandlungen Seckendorfs und seiner Mitcommissarien ein Vergleich zu stande gekommen war; so dauerte dennoch die Uneinigkeit noch heim-
lich fort, und sie brach 1698 bey Gelegenheit einer
Pre-

Predigt von Francken öffentlich und ſtärker aus, als
ehemahls. Er hatte nämlich, vielleicht mit zu kentlichen
Farben, die Fehler mancher Geiſtlichen beſchrieben, aber
dies zogen die Herren des Miniſteriums auf ſich, weshalb es zu einer förmlichen Klage bey dem Conſiſtorium
und darauf zu anderweitigen commiſſariſchen Verhandlungen kam.      Stößer von Lilienfeld, Stryk, und
der ehemalige General-Superintendent in ließland,
Jo. Fiſcher, — welcher zu der Zeit in Hamburg privati-
ſirte, und in dem folgenden Jahre zum General-Superintendent in Magdeburg befördert wurde, — wurden
in dieſer Sache vom Hofe zu Commiſſarien ernannt, ſie
gaben ſich alle Mühe, dieſen ärgerlichen Streit wieder,
wie ehemals, in Güte beyzulegen. Nach vielen Ver-
ſuchen kam es auch endlich im Monat Jun. 1700 ſo
weit, daß ſich beyde Theile von neuem vereinigten, und
weil der ganze Vorgang in der Stadt und auf der
Univerſität viel lerm und öffentliches Aergerniß verurſacht hatte; ſo wurde der eingegangene Vergleich des
Sontags darauf den Gemeinden von den Canzeln bekant gemacht und eine ordentliche Dankſagung für den
wieder hergeſtelten Kirchen-Frieden abgeleſen. Bey
dem allen aber blieb doch eine ziemlich lange Zeit in den
Gemüthern mancher, die dabey intereſſirt geweſen waren, ein heimliches Mißtrauen. Nach gerade ſtarben
manche alte Prediger der Stadt ab, der Prof. Francke
kam 1714 aus der Vorſtadt in eine Stadtgemeinde,
er wurde alſo ſelbſt eines der erſten Glieder des Stadt-
miniſteriums, und nachher kamen noch andere von
eben den frommen und friedlichen Geſinnungen in daſ-
ſelbe, und ſo wurde denn allmählig der ehemahlige ſo
heftis

heftige pietiſtiſche Streit in Halle gänzlich vergeßen,
welcher im Anfange der Univerſität ihr ſo manche üble
Nachrede verurſacht hatte.

Dieſe erſten lehrer der Theologie auf der Univerſität waren in der That mehr eifrige Chriſten und Prediger, als gelehrte Profeſſores; unter ihnen war Francke
ohnſtreitig der thätigſte und in mehrerer Abſicht der nüz-
lichſte: als populairer Profeſſor und als eifriger Prediger, hat er gewiß viel gutes gewirkt, und durch Erbauung und Einrichtung des Wayſenhaußes, hat er ſich
in Abſicht der chriſtlichen Geſinnungen, der Erziehung
junger leute, der Bildung künftiger Prediger, und
ſelbſt in Abſicht des Rufs der Univerſität Verdienſte erworben, die wirklich gröſer ſind, als wohl die eines
überaus großen und ausgebreiteten Gelehrten. Schwach-
heiten und Unvollkommenheiten ſind bey allen menſchli-
chen Werken; wenn es daher auch ehemals auf dem
hieſigen Wayſenhauße manche fromme leute gegeben hat,
die der Heuchelen, der Schwärmeren, der Unwißenheit
und der Verachtung einer wahren Gelehrſamkeit, auch
wohl nicht ohne allen Grund, beſchuldiget werden könten; ſo müßen dieſe Fehler der Menſchen nicht auf
Rechnung des Werks ſelbſt geſchrieben und den erſten
Stifter und Vorſtehern zugerechnet werden; auf dieſe
Art würde vieles ſehr vortrefliche herabgewürdiget werden können. Die Geſchichte dieſer Anſtalt liegt außer
meinem Gleiße, und die ältern und neuern Schriften
über dießelbe ſind bekant genug, aber ſie iſt mit der Univerſität ſo genau zuſammenhangend, daß ich nur etwas
weniges davon ſagen muß. Die erſten Männer, die
an ihr ſtanden, lebten auch in Wahrheit nicht ſich,
sson-

sondern blos diesen Anstalten, daher bey ihrer Genüg-
samkeit und bey der genauen und musterhaften Wirthschaft, unter dem Geruche einer besondern Frömmigkeit,
die gesamten Theile des Wansenhaußes ganz unglaublich
wuchsen. Und da nun so viele lernende und lehrende darin erzogen, unterrichtet und mehr gebildet wurden, diese
aber nach einigen Jahren in die Welt kamen, viele zu
Hofmeistern verlangt, und viele darauf in Kirchen und
Schulen befördert wurden; so hat dies der Universität
mehr geholfen, als man gemeiniglich zu denken pflegt.
Wie mancher Lehrer, Prediger, Schul- und Geschäfts-
Mann, in wichtigen oder geringen Aemtern hat nachher bey der Erinnerung, was ihm ehedem auf dem
Wansenhauße gutes geschehen, andere gereizt! die ihrigen, oft gar vornehme Leute nach Halle zu schicken,
um auf der Schule und Universität gebildet und so wohl
durch die frommen Lehren der Theologen, als durch die
gottseligen Einrichtungen des Wansenhaußes in dem
Christenthume mehr gestärckt zu werden. Ganz gewiß
wurde auch durch die vielen von der Universität, und aus
dem Wansenhauße bald ausgehenden Prediger, der
Canzel-Vortrag sehr gebessert, und mehrere sonst angesehene und beliebte Prediger wurden, wenn sie nur
einige mahl Francken, oder andere nach spenetischer Art
gezogene Prediger höreten, aufs lebhafteste gerührt und
wohl bewogen, nach eben dieser Methode ihren Unterricht und ihren Vortrag künftig einzurichten. So kam
z. E. in den ersten Jahren dieses Seculums, da der
nachherige Probst Reinbeck alhier studirte, sein Vater, ein Prediger in dem hannöverschen anher, um seinen Sohn zu besuchen, und nach Anhörung einiger

dieser

dieser hallischen neuen Prediger urtheilete er ganz frey:
„unsere Predigten sind bisher, wie kaltes Waßer
„gegen die hallischen gewesen“.    Durch sie wurde
nach gerade der alte künstliche homiletische Ton von den
Canzeln immer mehr und mehr vertrieben, statt des
subtilen dogmatischen polemischen, kam immer mehr
ein verständlich dogmatischer, ein moralischer und überhaupt ein wirklich erbaulicher Lehrton auf, wenn er
gleich hier und da etwas spielerisch, und wenn auch
gleich manche Begriffe,  zwar sehr geläufig,  doch
nicht deutlich und bestimt seyn mochten: dies war wieder eine neue Vollkommenheit, welche erst späterhin
als nöthig und nüzlich eingesehen und auch allmählich
erlangt wurde.    Der Ruf der Frömmigkeit derer, auf
dem Wayßenhauße gebildeten, wurde auch so groß und
ausgebreitet, daß die englische und die dänische Mission
von d m hallischen Wayßenhauße die Missionairs sich
erbathen, welche nachher in Wahrheit immer die besten,
die arbeitsamsten und die beständigsten gewesen sind.
    Im Jahre 1709 wurde Breithaupt auch Abt im
Klosterbergen, daher mußte er, oftmahls von Halle ab-
wesend seyn; weshalb der bisherige Professor der orientalischen Sprachen Joh. Heinr. Michaelis, und der
Rector in Berlin Joachim Lange, beyde, ordentliche
Lehrer der Theologie wurden: der erste fing nun die Kirchengeschichte besonders, die Breithaupt gemeiniglich
gehabt hatte, zu lehren an, und lange nahm seine
mehresten übrigen academischen Arbeiten gegen den
gröbsten Theil des Gehalts, welchen Breithaupt als
Professor bisher gehabt hatte, über sich; aber auch
diese zwey     Collegen der theologischen Facultät,

waren

waren in Abſicht der Frömmigkeit von eben den Grundſäzen und eben demſelben Eifer, ſie als Univerſitätslehr-
rer unter den Studierenden zu befördern, als die drey
ältern Profeſſores.

Breithaupt und die ſpenerſche Parten in Halle
und Berlin, hatte es zur Grundregel angenommen,
daß keine, als nach ihren Begriffen rechtgläubige und
fromme Männer auf der halliſchen Univerſität Lehrer
der Theologie ſeyn ſolten; daher ſchon nach den Statuten dieſer Facultät, ſelbſt anderswo promovirte Licen-
tiaten und Doctoren ſich nicht ſogleich zu Lehrern auf-
werfen können, und es ſind darin alle behutſame Maß-
regeln genommen worden, daß niemanden das Recht
zu theologiſchen Vorleſungen gegeben werden konnte,
als denen, welche die Facultät als ihr gleich geſinnt
anerkennen würde. In dem 12 §. der Statuten,
iſt in dieſer Hinſicht ausdrücklich beſtgeſetzt: ſi qui-
dam in aliis academiis ad gradum doctoralem
in ſtudio theologico promoti huc delati fue-
rint, & facultatem docendi ac diſputandi ſibi
concedi poſtulaverint, non prius admittantur,
niſi praecedente colloquio & exploratione or-
thodoxiae cognitisque teſtimoniis vitae inculpatae
& Theologo dignae. Nach dieſer Einſchränckung iſts
immer mislich, ob auch jemand, gegen deßen Gelehrſamkeit man nichts einzuwenden wüſte, das, was er
ſuchen wolte, erhalten möchte: denn orthodoxia und
vita Theologo digna ſind weitſchichtige Ausdrücke,
da leicht das eine, oder das andere bezweifelt werden könte, und man will wißen, daß nach dieſem §. und
dem

dem damahls herschenden theologischen Tone, mancher
gelehrte und berühmte Mann es nicht gewagt hat, sich
diese Erlaubniß zu erbitten: Der Ritter Michaelis giebt
dazu einen Beleg von dem damahligen ersten Prediger,
Consistorial-Rath und Vicegeneral-Superintendent
D.Joh.Mich.Heineccius, einem Bruder des berühmten und eleganten Rechtsgelehrten, der schon damahls
alhier in Amte stand, an. Er, Mich. Heineccius hatte
in Helmstädt promovirt, und laß bey seiner unbezwei-
felten Gelehrsamkeit einige Collegia, doch ganz insgeheim, daher es die Facultät eine zeitlang lieber ignorir-
te: Aber nach den Actis wurde ihm und seinem Collegen bey der Kirche M. Ge. Nic. Ockeln, auf Breithaupts Anzeige und zuverläßig widrigen Bericht nach Hofe 1709 dies gänzlich untersagt. Ich habe die Acten vor
mir liegen, und führe aus dem Rescripte an den damahligen Rector der Universität, den Stadthalter in Magdeburg Prinz Philipp Wilhelm, und an die Universität
selbst die Verordnung mit den eigenen Worten bey: „Die-
weilen auch aus D. Breithaupts Vorstellung zu
ersehen, was für Irrungen und Zwistigkeit aus
dem von einigen dortigen Predigern sich ange-
masten Dociren zu besorgen, und wir aber solchen
in Zeiten vorgebauet wißen wollen: als haben
Ew. Lbd. und Ihr so wohl dem D. Heineccio und
Ockeln als auch allen übrigen Predigern daselbst
nachdrücklich anzudeuten, sich bey Vermeidung
nachdrücklicher Beahndung allen docirens in theo-
logicis und homileticis gänzlich zu entziehen, sondern die theologische Facultät derselben in den ru-
higen Genuß der ihr ertheilten Privilegien zu laßen.“

ßen. " Und in einem andern Reſcripte von 1714
auf eine geforderte Berichts-Erſtattung, da der Diaca-
nus an der hieſigen Moriz-Kirche M. Rotth eine extraordinaire Profeſſion der Theologie nachgeſucht hatte,
heiſt es: „wie denn Unſere allergnädigſte Willens-
Meinung allerdings dahin gehet, daß wegen der
von euch angeführten triftigen Umſtände niemans
den außer den Membris eurer Facultät geſtattet
werden ſoll, dergleichen Collegia, es ſeyn publi-
ca oder privata zu halten. " Es war daher in dieſer Zeit
bis weit herunter, bis auf den Proffeſſor Freylinghaußen
gebräuchlich, daß die theologiſche Facultät ſich ſelbſt
vom Hofe Adjuncten erbath, die ſie dazu in Vorſchlag gebracht hatte, und von denen ſie alſo glaubte, daß ſie ihren
Grundſäzen völlig ergeben wären, als Tribbechovius
am Ende des vorigen Jahrhunderts, und nach dieſer
Zeit Reinbeck, Hernſchmidt, Rambach, Baumgarten u. ſ. w. aber es kan ſich auch eine ganze Facultät
irren; und dies war der Fall bey Baumgarten, der ihr
Adjunct, und bald darauf auch des jüngern Francke ſein
Adjunkt bey deßen Predigerſtelle, und vorher ſelbſt auf
dem Wayſenhauße Lehrer und Inſpector war, zu deßen
Beförderung zur theologiſchen Profeſſion ſie aber einige Jahre darauf, nicht das mindeſte gewirkt hat.

Cellarius lehrete Geſchichte und Beredſamkeit: es war nun damahls der allgemeine Gebrauch auf
Univerſitäten, daß man, nach der zum Theil nicht ganz
ungegründeten Meinung, als ob der Lehrer der Humaniorum auch zugleich der geſchickte Lehrer der Geſchichte ſeyn könne, beydes zuſammen einem Manne
auftrug, und in Halle war dies Cellarius. Daß in

Abſicht

Absicht der alten Historie, der Geschichte der alten Völker, besonders der Römer und Griechen jene Meynung
wohl gegründet sey, das kan nicht geleugnet werden, denn der Humaniste kan nicht das seyn, was er
seyn soll, wenn er nicht die Geschichte dieser alten Völker wohl inne hat, indem unendlich vieles in den alten
Schriftstellern aus dieser Geschichte erklärt werden kan
und muß, daß aber derselbe Humaniste zugleich die
gehörige, brauchbare und anwendbare Kentniß der Geschichte der neuern Staaten habe und haben müße, da
ist wirklich kein nothwendiger Zusammenhang vorhanden, so wie die Erfahrung lehrt, daß oft jemand die
neuere Staaten-Geschichte sehr gut weiß, ohne die
Geschichte der ehemaligen berühmten alten Völker inne
zu haben, und überhaupt ohne auch das zu seyn, was
man einen eigentlichen Humanisten nennt. Der gelehrte Cellarius war auch besonders in der alten und mit-
lern Geschichte, in der alten Geographie u. s. w. ganz
vorzüglich erfahren, seine hierüber geschriebenen Bücher
sind noch immer geltend; aber bey aller seiner grosen
Erudition war er doch mehr für eigen studiren und für
Bücher schreiben, als für den Unterricht für junge
Leute. Von seinen Schriften, die der Sachen und
des vortreflichen lateinischen Styls wegen allgemein
gelesen wurden, rühmt Ludewig, daß seine Verleger
damit wohl Tonnen Goldes erworben hätten — immer genug, wenn es auch nur eine halbe gewesen —
er war daher eine wahre Zierde der Universität. Als
Lehrer aber klagte er selbst in einem Schreiben an den
Obercurator von Rhez, daß es in Halle zwey Parteyen gäbe, die Strykische und die Thomasische, davon

von keine die Sachen vorzüglich schäze, die er zu betreiben habe; und was von der Achtung der cellariuſſi-
ſchen Kenntniße in Abſicht der damahligen Lehrer der
Theologie geurtheilt werden könne, das wird man
ſchon aus dem oben erzählten von ſelbſt abnehmen.
Freylich waren die Humaniora damahls ſo wenig eine
Sache der Lehret der Rechte, als der Lehrer der Theologie, und Cellarius mochte auch ſeine Eigenheiten haben, wenigſtens ſollen ſeine Empfindungen oder die
Aeußerungen derſelben, auffallend geweſen ſeyn, wenn er
bey den damahls ſo häufigen Diſputationen ſeiner an-
geſehenſten Collegen latein reden hörete, das nicht für
ſeine Ohren war. Er pflegte deshalb auch wohl von
den Anführern jener Parteyen zu ſagen: ius, ius, ius
& nihil ſplus! überhaupt war er als Lehrer für die
wenigen, die den Kern der Wißenſchaften ſuchten, und
ſich nicht mit der Schale begnügten. Dies Urtheil
ludewigs, der doch den cellariußiſchen Kentnißen alle
Gerechtigkeit widerfahren ließ, und welcher auf die
Humaniora weit mehr hielte, als die übrigen Juriſten,
iſt ſo richtig an ſich, ſo ehrend auch für den gelehrten
Cellarius, welcher darauf 1707 verſtarb, und Nic.
Hier. Gundling zum Nachfolger hatte, durch
deßen und ludewigs Bemühungen, die Geſchichte beſonders auf eine ganz andere Art betrieben wurde, als
bisher auf Univerſitäten gewöhnlich war.

Francke war bis 1698 Profeſſor der orientaliſchen Sprachen, da er aber in dieſem Jahre ein
Mitglied der theologiſchen Facultät wurde: ſo wurde
ſein ehemaliger Zuhörer, der auch bereits vor der Ju-
auguration unter ihm diſputirt hatte, Joh. Heinr.
Michae-

Michaelis in seine Stelle in die philosophische Facultät gesetzt, der in der Folge als Professor dieser Sprachen und der Theologie viele Jahre nützliche Dienste geleistet hat.

Philosophie wurde bald in den ersten Jahren der Universität von Buddeus, Joh. Sperlette, Ludewig und Joh. Friedem. Schneider, auch gegen das Ende dieses Zeitraums schon von Christ. Wolf gelehrt. In dem allerersten lections-Verzeichnisse heißet es ausdrücklich: „noch fehle ein Professor der theoretischen Philosophie und dieser solle des nächsten angesetzt werden." Ludewig war Adjunct der philosophischen Facultät, und da er nachher, eine geraume Zeit Philosophie gelehrt hat, damahls aber die Vorlesungen der Privatdocenten gar nicht in den lectionscatalogen standen; so ist zu vermuthen, daß er gleich vom Anfange an, in diesem Theile der Gelehrsamkeit Unterricht ertheilt habe. Das Jahr darauf 1695 kam Joh. Sperlette, der nachher auch Director der hiesigen französischen Colonie wurde, als ein cartesianischer Philosoph, der bei Aufhebung des Edicts von Nantes mit vertrieben worden war, und bisher in Berlin als Director des französischen Gymnasiums gestanden hatte, als Professor auf die Universität Halle. Die cartesianische Philosophie hieß damahls schlechthin die neue, und diese neue Philosophie solte sogleich auch auf der neuen Friedrichsuniversität eingeführt werden, und da gerade der Professor extraord. Ostrow von Halle nach Königsberg ging, so nahm Sperlette zugleich die Mathematik mit über sich. Aber weder dieser, noch Ludewig, noch Buddeus waren in Stande, nach dem damahl-

D　　mahli-

mahligen herrschenden Tone die Philosophie allhier geltend zu machen, wozu sich die Ursachen schon aus dem
vorigen abnehmen laßen.     Die Theologen hatten, und
wolten mit ihr nichts zu thun haben, vielmehr mahne-
ten sie die Studirenden von ihr, als von einer eiteln,
menschlichen und wohl gar gefährlichen Wißenschaft
ab, und Stryk, der blos Jurist war, aber ein Mann,
welcher in der größten Hochachtung bey den jungen academischen Bürgern stand, sagte denen, die die Rechte
erlernen wolten, — wie dies Ludewig von ihm erzählt, —
stets vor: „das Corpus Juris müßen Sie für das Haupt-
eßen auf dem Tische halten, die übrigen Wißenschaften
aber blos als Tellergerichte und Einschiebe-Eßen," und
Thomasius, der schon sonst und noch jetzt manches dahin
gehöriges lehrete, auch in dem Natur-Rechte und in der
Moral den Reformator machte, war doch im Grunde
kein speculativer Philosoph, vielmehr spottete er derselben, dem größten Theile nach, auch noch späterhin,
da sie anfing, mehr geltend zu werden.     Ludewig war
also ganz im Anfange beinahe der einzige, welcher über
diese Disciplinen Vorlesungen ankündigte, aber aus
eigener Erfahrung sagte er in dem Lectionsverzeichniße
von 1698, worin er theils artem ratiocinandi,
theils vniuersam Philosophiam duce Theologo
Schmidio versprach: modo sint, qui saluberri-
marum sapientissimi Principis legum rationem
habeant, neque praecipiti via ac dementissimi
temeritate inscii iuuenes ad disciplinas gravio-
res ante advolent ruantque, quam his solidio-
ris doctrinae praesidiis animum suum imbue-
rint.

rint. Schneider wurde auch seit 1705 ordentlicher
Professor der Philosophie, und da er außer einigen
juristischen Wißenschaften auch die speculative Weltweisheit nach den alten aristotelischen Grundsäzen lehrete, Ludewig aber sich schon um diese Zeit mehr mit der
Geschichte und Rechtswißenschaft beschäftigte; so war
er immer bey seinem Fleiße ein nüzlicher Lehrer für die,
welche sich etwa noch auf Philosophie zu legen suchten.
Buddeus hatte die praktische Philosophie, die Moral
und Politik, zu seiner bestimmten Profession, und er
schrieb sich in ihnen einige Bücher, welche noch späterhin von sehr angesehenen Lehrern, Gundling, Heineccius und andern, in ihren Vorlesungen als besonders
zu diesem Zwecke schickliche gebraucht worden sind.
Er war auch licentiatus der Theologie und in der That,
gelehrter, als die damahligen hallischen Theologen,
obgleich ihnen sehr ergeben, aber deswegen ihnen nicht
angenehm, da er gern als Lehrer der Theologie allhier
bleiben wolte, und der Hof dies auch wünschte. Wie
er also 1705 einen Ruf zu einer theologischen Profession nach Jena erlangete; so wurde von den hallischen
Lehrern gar sehr zu der Annehmung deßelben gerathen, theils: — dies sagten sie dem Hofe — weil er
in Halle entbehrlich sey, theils: — dies war ihr
Grund gegen ihn — weil er in Jena mit mehr Nußen
Frömmigkeit und Christenthum würde befördern können, als in Halle, da hier das Werck von ihnen, dort
aber von niemanden getrieben werde. Er ging wircklich dahin, und ward in der Folge einer der ersten Theologen auf der dortigen Universität, und in der protestantischen Kirche überhaupt. Einige Jahre nach seinem

Ab-

Abzuge, trieb auch der Profeſſor Jac. Carl Spener,
eben die Wißenſchaften, die Buddeus alhier gelehrt hatte, und zwar über des abgegangenen Bücher; aber er
wurde bald als Lehrer der Rechte nach Wittenberg berufen, woſelbſt er auch verſtorben; in Halle war er vo⸗ı
Jahre 1710 bis 1713.

Nach dem Tode des Profeſſor Cellarius wurde
zwar Gundling 1708 Profeſſor der Beredſamkeit,
— ludewig ſoll dieſe Profeſſion verbethen haben, da
er ſich in dieſer Zeit beſonders die Hiſtorie und Rech:⸗
wißenſchaft erwählt hatte — aber nach wenigen J ihren, wurde Gundling auch Lehrer der Rechte, und
1712 königlicher geheimer Rath, und nun war Geſchichte und beſonders das öffentliche Recht ſeine
Haupbeſchäftigung auf der Univerſität. Da er ſchon
1705 außerordentlicher Lehrer in der philoſophiſchen
Facultät wurde, ſo fing er ſo gleich an, literair-Ge-
ſchichte und Politik nach den Grundſäzen des Buddeus vorzutragen, auch mit ludewig zugleich die Geſchichte über Puffendorf vorzutragen. Von dieſer Zeit
an kan man es rechnen, daß auf Univerſitäten die
Staaten⸗ und die Geſchichte des deutſchen Reichs inſonderheit mit Vortheile und mit ſteter Rückſicht auf Regierung, und deren Grundſäze getrieben worden iſt. Obgleich ſonſt jemand in ſeiner eignen Sache nicht ein Zeugniß ablegen kan; ſo hat doch ludewig nichts anders gethan, als nur die Wahrheit von dem geſagt, was auf
der halliſchen Univerſität zum Beſten der Wißenſchaften geſchehen: und daß das, was er davon ſagt, Wahrheit ſey, iſt unbezweifelt richtig. Ich will dazu eine
Stelle beßelben aus einer kleinen Gelegenheits-Schrift,

die er nach Absterben des geheimen Rath Thomasius, zu des Verstorbenen Andenken herausgab, worin er die vornehmsten ehemaligen Schickfale der Academie erzählt, beyfügen.  Er sagt in diesen Memoriis in Absicht der Geschichte: est enim neque dissimulandum hoc, quod ciuilis historia *germanici imperii* nouo habitu hic adornata sit, quo illa, nostro exemplo, incedit etiam alibi.  Vti enim olim in manibus non nisi Philosophorum, quorum hoc fuerat institutum, calculos temporum numerare, tricis et fabulis indulgere genealogiarum, exempla producere in medium, quae virtutis aut vitii admonere possent auditores, quibus scriptoribus tribuere fidem, euenta recensere omissis aequi & iniqui rationibus, ita haec sparta demum obuenit jureconsultis, qui scenam hanc instruxerunt aliter. Principio res gestas vocando sub trutinam & examen *formulae* germanici imperii, ostendendoque quid jure factum trahique posset in exemplum, quidue injuria & per vim — Deinde nervos sapientiae intendendo, historicis parum fidere, sed omne punctum dare diplomatibus, codicillis, plenae fidei monumentis. Publicas & clientelares S.R. L caussas respondendo non ex legibus peregrini Latii — verum ex Germaniae moribus vsu propatis octo, & quod superest, seculorum. Immo ipsas imperii leges interpretando ex sui

aeui,

æui, ubi conditae, rationibus genuinis. Id
quod deſiderari tunc quidem poterat in academiis aliis. Quo etiam effectum eſt illud, vt
Germaniae principes plerique in caſibus et cau-
ſis maioris momenti conſulerent *Halam* nova
hac luce colluſtratam &c.

Mathematik blieb eine lange Reihe von Jahren
lediglich dem Profeſſor Sperlette, er nennte ſich auch
Profeſſorem novae Philoſophiae & matheſeos,
und als ein Franzoſe trug er auch manche Wißenſchaften in franzöſiſcher Sprache vor. Nun trat Wolf
1707 zuerſt auf den hieſigen acabemiſchen Schauplaz,
und ich finde ſeit der Zeit in keinem Verzeichniße, daß
Sperlette wieder, ob er gleich erſt 1725 verſtorben
iſt, mathematiſche Vorleſungen angekündiget hätte.
Wolf hatte in Jena ſtudirt, in Leipzig promovirt, und
ſeine Diſputation: philoſophia practica vniuer-
ſalis methodo mathematica demonſtrata 1703
kündigte ihn ſo gleich als einen tieftenckenden und künftig wichtigen Gelehrten an. Seine äuſern Glücks-Um-
ſtände waren ſehr gering, und er wünſchte daher herzlich, daß er nur bald eine mäſige Verſorgung erlangen
möate, um ſich aus drückenden Nahrungs-Sorgen geſezt zu fühlen, und dazu war auch bald einiger Anſchein
vorhanden. Denn erſt hatte er Hofnung, auf einem
Dorfe Gleſin Prediger zu werden, und er wäre es
gern geworden, wurde es aber nicht; darauf ſchien es,
daß er in ſeiner Vaterſtadt Breslau bey dem Gymnaſium zu St. Eliſabeth eine Schulcollegen-Stelle erlangen würde, aber am Ende wolte ihm doch das Scho-
larchen-

larchen-Collegium nicht; daher er endlich gezwun-
gen den Entschluß faßen muste, sich in Leipzig zu ha-
habilitiren. Ohn-Geld-Unkosten war dies aber nicht
möglich; doch in dieser seiner Verlegenheit erlangte er
mit einemmahle mehr, als er gedacht und sich gewünscht
hatte, er erlangte auf einmahl zwey Anträge, den einen nach Gießen, und den andern nach Halle, um die Mathematik zu lehren, und zu so einem Amte war er wirklich gebohren. Leibniz und Hofmann in Halle hatten ihn bereits am stärcksten zu der noch unbesezten
mathematischen Profession auf der Friedrichsuniversität
empfohlen, und er selbst hatte auch mehr Neigung nach
Halle, als nach Gießen; daher er wircklich von Berlin aus den Ruf erhielt, dem er mit Freuden folgte,
und in Halle nunmehr einen Posten erlangte, den man
bisher noch nicht schicklich zu besezen gewust hatte,
nun aber durch ihn am glücklichsten besezt war. Er
tractirte Mathematik und Physik mit vielem Ruhme,
und bey diesen seinen Arbeiten hatte niemand in Halle
das mindeste wider ihn, er lebte als ein Gelehrter und
fleißiger Professor in aller Ruhe, ohne daß sich nur
von weiten ein Schein gezeigt, daß er bald sehr verfolgt werden würde. Mochte er die Schwächen
mancher seiner Collegen auf der Universität allerdings
erfahren; so achtete er sie doch als gute und fromme
Männer, um die er sich übrigens wenig bekümmerte,
so wie sie sich um ihn wenig zu bekümmern Ursach hatten. Späterhin, da er auch weiter zu gehen, und
nicht blos bey der Mathematik stehen bliebe, sondern auch
die eigentliche Philosophie, die theoretische und practische zu bearbeiten und zu lehren anfing, er also dem

Ge-

biethe, der Theologen, etwas näher rückte, brach die
schreckliche Verfolgung über ihn aus; welches aber zur
folgenden Periode gehört.

Die zwey berühmten Professoren Hofmann und
Stahl waren, außer einigen außerordentlichen Lehrern, durch diesen ersten ganzen Zeitabschnitt, die einzigen Glieder der medicinischen Facultät und der erste
trug auch als Mitglied des philosophischen Collegii die
Physik vor, so wie Stahl erst von 1712. Hofmann
lehrte die physischen Wißenschaften mit so großen Ruhme, daß seine Collegen Thomasius, Buddeus, Ludewig und der Prof. extraord. Götsche seine sehr
fleißigen Zuhörer darin waren, und ob ihm gleich 1703
durch den Grafen von Wartensberg die Stelle eines
königl. Leibmedicus in Berlin angetragen wurde; so verbath er doch diese Gnade wegen seiner damahls schwäch-
lichen Leibesbeschaffenheit, darauf er in dem folgenden
Jahre 1704 mit einigen Ministern des berlinischen Hofes nach dem Carlsbade reisete, wovon bald nachher seine
genaue medicinische Beschreibung dieses Bades als eine
Folge seiner Reise von ihm herausgegeben wurde. Auch
durch diesen seinen jetzigen, und durch seinen öftern
Aufenthalt daselbst in den folgenden Jahren, hat er seinen
Ruhm sehr ausgebreitet, weshalb er so oft, von so vielen hohen und vornehmen Personen in Absicht ihrer
körperlichen Umstände consulirt worden ist, selbst von
seinem Landesherrn, dem Stifter der Universität, nun-
mehrigen König Friedrich I. Es war dieser Herr in
dem Sommer 1708 in dem Carlsbade gewesen, aber
nach dem Gebrauche deßelben fühlte er sich kränklich und
schwach; da nun dem Könige in dem Bade selbst von

so

so vielen, und auch von seiner Frau Schwester Maria Amalia von Sachsen-Zeiz, welche Hofmanns medicinischen Rath mehrmahls mit Nuzen befolgt hatte, viel Rühmens von diesem Arzte zu Ohren gekommen war; so wurde Hofmann gegen das Ende des Jahrs zu dem kranken Könige gefordert. Ueber drey ganze Jahre hielt er sich in Berlin auf, und befolgte alle Pflichten seines Amts mit der grösten Geschicklichkeit und Treue, aber oft war er mit dem ersten Leibmedicus Gundelsheimer in der Curmethode nicht einstimmend, der gar sehr gewagte Mittel bey den höchsten Personen des königl. Haußes gebrauchen wolte *): bey entstandenem Widerspruche zog sich aber der gelehrte und gewissenhafte Mann so starken Verdruß bey mehrern des Hofes zu, daß selbst der König Ungnade auf ihn warf, ihn seines Amtes, als eines Leibmedicus entsezte, und 1712 wieder in seinen ehemaligen Professordienst zurückkehren ließ. In seiner Abwesenheit wurden Hofmanns Arbeiten durch andere verrichtet, da 1709 verordnet wurde, daß die zwey außerordentlichen Professores Berner und Gölicke bey den Prüfungen der Candidaten seyn, und der älteste, Hofmanns Geschäfte über sich nehmen solte, weshalb auch der lezte 1711 als Vicarius deßelben in dem Verzeichniße der Vorlesungen angegeben wird, welcher darauf als ordentlicher Professor nach Frankfurth versezt wurde. Stahl war ein denkender, sehr tiefsehender Mann und gehörte zu der frommen Partey in Halle, wie seine Nachfolger, Alberti und Juncker, und überhaupt mehrere der stahlischen

---

*) Morgenstern über Friedrich Wilhelm I. giebt auch einige solche Unbesonnenheiten von ihm an.

lischen Schule, er hatte die physischen Systeme, die
vor ihm, und die um seine Zeit galten, völlig inne, und
machte sich ein eigenes, welches zum Theil mystisch, und
also auch zum Theil dunkel war, obgleich ofte seinen
Wörtern ein unrichtiger Begrif untergelegt worden ist;
man kan es aus seiner Theoria medica vera richtiger erkennen, als aus vielen erläuternden Schriften
seiner Schüler, die oftmals ihren Lehrer nicht richtig
verstanden, und solche Erklärungen von diesen oder jenen Säzen deßelben angegeben haben, woraus wohl
manche Ungereimtheiten natürlicher Weise gefolgert
werden können.   Die thätige Kraft, die vis vivens,
die Natur, die Seele, das Principium vivum, oder
wie es sonst genannt werden mag, ist nach diesem System die endliche und lezte Quelle aller Veränderungen
in dem Körper; aber, wenn dies nun die eigentliche
Seele seyn solte; so würden freylich seltsame Folgerungen daher fließen.   Jedoch diese werden nicht von allen
eingestanden, denn nach den neuesten Urtheilen der gelehrtesten Männer sind in dem stahlischen Systeme
mehrere Tiefblicke in die Oeconomie des menschlichen
Körpers, und in die Chemie; aber nur sind sie zu oft
entweder übersehen oder unrichtg ausgelegt worden,
daher man ihm auch neuerlich billigere Gerechtigkeit
wiberfahren läßt als ehemals, und die Ungereimtheiten jezt in ihm nicht siehet, welche ehemals so oft in
ihm von denen, die wider ihm waren, nach ihrer Vor-
stellungsart gefunden worden sind.

Außer den schon ben der Inauguration vorhandenen Professoren der Rechte wurden nun auch in diesem Zeitraume ordentliche Lehrer derselben, Ludewig,

Just

Just Henning Böhmer, Joh. Fried. Ludovici, Jac. Brunnemann und Gundling. Ludewig war anfänglich Professor der Poesie und der theoretischen Philosophie, und überhaupt hatte er sich gar nicht auf Jurisprudenz gelegt. Er studirte in Tübingen Theologie, und in dieser Absicht ging er auch nachher nach Wittenberg; aber hier trieb er besonders unter Schurzfleisches Anleitung die Humaniora, und wurde als ein denkender und geschickter Kopf Strnken bekannt; mit diesem ging er als Magister nach Halle, um nach seinem Vorschlage auf der neuen Universität sein Glück zu versuchen, er wurde auch vor der Jnauguration Adjunct der philosophischen Facultät, und erlangte gleich 1695 die benannte Profession. Bereits in Wittenberg hatte er auch den Unterricht des Prof. Schurzfleisch in der Geschichte gehabt, aber diese Art der Kenntniße trieb er in Halle weiter, und da er nun bald merkte, daß, wenn Geschichte blos eine Kenntniß der Nahmen, der Zahlen und der Begebenheiten seyn — und dies war sie in den damahligen Zeiten — sie nicht viele Vortheile gewähren könne, groß und ausgebreitet aber müße ihr Nuzen seyn, wenn die Begebenheiten mit den Gesezen verglichen, um ihre Recht- oder Unrechtmäßigkeit zu beurtheilen, und auch umgekehrt, wenn die Geseze aus der Geschichte erklärt würden. Ganz richtig sahe er also beydes, Geschichte und Rechte, als sich auf einander beziehend an, da eines auf das andere Licht und Klarheit werffe. So richtig dies zwar ist, so ist es doch wieder nicht genug, wenn in der Geschichte blos auf die Rechte Rücksicht genommen wird, und diese aus jener erklärt werden sollen; sie

muß

muß den Geist der Nationen, ihre Stärke, Macht, Industrie, Fort- oder Zurückgang in ihrem ganzen Wohlstande und die Veranlaßungen und Gelegenheiten dazu vorstellen, sonst wird sie blos einseitig betrieben. Nunmehr entschloß er sich, ob er gleich schon Professor war, die Theologie ganz aufzugeben, und dafür die Rechtswißenschaft als sein Hauptgeschäfte, aber mehr für sich und als Antodibactus zu treiben, als vermittelst eines weitern mündlichen Unterrichts.

Zwar anfangs bath er D. Andreas Götsche, ihm nur eine kurze Uebersicht davon vorzutragen; aber die Erweiterung, Berichtigung und Anwendung des erlernten oder vielmehr noch zu erlernenden, behielte er seinem eigenen Fleiße vor. Dieser Götsche war damahls noch nicht außerordentlicher Professor der Rechte, wofür ihn Wiedeburg *) ausgiebt: denn er steht erst von 1699 als Professor in den lections-Verzeichnißen, aber schon 1697 ist Christoph Andreas Schubart und das Jahr darauf auch Joh. Christ. Müldener, nach ihnen aber Götsche als außerordentlicher Lehrer benannt worden. Zu den weitern Fortstudiren der Rechtswißenschaft hatte Ludewig auch alle erforderliche Vor- und Hülfskenntniße, Humaniora, Historie u. s. w. und an seinem Fleiße ließ er es nirgends fehlen, um nur weiter zu kommen und in der Folge eine ansehnliche Rolle zu spielen. Dazu both sich ihm 1697 eine entferntere Gelegenheit dar, in diesem Jahre wurde nämlich in Ryßwick der bekannte Friedens-Congreß gehalten, auf welchen auch der Friede wirklich geschloßen ward: Ludewig entschloß sich, mit eigenen Augen die

*) in vita & scriptis Io. Frid. de Ludewig in N. 1757.

die Unterhandlungen daselbst zu sehen, und er erlangte
auch den Zutritt zu mehreren der angesehensten Gesan-
ten daselbst.   Hier wurde in der That der erste Grund
zu seinem fernern Glücke gelegt, und überhaupt waren
diese seine ersten öffentlichen Handlungen denen sehr
ähnlich, welche fast die lezten seines Lebens waren.
Bey einer Rangstreitigkeit in Ryßwick äußerte nämlich
der brandenburgische Abgesante von Schmettau bey
Tafel, wo Ludewig mit zugegen war, „sein Herr, der
Churfürst, könnte in dergleichen Streitigkeiten sehr
leicht den Vorrang erlangen, wenn er sein Herzogthum
Preußen zu einem Königreiche erklärte:„ diese Aeußerung faßte Ludewig sehr tief, dachte darauf zu Hauße
und auf der Studirstube unter seinen Büchern mehr
darüber nach, und sammelte sich einen guten Vorrath
von Materialien, die er wohl dereinst gebrauchen könte.
Da nun diese Erhebung 1701 wirklich geschahe, so
schrieb er die Disputation: de auspicio regum ad
solemnia gentium revocato ad perpetuendam
coeptae per hos dies festiuitatis memoriam, die
den 20 Januar zwey Tage nach der königl. Crönung
in Königsberg mit dem Respondenten, dem Sohne des
Canzler Stößer von Lilienfeld vertheidigt werden solte,
auf welche nachher auch die de jure reges appellandi
folgte, und mit dieser stehet in Verbindung die Abhandlungen Ludewigs naeniae pontificis de jure reges
appellandi. und der päbstliche Unfug Clemens XI.
wider die Crone Preußen 1701; aber der damahlige
Prorector Stahl und der Director Stryk untersag-
ten diese öffentliche Solennität.   Wiedeburg hält dies
für eine Bedrückung Ludewigs und erwähnt annoch
eines

eines Familien-Verdrußes, den Stryk von Ludewig
empfunden, da dieser eine vorgeschlagene Verheyra-
tung abgelehnt habe: genug sie hielten dies Thema für
so verfänglich, daß erst bey Hofe darüber angefragt
werden müße. Es kan dies alles seyn, aber sie hatten
doch auch wohl noch andere Gründe, die von der Universität selbst hergenommen werden konten. Ludewig
war weder Doctor, noch Professor der Rechte, und wenn
diese academische Streitschrift als eine eigentliche juristische angesehen wurde, so hatte die Universität so un-
recht nicht, daß sie für die Beibehaltung der Ordnung
der Facultäten sorgete; ob dieses genaue Abzirkeln des
Gebiethes der Facultäten gut oder nicht, löblich oder
tadelnswürdig sey, das ist eine Frage, die hieher nicht
gehört. Uebrigens war der Erfolg davon für den Prof.
Ludewig sehr erwünscht, er wendete sich nach Hofe,
und hier wurde sein Eifer zur Ehre des neuen königl.
Haußes sehr wohl aufgenommen, er bekam ein Geschenk
am Gelde, wurde gleich königlicher Rath, 1703 Professor der Historie, da von diesem Jahre an Cellarius
diese Profession aufgab, das Jahr darauf 1704 königl.
licher Historigraphus, und da er in diesem Jahr in
Doctorem juris promovirte; so wurde er gleich
1705 auch ordentlicher Professor der Rechte. Er
übernahm nun einen Theil der Arbeit als Facultiste,
und weil er als Supernumerarius ohne Vortheile arbeitete, so verbath er sich so gleich geringfügige Fragen
und deren Bearbeitung. Es ist noch ein Schreiben
von ihm an den Ordinarius Stryk vorhanden, worin
& ganz offenherzig sagt: ich erbiethe mich, alle
Wochen einmal Acta zu bekommen und zu ela-
bori-

boriren, weswegen Ew. die Eintheilung darnach
machen werden.    Jedoch überlaße ich Ew. selbst
eigenen Equitè, daß, weil ich vergebens arbeite,
mir nicht eben diejenigen schicken und zutheilen
werde, welche in bloßen Bagatellen und Chicanen
bestehen, und mehr Arbeit als Geschick und Nuzen mit sich führen.    Auch noch in diesem Jahre
wurde er Archivarius des magdeburgischen Archivs und
1709 Oberherolds- nachher Regierungs- und Consistorial-Rath.

Böhmer, Ludovici und Jac. Brunneman wurden
alle drey, an einem Tage 1701 außerordentliche Professoren, aber der lezte ging bald darauf von der Universität, und wurde in Stargard auf andere Weise
befördert, die zwey ersten, Böhmer und Ludovici, wurden nachher 1711 wieder an einem Tage ordentliche
Glieder der Facultät, doch ging Ludovici, zwar nach vielen Jahren 1731 unter vortheilhaften Conditionen als
Canzler nach Gießen; daher unter ihnen blos Böhmer bis an sein Ende alhier verblieb, der in der Folge
eine große Zierde der Universität gewesen ist.    Er hatte sich schon als Candidat und als Hofmeister der zwey
Brüder von dem Busch) besonders zu Stryken gehalten, und arbeitete mehreres für ihn, so wohl in Facul-
täts-Sachen, als in academischen Schriften.    Nachdem er nun 1701 extraordinairer Lehrer geworden war,
so wurde er 1704 dem alten Stryk, um ihn zu unterstüzen, adjungirt, und nach seinem Tode erhielt er eine
ordentliche Stelle in der Facultät.

Thomasius fuhr in seiner Laufbahn, Vorurtheile
und Irrthümer, die er zu entdecken glaubte, in ihrer
Blöß-

Blöse vorzustellen, unermüdet fort, man sahe es auch in seiner Vaterstadt Leipzig ein, daß er der gefährliche Mann nicht sey, wofür man ihn ehemals gehalten hatte, man ließ ihm deshalb Gerechtigkeit widerfahren und suchte ihn wieder zurück nach Leipzig zu ziehen, daher ihm 1708 das Ordinariat bey der Juristen-Facultät daselbst angetragen wurde: allein, theils ließ es seine Dankbegierde gegen seinen Landesherrn, der ihn in seinen ehemaligen Bedrängnißen so gnädig aufgenommen hatte, nicht zu, seine Station in Halle zu verlaßen, theils wolte der König Friedrich ihn als den allererften und älteften Professor von seiner Friedrichs-Univerfität nicht gern missen, vielmehr wurde ihm die Versicherung gegeben, daß er ohne weitere Anfrage, bey dem künftigen Absterben des geheimen Rath und Director Stryks, ihm in allen seinen Stellen succediren solle, und Thomasius beschloß also, den Rest seines Lebens in Halle zu verbleiben, er wurde königlicher geheimer Rath, und nach Stryks Absterben Ordinarius der Juristen-Facultät und Director der Universität: Dieser Todesfall erfolgte gleich das Jahr darauf 1710: Stryk war gleichsam in der Rechts-Wißenschaft der allgemeine Lehrer Deutschlands, und da besonders durch seine Bemühung die hallische Univerfität ihre Einrichtung, und einem grosen Theile nach, ihren so geschwind gegründeten Ruhm erhalten hatte; so konte er auch durch die lockendsten Anträge nicht bewogen werden, sie zu verlaßen und aus den Diensten seines angebohrnen Landesherrn zu treten. Bald nach der Einrichtung der hiesigen Universität, erhielt er in dieser Rücksicht vom dem Kayser Leopold den Antrag,

die

die von ihm gestiftete Academie zu Breslau näher und
glücklicher einzurichten, und da er dieses verbath; so
wurde ihm die Stelle eines Reichs-Hofraths angetragen, aber auch diese wurde von ihm abgelehnt. Unsere Stadt und Universität verlohr in ihm nicht nur den
berühmtesten und verdienstvollen Lehrer, sondern auch
einen Mann, der äuserst beflißen war, andern in ihren guten, rühmlichen und gemeinnüzigen Unterneh-
mungen mit Rath und That kräftigst beyzustehen. Er
war der spenerschen theologischen Partey sehr zugethan,
daher auch Francke in mehrern Verlegenheiten bey dem
Baue und Einrichtung des Wäysenhaußes, bey ihm
Rath und Hülfe suchte, und dieselbe auch reichlich
fand, wie er ihm selbst öffentlich nachgerühmt hat;
sein gutes Andenken in Absicht der Religiösität und der
Wohlthätigkeit, stehet überhaupt in der Stadt Halle
in vielem Segen. Seine berühmten Schüler, Böhmer, Gundling und Heineccius, stelleten nach seinem Tode die Verdienste deßelben, und ihre Danckbe-
fließenheit gegen ihn, nicht so wohl in Lobreden, als in
Schilderung der Warheit vor, da die Rede des Heineccius als ein Meisterstück der Beredsamkeit, schon
Jünglingen diesen großen Mann, in einigen Ausgaben
seiner fundamentorum stili, als ein Muster der
Nachahmung vorstellet.

Außer den bisher benanten Professoren gab es
noch in einem jeden Zeitabschnitte einige außerordentliche, die entweder anderweit befördert worden, oder hier
gestorben sind. In dem ganzen Jahrhunderte ist von
der theologischen Facultät kein einziger außerordentlicher Professor auf der Universität gestorben, alle viel-

E                                    mehr

mehr sind darauf in Halle ordentliche Professores, und
nur zwey anderweit befördert worden, davon überdem
blos der eine sich der Universität gänzlich gewidmet hatte, und nachher als ordentlicher Lehrer auf einer andern Universität angesetzt worden ist. Zu diesen außerordentlichen Professoren gehören von den Juristen: Joh.
Andreas Schubert, welcher eines hallischen Predi-
gers Sohn und von 1695 bis 1714 als ein solcher
Lehrer auf der Universität war, in diesem Jahre aber
bey Versetzung der Landes-Collegien, nach Magdeburg
als Regierungs- und Consistorial-Rath mit dahin ging
und daselbst verstorben ist, von dem blos einige Dispu-
tationes in Halle gehalten worden sind: Joh. Christian Müldener, welcher blos 1698 und 1699 als
außerordentlicher Lehrer alhier stand; denn in diesem
Jahre ging er in seine Vaterstadt Dresden, als Hof-
und Justiz-Rath: Andreas Götsche, welcher bey
der Inauguration 1694 Doctor der Rechte und 1699
außerordentlicher Lehrer derselben wurde. Er muß ein
gelehrter und geschickter Mann gewesen seyn, da sein
Schwiegervater, der bekante Canzler Ahasverus
Fritsch, sehr viel aus ihm machte, und der nachherige
Canzler von Ludewig ihn wirklich zum Lehrer in der
Rechts-Wißenschaft hatte; allein, ob er gleich auch
Assessor der Juristen-Facultät war, so blieb er doch
bis an seinen Tod 1720 außerordentlicher Professor;
und endlich Jac. Brunnemann, der unter seinem
nahen Verwanden, dem alten Stryk, Doctor wurde,
und 1701 außerordentlicher Professor; nach seiner
Bestellung solte er besonders das deutsche Staats-Recht
bearbeiten, allein er ging 1704 nach Stargard als
Syndi-

Syndicus der pommerschen Landstände woselbst er auch verstorben ist.

Von Arzeneygelehrten hatte die Universität in dieser Periode mehrere außerordentliche Lehrer: allein Hofmann und Stahl wußten es schon einzurichten, daß sie sie nicht zu speciellen Collegen erlangten. So war der erste außerordentliche Professor Heinrich Heinrici, von Jahre 1698, und erst 1727 solte er Hofmannen substituirt werden, es zerschlug sich dies aber wieder, und er ging 1728 als Leib-Medicus nach Dessau, wo er auch das Jahr darauf verstarb: Pancratius Wolf von 1705 bis 1708, welcher nach den lections-Verzeichnißen, vieles zu leisten versprach, auch Anatomie gelehrt hat: aber er hatte Verdruß, einer von ihm vorgenommenen Cur wegen, die auch so viel verursachte, daß er sich von Halle nach Leipzig wendete: Gottlieb Ephraim Berner und Andreas Ottomar Gölicke, wurden beyde 1709 außerordentliche Professores, und mußten auch die Facultätsarbeiten statt Hofmanns, da er in Berlin war, über sich nehmen; allein keiner von beyden erlangte eine ordentliche Profession alhier, der letzte erlangte sie in Franckfurth 1713, und der erste stehet bis ins Jahr 1718 in den lections-Verzeichnißen.

Von den Philosophen wurde der einzige Joh. Tribbechovius, 1705 außerordentlicher Professor, der aber zugleich Adjunct der theologischen Facultät war, und bald darauf in das Predigtamt nach Tenstädt kam, wo er auch verstorben ist.

In diesem Zeitraume, hatte die Universität das Glück, daß die Obercuratores derselben ihren Wohlstand, so viel nur in ihrem Vermögen stand, immer mehr zu

erhöhen

erhöhen, sich bestrebten.   In dem 7 §. der Privilegien
ist ausdrücklich vestgesezt: und damit die Universität Unsers gnädigsten Schutzes, Hulde und Gnade versichert seyn möge: So wollen Wir jederzeit
zwey Obercuratores aus unsern wircklichen geheimen Räthen, alhier constituiren.   Diese waren
gleich vom Anfange der geheime Etats-Rath Joh. Fr.
von Rhez und Dan. Ludolph Freyherr von Danckelmann.   Der erste war selbst ein berühmter Gelehrte, der vorher als Professor in Franckfurth gestanden
hatte, und wuste wohl, was den Flor einer Academie
erhöhen oder vermindern konte, und der zweyte hatte
mit der Einrichtung der hallischen Universität viel zu
thun gehabt, und dazu kam, daß diese Herrn, ehe sie
etwas von Wichtigkeit beschloßen, vorher die Academie
um ihr pflichtmäsiges Gutachten befragten.   Als nun
nachher Herr von Rhez einer anhaltenden Unpäßlich-
keit wegen, das geheime Raths-Collegium selten besuchen
konte, und Herr von Danckelmann eine geraume Zeit
sich in Halberstadt aufhalten mußte, woselbst er anhaltende wichtige commissarische Geschäfte hatte; so bath sich
die Universität im Jahre 1701 von dem Könige den
geheimen Etats-Minister Paul, Freyherr von Fuchs,
welcher bei der Einweihung die Inaugurations-Rede
gehalten hatte, auf Anrathen des ersten Curators von
Rhez zum Obercurator aus, und der König gewährte
ihr auch diese Bitte.   Nach dem Tode deßelben 1707
wurde darauf der Etats-Minister Marquard Ludw-
wig von Prinzen zum zweyten Curator ernannt, und
nach dem Absterben des Herrn von Danckelmann 1709
der Minister von Blaspiel, welcher es bis 1725
blieb.

blieb. Alle diese Herrn hatten die Univerſität, ihre
Rechte, ihre Privilegia und ihren Flor, immer zum
Augenmercke, und ſie hatten auch die Freude, daß ſie
damahls die blühendeſte in Deutſchland war.

Wenn man die damahligen lections-Verzeichniße
durchgehet, ſo ſiehet man, daß in keiner Facultät, wo-
auf eigentliche und wahre Gelehrſamkeit gehalten wurde, etwa blos das unentbehrlichſte, blos die ſo genanten Brodwißenſchaften getrieben worden ſind, wie in
nachfolgenden Zeiträumen wohl geſchehen iſt, ſondern
auch das, was zu dem ſehr ſpeciellen gehörte und worauf, oder ihm etwas ähnliches man heute zu Tage nicht
zu kommen pflegt.   Thomaſius z. E. laß mehrmahls
über den Religionsfrieden von 1555; über die Nothwendigkeit der Schulen, über das ius decori nach
Anleitung der moſaiſchen und der Bücher der Richter,
Ruth, Samuelis und der Könige: Stryk ſuchte aus
dem canoniſchen Rechte die Warheit der evangeliſchen
Religion zu erweiſen, erläuterte die goldne Bulle
Kayſer Carl des vierten, und ludewig trug oft noch
ſpeciellere Sachen vor, wovon man wohl heut zu Tage
ſagen würde, dies alles ſey unnöthig und unnüz; dies
ſpecielle könne von ſelbſt überſehen und beurtheilt werden, wenn man nur das Syſtem im Kopfe habe.
Aber freylich die genaue ſyſtematiſche Form war damahls nicht üblich, daher eine ganz präciſe Ordnung,
Beſtimtheit der Begriffe, und Abſchneidung aller fremden, zu dem jedesmahligen Zwecke nicht gehörigen Dinge eben nicht eine große Sorge des Lehrers oder Schrift-
ſtellers war, und ſo entſtanden die vielen gelehrten Di-
greſſiones in den gehaltenen, auch wohl nachher ge-
drucken

druckten Vorlesungen, mancher sehr berühmten Gelehrten. Und so kan man sich vorstellen, wie z. E. Thomasius über das Testament des Melchior von Osse habe
lesen, und daßelbe als ein Lehrbuch, mit weit mehr No-
ten als Text in 4to zum Gebrauch des thomasischen
Auditorii herausgeben können.

In diesem ersten Zeitraume wurden auch manche
wohlthätige Einrichtungen auf der Universität gemacht,
davon ich nur einige Worte sagen muß. Schon vor
der Inauguration 1691 bestimte der Stifter die Reve-
nuen des Kloster Hillersleben für dürftige Studiosos
Theologiä, so daß ein Seminarium theologicum angelegt, und Breithaupt zum Director deßelben ernant
wurde, welcher die Hülfsbedürftigen als Seminaristen
recipiren und unter sie etwas gewißes am Gelde wöchentlich vertheilen solte. In dem Jahre 1696 wurde
diese Stiftung erneuert, und in so fern die Verwendung
der Gelder noch mehr ausgedehnt, daß auch andre
Studenten, die sich besonders zu Schulämtern vor-
zubereiten, Lust bezeigen möchten, daran Antheil
nehmen solten. Dis Seminarium ist bis auf den
heutigen Tag verblieben, nur daß späterhin nicht die
Klostergefälle, sondern die Zinsen eines Kapitals dazu
verwendet worden sind. Giebt es zwar auf allen Universitäten arme Studirende; so sind doch deren in Halle immer mehrere gewesen, als anderswo, auch aus der
Ursach, weil das Waysenhauß sehr bald als eine sehr
wohlthätige Anstalt, in aller Welt ausgeschrien wurde,
woran sich die dürftigen in Halle nur halten könten.
Aber dies kan bey weiten das nicht thun, was in der
Ferne von ihm geglaubt wird: deßhalb wurde schon
1704

1704 von der Universität bey Hofe dahin angetragen, daß in allen lutherischen Kirchen der gesamten preußischen Provinzen, alle vierteljahre, mittelst Sezung der Becken vor den Kirchthüren freywillig eingesammelt werden möchte, um eine beträchtliche Zahl von Frey-Tischen für die hülfsbedürftigen Landes-Kinder, von diesen freywilligen Beyträgen zu erhalten. Dieser Vorschlag wurde genehmiget, und seit dieser Zeit sind der Zahl nach mehrere, oder wenigere so genannte königliche Frey-Tische, nachdem die Summe der eingelegten Gelder größer oder kleiner ist, gehalten worden; da denn die Vergebung der Stellen, nach gewißen Regeln und nach der Beitragsmaße der einzeln Provinzen, von den vier Ephoris abhängt, davon aus jeder Facultät einer ist. Diese königliche Frey-Tische sind, überhaupt zu urtheilen, für alle Landes-Kinder; aber es haben annoch einige Provinzen, sonderlich das Herzogthum Magdeburg, und das Fürstenthum Halberstadt, außer ihren freywilligen Beyträgen, zur Erhaltung der königlichen, gewiße vestgesezte Gelder zu so genannten provinzial Frey-Tischen bestimmt, welche blos junge Leute, aus ihrer Provinz genießen sollen. Der nachherige geheime Rath und Professor Hofmann, hat in dieser Absicht bis auf den heutigen Tag, noch immer fortdauernde Verdienste. Als ehemaliger Physicus in Halberstadt, und als dermahliger Professor und Practicus in Halle, stand er so wohl im halberstädtischen, als in dem magdeburgischen in mehrern ansehnlichen Verbindungen, er brachte es also unter seinem ersten Prorectorat 1696 bis 1697 bey den Landständen und den Domcapiteln dahin, daß gewiße

Quellen

Quellen zur Erhaltung dieſer zweyen Provinzial Frey-
Tiſche angewießen wurden, und an dieſen Tiſchen genießen mehrere Studirende, der einen und der andern
dieſer zwey Provinzen, auf ein, zwey, auch drey Jahre dieſe Wohlthat. Hofman wurde ſo wohl bey dem
magdeburgiſchen, als halberſtädtiſchen Provinzial Frey-
Tiſchen Ephorus, da dieſes doppelte Ephorat von den
Ständen und Conſiſtorien dieſer Provinzen, ſo wie auch
die Frey-Stellen an die Studirenden vergeben werden;
er hat dabey die Tiſchgeſetze entworfen und dafür geſorgt,
daß die Tiſch-Genoßen die gehörigen Speiſe erlangen.
Im Jahre 1708. iſt die Verfaßung der halberſtädtiſchen
Tiſche, vom König Friedrich dem erſten und die Ge-
ſetze dabey ſind beſtätiget worden, welche auch bis auf
den heutigen Tag, noch dieſelben ſind.

Noch wurde in dieſem Zeitraume die 1700 errichtete reformirte Schule im Jahre 1709 zu einem
Gymnaſio illuſtri erhoben, dabey anfänglich nur einer,
einige Jahre darauf aber zwey Peofeſſores für die Theologie ſtudirenden der reformirten Confeſſion angeſetzt
wurden, davon der eine die eigentlichen theologiſchen
Wißenſchaften, und der andere die Kirchengeſchichte
und die orientaliſchen Sprachen lehren ſolte. Dieſe
Einrichtung iſt bisher immer noch beybehalten worden;
aber nach einigen Abänderungen bey dem erſten Entwurfe gehören dieſe zwey Profeſſores gar nicht zu der
Univerſität, und keiner von ihnen iſt in einer Facultät,
blos ſtehen ſeit einigen Jahren die Vorleſungen derſelben in einer beſondern Rubrik des allgemeinen lections-
Verzeichnißes. Unter ihnen hat es einige ſehr verdiente
Gelehrte gegeben, da ich nur einen, den Profeſſor Jo.
Simo-

Simonis nennen will, der zu seiner Zeit eine besonders ausgebreitete Kentniß in den orientalischen Sprachen hatte, und durch seine hebräische Bibel-Ausgabe
und andere dahin einschlägende Sachen, sich rühmlichst
bekant gemacht hat.

Bey dem Schluße dieser Periode bestand die Universität aus folgenden lehrern:

in der theologischen Facultät: Breithaupt, Anton,
    Fräncke, Michaelis und Lange,

in der Juristischen: Thomasius, Bodinus, der jün-
    gere Stryk, Ludewig, Böhmer, Ludovici
    und Gundling,

    Extraordinarii in ihr waren: Götsche, (Schneider)
    und Gaßer,

In der medicinischen: Hofmann und Stahl,

    Extraordinarii: Heinrici, Berner, Gölicke und
    Alberti,

In der philosophischen: Sperlette, (Ludewig, Mi-
    chaelis), Schneider, (Gundling), Wolf,
    (Stahl) und Spener,

    Extraordinarius in ihr: Christian Benedict Mi-
    chaelis.

Zwey-

## Zweyte Periode.
### Uebersicht von 1713 bis 1740
### unter der Regierung Friedrich Wilhelm I.

Diese Periode ist an wichtigen Veränderungen und deren Beziehung auf die Universität reich; in manchen Betrachte wurden ihre Umstände glücklich, auf der andern Seite aber ereigneten sich auf ihr Begebenheiten, die ihr gar nicht vortheilhaft seyn konten. Friedrich Wilhelm war kein Feind von den Gelehrten, und den Wißenschaften, aber sehr religiös, und für die Erhaltung der Frömmigkeit und Gottesfurcht in seinen Landen, besonders sorgsam; daher er Abänderungen und freymüthige Erklärungen, sonderlich bey theologischen Lehren, wenn sie ihm als gefährlich, oder als profan vorgestellt wurden, schlechterdings nicht leiden konte; aber es war doch ein sehr rühmlicher Zug an ihm, daß, wenn er eines andern überführt wurde, er wohl laut und öffentlich eingestanden, daß man ihm die Sache gehäßig vorgestelt und er sich dabey übereilet habe; die Academie Halle, hat davon in ihren Jahrbüchern ein sehr eclatantes Beyspiel, mit Wolf und seiner Philosophie.

Während seiner Regierung, hat die Universität mehrmahls sehr unangenehme Verdrießlichkeiten mit dem in der Stadt in Garnison liegenden Regimente, deßen Chef der alte Fürst Leopold von Dessau war, gehabt. Dieser Fürst war freylich nichts weniger, als

ein

ein Freund von Wißenschaften, und Gelehrten, aber
er war ein Freund des Königes, und dieser hielt bekantlich auf nichts mehr, als auf große leute in seiner Armee. Waren nun solche ansehnliche, große Studenten
auf der Universität, so versuchte der Fürst von Dessau
alles, um sie unter die Armee des Königs zu bringen,
so wenig sie auch zum Soldatenstande lust bezeigen,
und so bündig und richtig auch die Universität dagegen Vorstellung thun, und den Schaden, welcher daher entstehen muste, rührend und lebhaft zeigen
mochte. Aber diese Werbungen sind auch damahls zu
hart in der Welt ausgeschrien worden: Es ließen sich
oft landeskinder immatriculiren, um nur Studenten
zu heißen, ohne sich wirklich auf die Wißenschaften zu
legen, und blos um sich dem Soldatenstande zu entziehen.
Diese wurden in Anspruch genommen, nicht Fremde,
wie so oft auswärtig gesagt worden, sie müsten sich
denn selbst Soldatendienste erwählt haben; daher auch
in einem königl. Patente von 1737 diesem Wahne
ausdrücklich widersprochen und mit dem königl. Worte
alle Sicherheit den studirenden zugesichert worden ist.
Es heist in diesem Patente ausdrücklich: Solchem-
nach haben Wir für nöthig erachtet, kraft dieses
zum öffentlichen Druck gegebenen Patents aller-
gnädigst bekant zu machen, — alle und jede von auswärtigen Orten nach unserer Universität sich be-
gebende Studiosos nicht allein bey ihrer Hinreise
so wohl als Abzuge, von allen gewaltsamen Werbungen frey und ungehindert in Unsere Lande zu
laßen; sondern auch dieselben, wenn sie an den
Ort selbst kommen, wie bisher, also auch künftig
bey

bey solcher obgedachten Freyheit wider männiglich
kräftigst zu schützen; sondern auch in allen vorgefallenen Streithändeln, bey ihrem foro acade-
mico sie lediglich und ungekränkt verbleiben und
weder von dem foro militari darinnen beein-
trächtigen, am allerwenigsten aber sie gar abzie-
hen zu laßen, auf die Art und Weise, wie solches
hierunter bisher gehalten worden. Dieser Ruff, und
der noch dazu sehr vergrößert wurde, war wirklich ein
schlimmer Umstand für die Academie, und dazu kam noch
ein anderer, der nicht weniger nachtheilig war. Bey der
Sorgfalt des Königs, seine Bürger zu erhalten und ihre
Zahl zu vermehren, gieng er, wie in andern Collegiis, so
auch in Absicht der Universität so weit, daß er oft Lehrer,
die sich dazu meldeten, wenn sie ohne Gehalt dienen
wolten, ansezte, die einmahl angenommenen bey ihren noch so kümmerlichen Situationen aber schwerlich
dimittirte, ob sie gleich auswärts unter sehr guten
Conditionen berufen worden waren, und mit aller Ehr-
bietung ihre Lage vorstelleten und um gnädige Dimission
nachsucheten. Dies verursachte, daß in diesem Zeit-
puncte die Zahl der Lehrenden überaus hoch anwuchs,
ja, daß manche, die vielleicht manches gute, wenn sie
nur etwas unterstützt worden wären, geleistet haben
würden, durch ihre äußern Umstände zurückbleiben, und
in ihrer Kentniß nicht weiter zu gehen, sich genöthiget
sehen musten. Denn gar kein, — wie dies der Fall
bey nicht wenigen gewesen ist — oder ein sehr gerin-
ger Gehalt, eben der Menge der Lehrer wegen spar-
same Ergiebigkeit anderer Quellen, gemeiniglich ohne
Vermögen für sich, folglich drückende Nahrungs-Sorgen

gen, dies alles war gewiß dem Flore der Universität und
der Achtung der Lehrer auf ihr im geringsten nicht angemeßen. Besonders ist dies der Juristen-Facultät, und
auch der philosophischen so gegangen, da in jener oftmahls 10, 11, 12 ordentliche Lehrer gewesen sind, ohne einige außerordentliche, und ohne mehrere Privat-
docenten mit im Anschlag zu bringen, und so auch in
dieser, da mehrere der sich diese Gnade ausbittenden
Lehrer der Rechte, auch Geschichte, auch manchmal
Physik und andere Wißenschaften zu lehren versprachen,
daher es ihnen sehr hoch angerechnet wurde, wenn sie
ohne dem mindesten Gehalte das große Glück, in zwey
Facultäten zu sizen, erlangten. Kein einziger findet
sich auch in diesem Zeitraume, der von einem merckli-
chen Ansehn unter guten Bedingungen von fremden Orten, oder von Universitäten, anhero gekommen wäre,
etwa die zwey oder drey ausgenommen, Heineccius,
Schulze und höchstens noch Schmeizel, da doch die
zwey ersten in Halle gebildet, und der erste gar genöthiget wurde, wieder nach Halle zurück zu kommen.
Aber — von Hackmann, Morgenstern, Sellius, Zschack-
wiz, Ursinus waren doch die Männer nicht, die Halle
sonst hatte; doch bey dem allen waren noch auf ihr,
ein Ludewig, ein Böhmer, Heineccius, Hofmann
u. a. m. Insonderheit starb nun bald im Anfange dieses
Zeitabschnittes 1715 der jüngere Stryck, welcher jederzeit ein fleißiger und rechtschaffener Lehrer der Univers-
tät gewesen. Bey seiner wahren Erudition und sehr
practischem Christenthume, zeigte er sich besonders durch
seine Disputation de jure Sabbathi 1702 und durch
eine

eine andere: de reliquiis ſacramenti in cauſſis matrimonialibus 1704 als einen ſehr freymütigen Mann, der ſonderlich in der erſten vieles über Cere, monien, liturgie, Beichte, Geſänge, Puz der Kirchen und der Kirchendiener herzhaft genug geſagt hat, wel, ches in den neueſten Zeiten gewiß nur wiederholet wor, den; aber es ſtanden auch dieſe Schriften mehrern der damahligen Theologen nicht an, die ſie wenigſtens für Wirkungen des Pietismus ausgaben, und den from, men Stryk zu widerlegen verſuchten. Die Facultät der Juriſten war noch mit ſechs Mitgliedern beſezt, Böhmer rückte alſo blos in ſeine Stelle, und außer dieſen waren drey außerordentliche Lehrer der Rech, te, und Heineccius in der philoſophiſchen Facultät trug auch manches vor, das zur Rechtswißenſchaft gehörte: da aber Bodinus 1726 auch verſtarb; ſo kam Heineccius und der Sohn des alten Sper, lette, Barthol. Jo. in dieſe Facultät. Der lezte wurde ſehr geſchwind ſo weit gebracht; er war we, der Doctor der Rechte, noch weniger außerordentlicher Profeſſor; aber er war Hofmeiſter bey den Prinzen des Fürſten Leopold, und dies war damahls etwas mehr. Nachdem er 1720 gleich Doctor geworden war; ſo konte nun nicht wohl des Fürſten Empfehlung unwirk, ſam ſeyn, genug er wurde mit Heineccius zugleich Pro, feſſor ordinarius, und erhielt noch dazu den um dieſe Zeit ſehr gewöhnlich werdenden Charakter eines königl. Hof, Raths. Dieſer Hofrath und Prof. Sperlette machte freylich der Univerſität keine Ehre und die Juriſten, Facultät ſo wohl als die Univerſität ſtelte ſehr patrio, tiſch und lebhaft deßen Ungeſchicklichkeit zu einer ordent,

lichen

lichen Profession, und noch mehr sein gesez- und sitten-
loses, sehr anstößiges Leben nebst der Besorgung vor, daß
dergleichen Leute die ganze Academie beschimpfen und ihren Flor sehr schwächen würden. So gegründet dies alles
ist; denn in Wahrheit, ein Professor, welcher sich auch
nur durch sein läppisches und ungeschicktes Betragen den
Spott der Stadt und der jungen Leute auf der Universität zugezogen hat, thut der Academie, der Disciplin
und selbst der Ehre und Achtung der übrigen reellen
Männer mehr Schaden, als ein solcher ridiculer Mensch
in andern Situationen thun könte; so war es doch jezt
ohne Wirkung: denn auf ihre noch so bündige und gründliche Vorstellung wurde sie beschieden, daß es mit dieser
Beförderung eine eigene Bewandniß habe, und daß sie Al-
lerhöchst selbst resolvirt worden, daher müße es dabey verbleiben und könne kein Widerspruch statt finden. Sperlette war also Hof-Rath und Professor ordinarius;
als aber sein Vater 1724 verstarb, so hatte er weiter
keinen Widerstand gegen seine losen und liederlichen
Streiche, sie wurden bekant, und am Hofe wurde eingesehen, wie nachtheilig ein solcher Mensch der Universität sey, daher er das Jahr darauf 1725 cassirt
wurde.

Ganz anders war die so glückliche Beförderung des
Heineccius oder Heinecke, — welchen deutschen Nahmen er durch Ueberredung seines ältern Bruders, mit dem
lateinischen verwechselte; — mit vieler Application hatte
er sich ehedem in Leipzig auf die Theologie gelegt, und als
Candidat derselben, predigte er nach zurückgelegten
academischen Jahren oftmahls für seinen Bruder, der
damahls in Goßlar stand, und da dieser 1708 nach

Halle

Halle als Prediger bey der Ulrichskirche berufen wurde,
so zog er mit ihm: hier wurde er bald Hofmeister bey
einem rußischen Grafen, den er selbst in den Humanioribus unterrichten, und mit ihm den juristischen Cursus machen solte. Schon in Goßlar hatte er gewünscht,
die Theologie mit der Rechtswißenschaft zu verwechseln,
daher diese Gelegenheit ihm nicht anders, als höchst erwünscht seyn muste. Unter Styk trieb er mit allem Eifer die Rechtsgelehrsamkeit, fing darauf bald
an, theils einige Theile der Philosophie, anfänglich
nach buddeischen, und nachher nach eigenen Büchern,
theils besonders Literatur und Antiquitäten auf der Unü-
versität zu lehren, woselbst er 1713 ordentlicher Lehrer in der philosophischen Facultät wurde. Und da
er besonders die Humaniora mit der Rechtswißenschaft
verband, auch die römischen Alterthümer mit vielem
Fleiße bearbeitete, so erlangte er annoch 1720 eine ordentliche Profeßion der Rechte+ dieser sein gelehrter
Ruf verursachte aber, daß er 1723 einen guten Antrag nach Franecker erhielt, wohin er sich 1724 begab, doch endlich wieder nach Halle zurückkam, wie
weiter unten erzählt werden soll.

Simon Peter Gaßer, wurde bereits 1710
außerordentlicher Lehrer der Rechte, und zugleich bey
der damahls hiesigen Kriegs- und Domainen-Cammer
des Herzogthums, Cammer-Consulent, weshalb er
auch bey Versetzung des Cammer-Collegii nach Magdeburg 1714 mit dahin ging. Da er nun hier in
mehrern Commißionen gebraucht wurde, er aber besondere Lust zum academischen Leben hatte, so wurde
er wieder 1721 nach Halle, als ordentlicher Lehrer der

Rech-

Rechte verſezt, und wurde zugleich bey der alhier errichteten magdeburgiſchen Krieges- und Domainen-
Cammer-Deputation, Kriegs- und Domainen-Rath,
und als der König auf ſeinen Univerſitäten eine Wißenſchaft mit Fleiß gelehrt wißen wolte, für welche er
ganz vorzüglich von jeher geweſen war; ſo ſtiftete er in
Halle die Profeſſion der Oeconomie und der Cameralien, welche Gaßer zuerſt, mit einem neuen Gehalte,
und mit dem Character eines königlichen geheimen
Raths erlangte. Vielleicht iſt es ſchon bey dem erſten
Anfange der Univerſität, darauf mit angeſehn geweſen,
daß Privat- und Staats-Wirthſchaft der Theorie nach,
gelehrt werden ſolte, und es iſt wohl ſo viel richtig,
daß, wenn Seckendorf länger beym leben geblieben
wäre, dieſe Sachen weit früher auf der halliſchen Univerſität würden gelehrt worden ſeyn. Er war der erſte, welcher in ſeinem bekanten Fürſtenſtaate mehrere
zu dieſem Felde gehörige Materien erklärt hatte,
und die große Staats-Wirthſchaft ſezt immer die kleinern und gröſern Privat-Wirthſchaften voraus; aber
noch mehr, ſchon vor Gaßern haben einige z. E. ludewig, über dieſes ſeckendorfiſche Buch öfters Vorleſungen gehalten. Auch Thomaſius redete in mehrern
ſeiner Schriften von der Nothwendigkeit und Nüzlich-
keit dieſer Diſciplinen zur Bildung eines jungen Menſchen und zur Vorbereitung deßelben auf künftige wichtige Geſchäfte in Landes- und Stadt-Collegien mit vielem Nachdruck, ſelbſt in dem von ihm herausgegebenen
Teſtamente des von Oſſe ſind manche Capitel, die
gerade hierher gehören, und vom Thomaſius in den No-
ten noch weiter erkläret worden ſind. Der große Oeconom

F                              Frie-

Friedrich Wilhelm I. hatte es ganz richtig bemerkt, theils daß junge Leute oft mehrere Jahre auf Universitäten gewesen waren, die nachher auf ihren Landgütern saßen, ohne doch vorher irgend etwas davon erlernt zu haben, was ihnen nunmehr zu wißen fast unentbehrlich war; theils daß noch mehrere die Disciplinen der Rechte mit Fleiße betrieben, wenn sie aber darauf in Policey- und Cammer-Collegien Geschäfte betreiben solten, sie in den Sachen ganz unerfahren wären; welches zu ihren und zum Schaden der Collegien und des ganzen Landes ausschlagen müße, da sie doch eben dazu angesezt würden, um das allgemeine Beste zu befördern und zu erweitern. Zu diesem Ende ließ der König Gaßern nach Berlin erfordern, und er stellete in einer Unterredung mit ihm alles genauer vor, was er in Absicht dieser Sachen geleistet haben wolte, und freilich giengen die Gedanken des Monarchen besonders dahin, daß junge Leute einen richtigen und genauen Anschlag von Gütern, Bauten u. s. w. zu fertigen und zu beurtheilen wißen müsten, und dies ist auch größtentheils der Inhalt des gaßerschen Buchs, welches er zum Gebrauche seiner nachherigen Vorlesungen legte. Friedrich Wilhelm ist also wirklich der erste, der auf seinen Universitäten diese bestimmte Profession errichtet; nachher sind mehrere Academien diesem Beyspiele gefolgt, ja man hat wohl gar die fünfte Facultät errichtet, worin alles hierher gehörige, auch die propädevtischen Wißenschaften dazu gelehrt werden sollen, die doch größtentheils Fächer der philosophischen überall zu seyn pflegen.

Von den Juristen starb nun auch 1728 Thomasius, welcher gleichsam Vater der Universität, als Philosoph

losoph und als Jurist einer der wichtigsten Männer für
die Wißenschaften, für die Universität Halle und für
das Wohlseyn der Menschen war; nur etwas weniges muß ich noch von ihm überhaupt anführen, besonders, was er alhier, und durch ihn die Universität geleistet hat.

1) Er war es, durch den die deutsche Sprache
auf den Academien zum Unterrichte eingeführt worden ist.
Schon in Leipzig machte er seine Einladungsschriften in
deutscher Sprache bekant, und in ihnen kündigte er es
an, daß er seine Vorlesungen ebenfals deutsch halten
würde, und er wolte gar ein deutsches Lesebuch in Leipzig
drucken laßen, aber der Decan versagte ihm die Cen-
sur, weil es deutsch geschrieben sey: beydes war etwas unerhörtes, aber es war ein herzhafter Entschluß,
wozu auch ein Umstand in Leipzig vieles beytrug. Einige junge Magistri nämlich: Anton, Francke u. a.
hielten ihre philobiblischen und exegetischen Vorlesungen ebenfals deutsch; allein sie sahen sie nicht blos als
acad-mische lectiones, sondern auch als Gelegenheiten an, um so wohl theologische Kentniß, als zugleich
Erbauung und Frömmigkeit unter den Studirenden
und unter andern Ständen in Leipzig zu verbreiten.
Thomasius sahe nun ganz richtig ein, daß mehreres in den so genanten gelehrten Wißenschaften enthalten sey, welches zum wahren algemeinen Besten
weit gemeiner verbreitet werden solte, und da alles nach
seinen Grundsäzen auf das Wohlseyn des Ganzen und
der einzelnen hingeleitet werden müste, hierzu aber die
gelehrte oder lateinische Sprache kein Mittel sey, so erwählte er dagegen die deutsche. Er hatte überdem

noch

noch oft und richtig bemerckt, daß ſeiner Ueberzeugung nach, manches in Kunſt- und Schul-Wör-
tern erklärt zu ſeyn, vorgegeben und ſo angenommen würde, welches doch im Grunde nichts und die
Wörter blos leere Töne wären; würde dies alſo in das
verſtändliche deutſche übertragen; ſo ſähe man leicht,
daß man ſeine Unwißenheit, ſeine Irrthümer und Vorurtheile, blos unter die lateiniſchen Wörter verſteckt habe. Daß dadurch Popularität, Gemeinnüzigkeit und
ſelbſt nach gerade Verbeßerung der deutſchen Sprache
ſehr befördert worden, das hat der Erfolg gelehrt:
daß aber von vielen die lateiniſche Sprache nachher ver-
nachläſiget worden, daß jezt alles deutſch geſagt werden ſoll, welches entweder nicht deutlich genug, oder
nicht ſchicklich im deutſchen vorgetragen werden kan,
oder doch nicht ſolte, das iſt ein Misbrauch), welcher
nicht auf Rechnung des Thomaſius geſchrieben werden darf.

2) Er erlangte auch durch dies ſein Beſtreben
zur Gemeinnüzigkeit, obgleich anfänglich durch ſein
eignes ungegründetes Gutachten in der hieſigen Juriſten-Facultät, das groſe Verdienſt um das menſchliche,
beſonders weibliche Geſchlecht, daß der abgeſchmackte
Hexen-Proceß ganz abgeſchaft wurde. Man hat in
mehrern Gegenden von einigen Jahrhunderten nachge-
zählt, wie viele unſchuldige Menſchen, dieſer abgeſchmackte Aberglaube, auf den Scheiter-Haufen gebracht habe, und das menſchliche Gefühl muß empört
werden, wenn man die Wirckungen dieſes grauſamen
Aberglaubens bey mehrern tauſenden, und die abſcheu-
lichen Qualen derſelben aus ſolchen Nachrichten erkennet.

Der

Der verstorbene Syndicus in Quedlinburg Voigt *),
hat aus den Stiftsacten nachgewiesen, daß vom Jahre 1569 bis 1598, folglich in 29 Jahren, 40 Personen der Hexerey wegen in dem Stifte Quedlinburg ver-
brannt worden; wenn man nun von diesem sehr kleinen
Winckel Deutschlands auf das ganze, und auf andere
große Provinzen, wo in diesen Zeiten doch wohl noch
weit mehr Aberglaube herschte, als in dem Stifte
Quedlinburg, einen ohngefehren Ueberschlag macht;
so ist es ganz erstaunend, wie viele unschuldige Menschen, ein Raub der Flammen, durch diesen die Menschen
so sehr entehrenden Aberglauben geworden sind. Zwar
war man zu des Thomasius Zeiten schon etwas behut-
samer geworden, als man vorher war, jedoch fielen noch
mit unter dergleichen Processe vor, da auch wohl die
Acten ganzen Facultäten zum Spruche vorgelegt wurden; und so gieng es auch alhier in Halle. Bald im
Anfange der Universität wurde eine solche Hexen-Frage
an die Juristen-Facultät eingeschickt, und Thomasius,
der glücklicher Weise Referent in dieser Sache war, muste
die gesamten Acten des Processes durchlesen, er fand aber
natürlich nichts weniger, als gegründete Anzeigen in
ihnen, daß die Angeklagte das sey, dessen sie beschuldiget wurde. Mit aller Ehrlichkeit referirte er dies in
der Facultät, und in Ermanglung fernerer Beweise, stellete er nach Gewohnheit und nach der Analogie
der angesehensten Rechtsgelehrten, die hierüber geschrieben hatten, sein Gutachten dahin, daß sie mit einer
mäßigen Pein oder Tortur belegt werden müße. Seine

---

*) Vergleiche gemeinnüzige Abhandlungen von Gottfried
Christian Voigt. 1791.

ne Collegen höreten seinen Vortrag, und denselben gemäß urtheilten sie richtiger, als er, warum noch eine
mäsige Tortur? gar nichts müße weiter gegen sie vorgenommen, sie von aller Beschuldigung entburden und
in völlige Frenheit gesezt werden. Nicht über das
beßere Urtheil, sondern über sich selbst ärgerte sich Thomasius, daß er, der sich doch über Vorurtheile, und
über Autoritäten hinwegsetzen wolte, jetzt nach einer
so grundlosen Autorität seine Stimme gegeben hätte.
Nun fing er an, die Schriften über Hexereyen, Hexen-
Processe und Verträge mit dem Teufel zu lesen, und
sahe, daß dies alles eine Wirckung von einem blinden
und thörichten Aberglauben sey, welchen man aber mehrere Jahrhunderte hintereinander in der römischen Kirche sehr begünstiget habe. Dies alles zeigte er darauf
überaus herzhaft in mehrern Schriften, davon die berühmte Disputation de crimine magiae an der Spi-
tze stehet, und man fing bald an, sich des Hexen-Pro-
cesses, der Hexereyen und der Teufeleyen, wie billig,
zu schämen.

3) In der Wißenschaft der Rechte der natürlichen
und positiven ist kein Theil, worin er nicht, die in ihnen
vorhandenen Vorurtheile und Verwirrungen frey entwickelt hätte. Schon zeitig vor der Inauguration der
Universität 1691 disputirte er de causis inutilium
doctrinarum in studio Jurisprudentiae, und es
war die gemeine Meynung, daß diese Schrift wider
Stryks vsum modernum der Pandecten gerichtet
sey, welches er auch späterhin eingestanden; zum Beweise, daß er kein Ansehn, es möchte auch seyn, welches

ches es wolte, achtete. Das Natur-Recht sahe er nicht,
wie damahls gewöhnlich war, als einen Theil der Theologie an, und bewieß in ihm nichts aus theologischen
Erkentniß-Gründen, sonderte deshalb mehreres, welches bisher dahin gerechnet wurde, von ihm gänzlich
aus, weil es blos etwas positives sey, daher dachte er
über mehrere Fragen, als: über den Concubinat, über
Rezereyen, über die Rechte des Landes-Herrn in Absicht der so genannten Mittel-Dinge, weit freyer,
als man damahls gewöhnlich dachte, und verursachte sich
dadurch mehrern Widerspruch, da sonderlich in Leipzig seine alten Gegner Alberti und Carpzov heftig
wieder ihn schrieben, selbst die bekante Streitschrift
de iure principis circa adiaphora in Sachsen con-
fiscirt wurde, auch sein College Breithaupt, und
der nachherige Probst Reinbeck, seine so freyen Aeußerungen über den Concubinat gar nicht billigten, und
öffentlich wieder ihn schrieben. Bey Betreibung des
geistlichen- und Kirchen-Rechts, empfahl er besonders,
wie auch nothwendig ist, die Kirchen-Geschichte, und
hier lenckte er sich immer zu der gemäßigten Meynung
derer, welche duldsamer und gelinder von den so genannten Irrgläubigen dachten; und da hierbey besonders Gottfried Arnold in seiner Kirchen- und Kezer-
Geschichte sich als den sanftesten Beurtheiler zeigte, so
gieng ihm in der Kirchen-Geschichte nichts über dies
arnoldische Werck, und er rieth seinen Zuhörern: „wer
zwey Röcke hat, der verkaufe den einen und kau-
fe sich dagegen diese arnoldische Kirchen-Geschichte.“
Auch war er nie thätiger, als wenn es darauf ankam,
die vorgeblichen Rechte der Geistlichen einzuschräncken,

und

und die der Landes=Herrn zu erweitern, daher er den
Ursprung von vielen der erstern, aus der römischen Hierarchie erklärte, und mit dem Protestanten in dem Betrachte nicht wohl zufrieden war; daß, ob sie gleich
die Hierarchie als den Grund derselben eingestürzt, sie
doch noch mehrere ihren Geistlichen beybehalten hätten;
diese nennte er Reliquien des Pabstthums, welche annoch abgeschaft werden solten. Alle diese Probleme sind
nun nach ihm genauer untersucht, theils berichtiget, theils
noch mehr aufgeklärt worden, und gerade jetzt sind diese Fragen der Gegenstand der neuesten Untersuchungen,
dabey die Acten noch nicht als geschloßen angenommen
werden können. Ueberhaupt wird man wohl ohne Widerspruch eingestehen, daß wir sehr vieles in Absicht der
Freyheit im Denken, der Befreyung von mancherley
Aberglauben und der Säuberungen mehrerer Wißenschaften von päbstlichen Reliquien, kurz in Absicht der wahren und nüzlichen Aufklärung, diesem freymüthigen
Manne zu verdanken haben *).

Geschichte lehreten in diesem Zeitraume anfänglich annoch Gundling und Ludewig: dieser wurde im
Jahre 1 7 1 8 geheimer Rath, 1 7 1 9 vom Kayser Carl 6
in den Reichs=Adelstand erhoben, und 1 7 2 2 hiesiger
Universitäts=Canzler. Gundling hatte sich in seiner
Jugend mit vielem Eifer auf Humaniora gelegt, und
in

*) Außer der Lebensbeschreibung dieses grosen Mannes von
dem Prof. Joh. Matth. Schröckh in der Biographie
Th. 5. ist erst ganz neuerlich in der berlinischen Mo-
nats=Schrift von diesem Jahr 1794 in den Monaten
Januar, Februar und März, eine lesenswürdige Abhandlung über seine Verdienste, davon die lezte bey dem Abdrucke dieser Uebersicht noch nicht herausgekommen war.

in Altorf Theologie studirt, da er aber am Ende des vorigen Jahrhunderts mit einigen jungen Leuten aus Nürnberg als Hofmeister nach Halle kam, suchte er besonders Bekantschaft mit Thomasius; dieser sahe bald, daß er ein geschickter, munterer und beredter junger Mann sey, weshalb er wünschte, daß er auf der Universität bleiben möchte. Gundling entschloß sich auch wirklich dazu, fing als Privat-Docent zu lehren an, und wurde nach Absterben des Cellarius sein Nachfolger, auch nach einigen Jahren 1712 ordentlicher Professor der Rechte und Consistorial-, auch nachher Geheimer Rath; er beschäftigte sich vorzüglich mit den Theilen der Rechtsgelehrsamkeit, die mit der Geschichte und den Alterthümern in naher Verbindung stehen. Da nun dies gerade das Hauptfach des Canzler von Ludewig war, und dieser also an Gundlingen einen gar starken Nacheiferer hatte; so war diese Nacheiferung zwar den Wißenschaften vortheilhaft, aber ihre collegialische Verbindung konte unmöglich eine freundschaftliche werden. Beyde lehrten gemeiniglich statt der allgemeinen, die Staaten-Geschichte, anfangs nach Puffendorfs Buche, nachher auch nach Zusäzen zu demselben, und zwar so, daß mehreres der heut zu Tage so beliebten Statistik mit der Historie verbunden wurde. Gundling kündigte daher z. E. seine historischen Vorlesungen von 1713 so an: denique totius hodierni orbis mutationes ac singulorum regnorum arcana, robur, potentiam, exercitus, classes, reditus, incolarum ingenim, legatorum jura pragmatico genere explicabit, und Ludewig, welcher überhaupt seine Bemühungen sehr herauszustreichen pflegte, sagte in

eben

eben dem Jahre bey Ankündigung einer hiſtoriſch-juri-
ſtiſchen Vorleſung, ut adeo ſcholis hisce non ſo-
lum intereſſe queant Saxones, verum etiam
Weſtphali, Rhenenſes, Haſſi, Suevi, Franci,
Holſati, Mecklenburgenſes, Marchici, Sileſii-
que ac Thuringi, quorum omnium ſingulares
rationes dabit ſigillatim. Beyde, Ludewig und
Gundling hatten gröſtentheils einerley Wißenſchaften,
beyde hatten viel Ehrgeiz, beyde waren in einem vor-
züglichem Grade fleiſig und arbeitſam, beyde brauchten
auch in ihrer Wißenſchaft viele und koſtbare Hülfsmittel, beyde hielten deshalb auf zahlreiche Biblio-
theken, da, obgleich Gundling nach ſeinen Vermögens-
Umſtänden ſo viel darauf nicht verwenden konte, als
Ludewig, doch die gundlingiſche Bibliothek eine der zahl-
reichſten war, die je ein Lehrer in Halle gehabt hat.
Er ſtarb 1729, ſeine Bibliothek wurde nach ſeinem
Tode verſteigert und faſt auf 8000 Thaler gebracht.

Nach Heineccius Abzuge von Halle 1723 erhielt
die Juriſten-Facultät zwey neue Lehrer, Jac. Gabriel
Wolf und Jo. Lorenz Fleiſcher, der lezte aber ging
1733 nach Frankfurth an der Oder in die Stelle des Heineccius. Dieſer nämlich merkte in Franecker gar bald,
daß ihm und ſeiner Geſundheit die Seeluft nachtheilig
ſey, und wie er alſo 1727 einen Ruf nach Frankfurth
an der Oder erhielt, ſo nahm er ihn willig an, und
lebte bis 1732 daſelbſt ſehr vergnügt. Mit ſichtbaren
Anwachſe der Univerſität lehrete er, wurde königl. Geh.
Rath, und beſchloß, den Reſt ſeines Lebens in Frankfurth zuzubringen; allein im Jahre 1733 muſte er
und der Prof. Fleiſcher in Halle auf königl. Befehl ihre
Stellen

Stellen mit einander verwechseln, ohne daß Heineccius einen andern Vortheil davon gehabt hätte, als wieder auf iner zahlreichern Universität zu seyn; denn er behielt seinen größern frankfurthischen, und Fleischer seinen geringern hallischen Gehalt.

Jo. Gab. Wolf war also auch 1724 ordentlicher Professor der Rechte geworden, nachdem er schon mehrere Jahre außerordentlicher gewesen war. Bis 1732 stand er ohne Gehalt bey der Universität, und lehrte mehrere Theile der Rechte, besonders das Lehnrecht, worin auch sein Lehrbuch vielen Beyfall gefunden und von vielen andern zum Grunde ihrer Vorlesungen eine lange Zeit gelegt worden ist; in diesem Jahre 1732 wurde ihm eine ansehnliche und einträgliche Stelle als geheimer Justiz-Rath in der Canzeley und Hofgerichte zu Wolfenbüttel angetragen, er nahm sie an, und erbath sich vom Könige seine Dimission, selbst die Universität unterstüzte dieses sein Gesuch mit mehreren und triftigen Gründen; allein die Entlaßung wurde ihm schlechterdings versagt, um ihn aber einigermaßen zu beruhigen, wurde ihm ein Theil von dem Gehalte des reichen Canzler von Ludewig gegeben, und so blieb er eine lange Zeit bis an seinem Tod in Halle: und ob er gleich Anfangs auch Assessor bey der Juristen-Facultät war; so begab er sich doch nunmehr der Facultäts-Arbeiten und beschäftigte sich blos mit dem Lesen einiger Collegien.

Nicol. Morgenstern wurde ohnstreitig durch mächtige Empfehlungen, ordentlicher Lehrer des Soldaten-Rechts 1724: er hatte in Holland promovirt, und ich finde ihn blos einige wenige Jahre in den Lections-

Ver-

Verzeichnißen, nachher hieß es oftmahls in denselben, „er
sey auf Reisen:„ endlich lebte er als privatisirender
Gelehrter in Halle ohne irgend ein Amt zu haben, und
starb ganz spät, erst im siebenjährigen Kriege *).

Jo. Gerhard Schlitte hatte vorher gar nicht
die Absicht, auf Universitäten zu lehren, vielmehr wurde
er in Halle Regierungs-Advocat; als aber die Regierung von hier nach Magdeburg verlegt wurde, wolte
er nicht mit dahin ziehen, er entschloß sich also zu pro-
moviren und zu lehren, endlich wurde er, da er schon
fünf Jahre außerordentlicher Professor gewesen war,
1726 ordentlicher Lehrer, da er in seinem Amte mit
vieler Deutlichkeit die gewöhnlichen bürgerlichen Rechte
erklärte.

Carl Gottl. Knorre, der sich hier unter den damahligen Lehrern Thomasius, Gundling, Ludewig,
Böhmer rc. und auch einige Zeit in Helmstädt gebildet
hatte, wurde ebenfals 1726 ordentlicher Lehrer, und
bey seinem Fleiße im Dociren so wohl, als in den Facultäts-Arbeiten rückte er allmählig so weit hinauf, daß
er mit dem Charakter eines Geh. Raths, der Universität
Director wurde. Er hat die Theile des bürgerlichen
Rechts, und besonders auch die praktische Rechtsgelehrsamkeit,

*) Dieser Professor Morgenstern ist gar nicht der bekante
Vorleser bey dem Könige Friedrich Wilhelm I. denn der
hieß Salomo Jac. und war aus Pegau gebürtig, ist auch
nie in Halle Professor gewesen, wie der Herausgeber jener Schrift: über Friedrich Wilhelm vorgiebt: der
ehemahlige hiesige Professor war aus einer hallischen Familie, der Vorleser Morgenstern aber aus einer Familie
in Sachsen, und mit der hallischen ganz und gar nicht
verwandt.

famkeit, ingleichen die Geschichte der Rechte stets zu
seinen academischen Arbeiten gehabt, worin er auch
selbst einige compendiarische Bücher zum Leitfaden die-
serhalb schrieb.

Jo. Sam. Böhmer war der älteste Sohn des
Geh. Rath Just Henning, und seit 1727 ein sehr
gelehrter und arbeitsamer Collage seines Vaters bis an
den Tod deßelben in der folgenden Periode. Wie sein
Vater besonders in dem geistlichen und Kirchen-Rechte,
so hat der Sohn in der peinlichen Rechtsgelehrsamkeit
wirklich Epoche gemacht; aber dazu war er blos in Halle
vorbereitet und gezogen worden, die Universität behielt
ihn nicht, sondern er wurde nachher in Frankfurth Di-
rektor der dasigen Academie.

Friedrich Aug. von Hackemann war in Halle
eine eigene Erscheinung: durch ein königl. Rescript wurde er 1729 ordentlicher Professor des öffentlichen, des
Natur- und Völker-Rechts mit dem Charakter eines
königl. Geh. Raths und dem Vorsitze über sechs andere
ältere ordentliche Lehrer dieser Facultät — die Zahl
war damahls eilf. — Natürlich muste dies schon an
sich viel Unmuth verursachen, aber um so viel mehr,
da Niemanden dieser Herr von Hackemann in dem Fache des Natur- und Völker- und des öffentlichen Rechts
bekant war; die Universität berichtete also ihren Pflichten
gemäß, was es mit diesem von Hackemann für eine Bewandniß habe: er habe nämlich nicht das mindeste in
diesen zwey Wißenschaften geschrieben, sey aber schon
in Helmstädt und in Kiel Professor der Poesie gewesen,
auf beyden Universitäten wäre er wegen ungebührlichen
Handlungen, und auf der ersten nach vorhergegangener
commis-

commiſſariſchen Unterſuchung der zwey Höfe Hannover und Braunſchweig — indem dieſe Univerſität unter ihnen damahls noch gemeinſchaftlich ſtand — caſſirt worden, er ſey darauf nach Wien gegangen und habe die catho/ liſche Religion angenommen, man wiße aber nicht, war/ um er keine Beförderung in den kayſerlichen landen erhal/ ten habe, und ſich annoch in ſeinem Alter mit Frau und Kindern in der Welt herumtriebe u. ſ. w. Dies alles wurde aber, für Verunglimpfung des Herrn von Hacke/ mann ausgegeben, und gemeſſenſt befohlen, keinen An/ ſtand weiter wegen ſeiner Einführung zu nehmen und ihm den nächſten Ort nach dem Geh. Rath Gun ling anzuweiſen. Nun wurde er zwar eingefü rt, und er verlangte, daß durch ein Programm der Univerſität eine Antritts-Rede, die er den 12 Jul. halten wolte, bekant gemacht würde. Schlechterdings konte die Uni/ verſität, weil es theils ungewöhnlich, theils der zur Rede angeſetzte Tag ſehr ungeſchickt erwählt war, im mindeſten nicht daran Antheil nehmen, die Rede ſelbſt wurde auch nicht gehalten; aber wohl ſeine Vorleſun/ gen auf das Winterhalbe Jahr 1729 in dem lections/ Verzeichniße bekant gemacht; unterdeßen lief auch auf die Vorſtellung der Profeſſoren, über welche er in der Facultät ſizen ſolte, eine kurze, entſcheidende ab/ ſchlägliche Antwort ein; allein da ihm dieſe über/ geben wurde, und er alſo einen völligen Triumpf über alles, was ihm etwa entgegen ſtehen möchte, erlangt hatte, ging er den Tag darauf von der Univerſität hinweg, ohne daß er jemahls auf ihr gelehrt haben ſolte.

Wolf

Wolf war Lehrer der Mathematik und erlangte auch nach Stahls Abzuge als Leibmedicus in Berlin 1715 die bestimte Profession der Physik, er studirte und lehrete, ohne daß durch irgend etwas seine Ruhe unterbrochen worden wäre. Da er aber nun auch anfing, die speculative Philosophie, besonders die Metaphysik theils in Schriften, theils mündlich zu erklären, also dem theologischen Gebiete näher zu kommen, und, was in den Augen mehrerer das schlimste war, da diese seine philosophischen Vorlesungen einen besondern Beyfall, selbst bey denen fanden, welche Theologie studirten; so wurden von der Zeit an, die Urtheile über, und die Gesinnungen gegen ihn ganz andere, als vorher. Es kan wohl seyn — und manche Zeitgenoßen erzählten vor 20 bis 25 Jahren noch manches davon, — daß Wolf, der vielleicht manche Schwächen seiner Collegen selbst sahe, gewiß von andern dergleichen hörete, diesen oder jenen frommen Mann hier und da etwas — satyrisirt habe: sie fingen nunmehr an, ihn als einen profanen und in seinen Lehren zum Nachtheil der christlichen Religion gefährlichen Philosophen anzusehen, und nun hielten sie sich Gewißens halber für verbunden, ihn als einen solchen, dem religiösen Könige Friedrich Wilhelm, so bald sich Gelegenheit darbiethen solte, abzumahlen. Hierzu both sich 1721 eine an, die sie ihren Pflichten nach gebrauchen müsten, da Wolf nach damahliger Gewohnheit bey Abgabe des von ihm geführten Prorectorats an den D. Lange die bekante Rede hielt de Philosophia Sinensium, worin er die Moral dieses Volks sehr erhob; und dies wurde für eine Verkleinerung der christlichen Moral ausgegeben. Die theologische

sche Facultät, und durch sie auch die philosophische, deren
Glieder theils auch Theologen, theils Freunde von dieser waren, verklagten Wolfen bey dem Könige, als einen profanen und äuserst gefährlichen Mann, und Lange führete hierbey mit vieler Heftigkeit die Feder.
Reinbeck in Berlin, welcher ehemals der theologischen
Facultät Adjunct und ein groser Anhänger und Vereh-
rer derselben, besonders des Prof. Francken war, aber
doch die wolfische Philosophie getrieben hatte, und selbst
nachher versicherte, daß, ob er gleich anfänglich sehr
dawider eingenommen gewesen wäre, er nicht eher zu
einer gründlichen Kentniß der Theologie hätte kommen
können, als nachdem er Wolfs Schriften fleisig studirt,
rieth bey dem ersten Ausbruche dieses Terms, gar sehr zur
Behutsamkeit; allein er wurde selbst den wolfischen
Gegnern, seinen Freunden, dadurch verdächtig: überhaupt wurde alles viel zu hitzig, und viel zu übereilt getrieben. Gleichwol hätten Langens, und der Facultät
Schriften wahrscheinlich das nicht gewirkt, was nachher erfolgt ist, wenn nicht zwey Generale von Natz-
mer und von Löben, die in Halle so sehr wider
ihn eingenommen worden waren, den erhizten und religiösen König in November 1723 so weit gebracht hätten, daß er die bekante Cabinets-Ordre ertheilte, nach
welcher Wolf sich binnen 24 Stunden aus Halle, und
binnen 48 Stunden aus den gesamten preußischen
Staaten, bey Leib- und Lebensstrafe entfernen solte.
Der Philosoph gehorchte willig, und wurde in Marburg
mit offnen Armen aufgenommen. Es gehört hierher
nicht, nur ein Wort davon zu sagen, daß Wolfs System so gefährlich nicht sey, als man damahls, gewiß
gantz

ganz ehrlich geglaubt hat, und von der Unschädlichkeit
deßelben ist man längst überzeugt. Daß er aber in
seinem Betragen eine Profanität gezeigt habe, davon
haben mehrere der damahligen Zeitgenoßen, die ihn und
sein Betragen genau beobachteten, das Gegentheil versichert, und vielleicht würde er jezo von manchen nicht
für den grosen Philosophen anerkant werden, wenn sie
von seiner auch christlichen Aengstlichkeit und Gewißen-
haftigkeit, hätten Augenzeugen seyn können. Ich kan
dies mit einem Belage von seiner eignen Hand beweisen,
welchen ich hier beyzufügen, nicht Anstand nehmen
will: ich habe nämlich ein kleines Actenstück vor mir
liegen, da, wie es bey der Universität gebräuchlich ist, denen nicht auf einem Concilio generali gegenwärtig gewesenen, die Conclusa zugeschickt werden,
eines dergleichen wurde auch Wolfen 1 7 1 7 vorgelegt,
daß nämlich auf dem nächstkünftigen Sontag die Universität in corpore bey einer Feyerlichkeit — es war
das Andenken der Reformation — in der Schul-Kir-
che zu erscheinen beschloßen habe: er schrieb dabey:

> Vidi, confentio: jedoch da mir vorgenommen, am selbi-
> gen Tage mich des Nachtmahls zu gebrauchen; so
> weiß ich vor meine Person nicht, ob ich werde zugegen
> seyn können, indem nicht gerne mein Vorhaben ändern
> wolte, doch will ich es mit meinem Herrn Beichtva-
> ter überlegen.
>
> C. Wolf.

Der grose Mann war nun von Halle weg und sein
Verlust wurde — ersezt durch den Sohn seines Gegners
Joh. Joach. Lange, und durch den Famulus des
Vertriebenen, durch Dan. Strähler, welcher auf

G                                               die

die Seite der Gegner seines Lehrers getreten war, um durch sie sein Glück zu machen. Strähler wurde anfänglich zwar blos Extraordinarius, und er blieb es eine lange Zeit, ganzer 10 Jahre; allein nachdem D. Joh. Heinrich Mylius in Leipzig, einen Antrag zu einer ordentlichen Profession nach Hälle erlangt, und auch angenommen hatte, vorher aber, ehe er wirklich sein Amt antrat, nach Berlin reisete, und daselbst verstarb; so erlangte endlich Strähler diese nun nicht besezte ordentliche Stelle. Nach einigen Jahren kam annoch aus Jena dazu Theod. Christ. Ursinus, welcher über Buddeus und Walchs Bücher Vorlesungen ankündigte.

Nach Gundlings Tode war ein Professor der Geschichte und der Beredsamkeit auf der Universität nöthig: man fand keinen, der Gundlings Stelle in dieser Vollständigkeit ersezt hätte: in Absicht der Geschichte fiel man endlich auf Martin Schmeizel. Im Jahre 1731 wurde er also als der eine Nachfolger Gundlings — denn die Profession der Beredsamkeit wurde bald nachher durch Schulzen sehr gut wieder besezt — als ordentlicher Lehrer in der juristischen und philosophischen Facultät von Jena aus hierher berufen, und er war wirklich ein fleißiger Mann, der in der Geschichte und Vorbereitungs-Wißenschaften zu ihr, als der Heraldik, Geographie u. s. w. einen guten und nüzlichen Unterricht ertheilete, auch ersehe ich, daß er schon damahls eine Vorlesung gehalten, die ganz neuerlich auch auf königliche Unkosten gehalten werden muß: denn er kündigte eine Art Pädagogik 1732 an: ad futuros juuenum illustrium ephoros et informatores instruen-

ſtituendos. Der Kanzler von Ludewig hatte durch
Gundlings Abſterben einen Rivalen verlohren, und
Schmeizel war ein friedfertiger Mann, der die Ruhe
des Canzlers im mindeſten zu ſtören, keine Meynung
hatte.

Joh. Ehrenfried Zſchackwitz, hatte in ſeinem
Leben ein unglückliches Looß; er war in mehrern Bedienungen, bald in Dresden, nachher in gothaiſchen,
darauf in Eiſenach und dann in Coburg bey dem academiſchen Gymnaſium Profeſſor der Geſchichte, endlich
in Hildburghauſen, und hier hatte er zu freymüthig
über manche Stücke des öffentlichen Rechts geſchrieben,
wodurch er allerdings Aufſehen machte; aber deshalb
wurde auch der Reichs-Fiſcal wider ihn excitirt, daher er ſich von dort entfernen muſte. Er wendete ſich
nach Halle, und wurde 1731 außerordentlicher, und
1733 ordentlicher Lehrer in der juriſtiſchen und philoſophiſchen Facultät, aber freylich muſten ſeine Umſtände kummervoll ſeyn; denn im Grunde hatte er nichts
als den Nahmen von zwey Facultäten, und er war
zu alt, da er erſt anfing, ein academiſcher Lehrer zu
werden.

Gottfried Sellius hatte ſich auf elegante Wißenſchaften, auch auf Naturhiſtorie, Phyſik und Rechts-Wiſ-
ſenſchaft gelegt, und in der lezten in Holland promovirt.
Er ſcheint ein ganz geſchickter Mann geweſen zu ſeyn, beſonders in der Phyſik und in der Naturhiſtorie. Auch in
der Rechtswißenſchaft ſchien er Aufſehn machen zu wollen; dies erhellet aus ſeinen Gedancken, über die damahls
auffommende demonſtrative Methode in den Rechten,
welche ſeine Urtheile man findet, wo man ſie gar nicht

ſuchen

suchen solte *). In der Vorrede zu der benannten sehr
schönen Schrift erzählt er, daß Ickstatt und Cramer
mehrmals seine Meynung von ihm über den Werth
dieser Methode in der Jurisprudenz, zu wissen verlangt
hätten, und er wolte sie an diesem Orte, ob er gleich
nicht eben dazu schicklich sey, freymüthig eröfnen. Er
lobt darin diese Methode überaus, und jenen Gelehrten,
legt er die größten Verdienste über den Gebrauch derselben bey; übrigens hat er auf der hiesigen Universität
als Jurist die Institutionen und Pandekten, auch wohl
das Natur-Recht und die Geschichte der Rechtswißenschaft vorgetragen, als Physicus aber scheint er von einem
größern Werthe gewesen zu seyn; in den Lections-Verzeichnißen von 1737 kündigte er an: historiam experimentorum naturae explicandae instituto-
rum, und ein Collegium Physices experimenta-
le ad propria principia Philosophiae naturalis
experimentis stabilita: im Jahre 1738 experi-
menta quaedam nouissima electrica, und die
Prälections über die Physik, täglich in 2 Stunden,
wovon er ausdrücklich sagt: quae (praelectiones)
ob experimentorum jam paratorum cumulum
nouumquae plurimorum hoc semestri accessu-
rum augmentum hora vnica absolui digeri-
que non possent. Ueberhaupt versichert mich ein
Kunstverständiger, zwar blos als Ohrenzeuge, der es
aber von einem andern Augenzeugen, und der Sachen
völlig

*) Godofredi Sellii I. V. D. ex Societate regia Londi-
nensi Historia naturalis teredinis seu Xylophagi ma-
rini in 4to, Traiect. 1733.

völlig kundigen noch jezt lebenden Gelehrten gehört habe,
daß die Instrumente und Machinen des Sellius ganz vortrefliche und zum Theil höchst elegante, manche von ihnen,
die andere blos von Kupfer oder Meßing haben, ganz von
Silber gewesen wären. Sein baldiges Unglück wird
seiner Gattin zugeschrieben; denn er habe in Holland
ein reiche, aber höchst verschwenderische Frau Debora
Verhoog geheyrathet. Gleich darauf ist er in Göttingen 1735 außerordentlicher Professor geworden, und
im Jahre 1736 nach Halle mit dem Charakter eines
königlichen Hofraths in die Juristen- und philosophische Facultät als ordentlicher Lehrer gekommen. Er hatte eine schöne und besonders elegante Bibliothek, eine
theure Sammlung von Conchilien und ein vortreflliches
Bilder-Cabinet, und nun erzählt Geßner *) von ihm:
vxor Professoris nostri S** minimum centum
millia florenorum belgicorum dote accepe-
rat. — Hier ist eine Null zu viel gerechnet, in den
Concurs-Acten bey der hiesigen Universität, giebt sie
ihre Illata blos auf 10000 Fl. an. — & quum scho-
las haberet in auditorio candelabra & emuncto-
ria conspiceres argentea, & quae sunt his simi-
lia. — Pecunia omnium opinione citius erat con-
sumta, nunc Parisiis relationes publicas scribit —
jam docet ibi linguam germanicam: Daß dieser eben unser Sellius sey, sagt Püttner **) geradehin. Allein diese Herrlichkeit war von einer gar kurzen Dauer: er ging mit seiner Gattin und drey Kindern

*) Isagoge in eruditionem vniuersam Tom. 2. pag. 660.
**) Geschichte der Universität Göttingen. Theil 2. Seite 5.

dern 1738 von Halle dem Vorgeben nach), nach Berlin, war bald in Cassel, bald in Amsterdam, bald auch in Berlin; borgte überall, versicherte immer des baldigsten wieder nach Halle zurück zu kommen: kam aber nicht, daher ein Concurs der Creditoren entstand, der bis 1745 gedauert hat.

Jo. Tobias Carrach muste sich auf der Universität Halle bey alle seinem Fleiße in den Wißenschaften sonderbar genug ernähren, er trieb als Erhaltungsmittel manche Uebungen mit andern Studenten, sonderlich Tanzen und Fechten. Seine Lehrer waren besonders Ludewig, Böhmer und Gaßer, und da er unter dem lezten auch promovirt hatte; so wurde er auf einige Jahre außerordentlicher, 1738 aber ordentlicher Lehrer der Rechte.

Hofmann und Stahl waren in der medicinischen Facultät nur noch auf einige wenige Jahre in diesem Zeitraume Collegen. Nach des erstern Rückkunft von Berlin auf die Universität, arbeitete er seine mehrern grösern Schriften aus, und machte sich um die Universität und um die Wißenschaften durch seinen Fleiß immer mehr verdient. Im Jahre 1721 wurde er von der Gemahlin Kayser Carl 6. nach dem Carlsbade gerufen, und nachher 1732 wiederum, um so wohl dem Kayser als deßen Gemahlin bey dem Gebrauche dieses Bades medicinischen Rath und Gutachten zu ertheilen, darauf untersuchte er genauer die bömischen Bäder und Salze, wovon er auch seine Beschreibung öffentlich darlegte. Ohnerachtet er nun am Ende der vorigen Regierung unter König Friedrich I. als Leibmedicus in die Ungnade seines Herrn gefallen war, so siegte doch

unter

unter der Regierung Friedrich Wilhelms die gute Sache, die Treue und Geschicklichkeit Hofmanns auf eine
sehr hervorstechende Weise. Er wurde nämlich von dem
Könige, 1734 bey einer gefährlichen Krankheit deßelben,
zu Rathe gezogen, daher er nach Berlin abreißen, und
seine Kunst und Erfahrung bey dem Krankenbette des
Monarchen versuchen muste; seine Sorge war die glück-
lichste, denn der hohe Kranke wurde völlig wieder hergestelt, und Hofmann genoß nun ganz besondere Proben der königl. Gnade. Außer vielen andern Beweisen
derselben erlangte er wieder das Prädicat eines königl.
Leibmedicus, und den Geh. Raths Charakter; selbst die
Königin ließ ihn abmahlen, und sein Bild in ihr Zimmer hängen, um sich seiner als des Wiederherstellers der
Gesundheit ihres Gemahls stets zu erinnern. Stahl
wurde 1716 wirklicher Leibmedicus, und da er seinen Aufenthalt auf beständig in Berlin nehmen muste, verließ er die Universität gänzlich, und starb endlich in Berlin 1734. Sein System wurde nach seinem Abzuge von Halle noch immer mehr erläutert und
auf der Academie neben dem Hofmannischen erhalten,
da so gleich, wie er seine Stellen verließ, Mich. Alberti in sie gesezt wurde. Dieser Alberti hatte sich vorher in Altorf, wie mehrere der stahlischen Schule, auf
die Theologie gelegt, und wie er nach Halle kam und
sich besonders zu dem Prof. Francke hielt, diesem auch
seine Neigung zur Medicin eröfnete, die er schon
in etwas neben der Theologie getrieben hatte; so empfahl er ihn auf das beste an seinen Freund Stahl.
Den Unterricht deßelben nuzte er nun so glücklich, daß
er völlig in dem stahlischen System eingeweihet — ob

er

er gleich sich auch das hofmannische, mechanische gut
bekant machte — unter ihm in den ersten Jahren dieses Säculums Doctor wurde.   Nunmehr fing er an,
physische und andere philosophische, vorzüglich aber medicinische Vorlesungen nach der stahlischen Methode auf
der Universität zu halten, und auf Empfehl dieses seines Lehrers rückte er, da er vorher einige Jahre außerordentlicher Lehrer gewesen war, in seine Stellen. In
eben diesen Jahren wurden auch zwey Doctores als
öffentliche Lehrer der Medicin angenommen, Georg
Dan. Coschwiz 1716 und Heinrich Baß 1718.
Beyde hatten sich besonders auf Anatomie und Chirurgie applicirt, und Hofmann, der bisher Anatomie mit gelehrt hatte, war sehr zufrieden, daß andere
ihm diese Arbeit abnehmen wolten, zumahl, da bey ihr
mehrere Schwierigkeiten annoch auf der Universität waren, die wohl nirgends seyn mochten; es war nämlich
kein Theatrum anatomicum vorhanden, die Sectionen
wurden daher bald auf der Wage, bald auf dem Zucht-
hauße, bald auf dem kühlen Brunnen, jetzigen bief-
schen Hauße, bald in dem Hospitale vorgenommen.
Coschwiz und Baß hielten zugleich um die Profession
der Anatomie an, jener gehörte zur stahlischen, und dieser zur hofmannischen Schule, und beyde suchten die
ordentliche Profession der Anatomie: nach der mündlichen Erzählung eines verstorbenen hiesigen Lehrers wurden alle beyde nach Berlin beschieden, um daselbst eine
Vorlesung zu halten, da denn einer von ihnen dazu ernannt werden würde.  Baß war ein gelehrter, in der
Anatomie und Chirurgie sehr geschickter Mann, aber
er scheint nicht einen so lebhaften Vortrag gehabt zu
haben,

haben, als Coschwiz; daß dieser aber Baßen in der
Gelehrsamkeit weit nachstehe, erhellet aus Hallers *)
Urtheile über Coschwiz. Genug dieser erlangte 1718
die ordentliche Profeßion, und in dem deshalb an die
Universität ergangenen Rescripte heist es ausdrücklich,
daß er auch seiner besondern Facilität zu dociren
wegen dazu ernannt worden sey; gleichwol konte doch
Baß nicht ganz verlaßen werden, weshalb 1720 ver-
fügt wurde, daß er mit Coschwiz alterniren, oder doch
wenigstens die dritte Section haben solte. Ueberhaupt
wurde der ehrliche Baß wohl in Berlin verkant, denn
er blieb bis an sein Ende 1754 blos außerordentlicher
Profeßor, und muste späterhin durch Böhmern in Ausübung seiner Geschicklichkeit sich ziemlich einschränken
laßen. Coschwiz aber hat dennoch gar merkliche Verdienste um die Universität, er bauete auf seine Unkosten
das erste anatomische Theater auf dem Plaze, wo jezt
das Bibliothek-Gebäude stehet, welches er durch ein
eigen Programm und eine Rede einweihete *), und mit
diesem Theater haben sich die Lehrer der Anatomie bis
1779 behelfen müßen. Auch in Absicht des ehemaligen kleinen botanischen Gartens — welcher nunmehr
blos ein kleiner Theil des jezigen ist — sezte er ihn, so
weit es möglich war, in Ordnung, und brachte mehrere
Pflanzen in ihn, da Hofmann und Stahl sich wenig
um denselben bekümmert hatten, und diese es gleich im
Anfange verbathen, da der Profeßor extraordinarius

Hein-

---

*) in deßelben bibliotheca anatomica. Tom. 2. pag. 53.
und in epistolis ad Hallerum datis. Vol. 1. pag. 21.
**) Theatri anatomici natalitia, in 4. Halle 1718, wo das
ganze Theater auch in Kupfer gestochen ist.

Heinrich Heinrici die Aufsicht über demselben nach-
suchte. Als Practicus hatte er ein großes Zutrauen in
Absicht der Hebammenkunst besonders, und war in der
Stadt und in der Gegend ein beliebter und thätiger
Arzt, dem noch überdem der Besitz der hiesigen Engel-
Apotheke, welcher er selbst vorstand, mehr zu statten
kam und von ihm auch in anderer Rücksicht zur Erweiterung der Kentniße, der Medicin Studierenden angewendet wurde. Er starb jung hinweg 1729, und nun
wurde der bisherige Medicus auf dem Waysenhauße, Jo.
Juncker, zum dritten ordentlichen Lehrer der Medicin, Jo. Friedrich Becker aber an Coschwizens Stelle
doch blos zum außerordentlichen Professor der Anatomie ernannt; Becker wurde zugleich dem alten Hofmann adjungirt, daß er ohne weitere Anfrage, bey seinem Absterben eine ordentliche Profession und einen
Theil seines Gehalts erlangen, dagegen aber jetzo, da der
verstorbene Coschwiz auf seine Unkosten das anatomische Theater habe erbauen laßen, an deßen Erben diese verbaueten Gelder zurückzahlen solte; kaum war dies
alles in Ordnung, so starb Becker schon 1730, und
nun kam Jo. Friedrich Caffebohm unter eben denselben Bedingungen, in Beckers Stelle. Juncker war
in manchen Betrachte, ein Antodidactus, anfänglich
war er nämlich entschloßen, da er in Gießen auf dem
Gymnasio in den Sprachen und in den Humanioribus
viel geleistet hatte, in Marburg die Medicin zu studiren;
allein da in dem damahligen Kriege, seine Eltern völlig um das Ihrige gekommen waren, er also von ihnen
gar keine weitere Unterstützung zu hoffen hatte; so
gieng er auf gut Glück nach Leipzig, fand aber daselbst
keine

keine Aussichten seines weitern Fortkommens, deshalb
wendete er sich nach Halle, um bey dem Professor
Francke zu versuchen, ob er nicht die Stelle eines Leh-
re.s auf dem eben errichteten Pädagogium erlangen könte; erhielte er nun zwar auch hier nicht, was er suchte,
ein Lehrer des Pädagogiums zu werden, so erhielt er
doch den Unterricht bey ganz kleinen Knaben, und er
selbst sezte sich unter dem Prof. Cellarius in den Humanioribus noch vester; aber statt der Medicin, machte
er zu seiner Hauptwißenschaft die Theologie, und hörete mit vieler Anhänglichkeit und Fleiße die damahligen
frommen Lehrer der Theologie. Nachher wurde er zu
einer Erziehungs-Anstalt junger Leute vom Stande in
Westphalen empfohlen, und da er einige Zeit demselben
vora.standen; so kam er in eben dieser Qualität an ein
Fräulein-Stift im waldeckischen, welchem die Gräfin
von Waldeck und Pyrmont Charlotte Sophia vorstand; außer seinen Berufs-Geschäften in der Erziehung, trieb er hier immer für sich seine Lieblings-Wi-
ßenschaft, die Medicin, und zu diesem Zwecke studirte
er besonders die stahlischen Schriften; übrigens war er
Theolog und predigte auch oft mit ganz außerordent-
lichem Beyfalle. Dies gab Gelegenheit, daß er
die Abtißin des Stifts, die Gräfin von Waldeck 1707
wirklich heyrathete, er ging darauf mit ihr wieder nach
Halle, und kurz darauf nach Erfurth, ohne doch durch
wirckliche medicinische Vorlesungen der Professoren seine Kentniße zu erweitern; Stahl und deßen System,
waren seine Lehrer, worauf er alles bauete. Er brachte es auch so weit, daß er erst in Witgenstein, nachher in Lingen, eine sehr glückliche Praxin trieb. Im
Jahre

Jahre 1716 kam er endlich wieder nach Halle, und wurde gleich das Jahr darauf Medicus bey den Anstalten des Wanfenhaußes, daher er sich auch entschließen muste 1718 unter Albertis Vorsitze, Doctor der Medicin zu werden. Nun hatte er eine starke, besonders auch auswärtige Praxin, lehrete als Privat-Docent auf der Universität, und machte sich um die Candidaten der Medicin, durch das clinische Institut des Wanfenhaußes, über alle Maßen verdient: denn die armen Kranken der Stadt und der Nachbarschaft, meldeten sich hier, ihre Umstände wurden vom Juncker in Beyseyn der Candidaten untersucht, und ihnen die Medicin aus der Wanfenhäußer Apotheke umsonst gereicht. Dies alles verursachte, daß Juncker nach Coschwizens Tode ordentlicher Lehrer der Medicin wurde, und er hat viele Jahre um die Stadt und Universität durch Curen und Unterricht auch um viele fremde und vornehme Personen, selbst königliche, da er zweymahl nach Kopenhagen zu reißen und die Gesundheit des Königes und des Cronprinzen herzustellen ersucht worden, sich die ausnehmendsten Verdienste erworben.

Caffabohm war ein sehr gelehrter Mann, und Haller, der nie zu schmeicheln gewohnt war, nennt ihn selbst einen praecipuum hujus saeculi anatomicum: er rühmt von ihm besonders ein Manuscript, welches er besitze, worin Caffabohm mehrere zur Anatomie gehörigen Materien sehr vortreflich erklärt habe: er lehrete mit großem Nutzen die Anatomie alhier durch den ganzen Rest dieses Zeitabschnittes.

Der

Der verstorbene Gundling hatte besonders auch
die Profession der Beredsamkeit gehabt, und in dieser
Stelle folgete ihn der berühmte Professor in Altorf,
Jo. Heinrich Schulze 1732. Er war einer der gelehrtesten Männer, die auf der Universität Halle gewesen sind. In den gelehrten und selbst orientalischen
Sprachen hatte er schon als ein sehr junger Mensch,
besonders auf den Schulen des hiesigen Wayßenhaußes
vieles gethan, und er bestimmte sich darauf zur Medicin, worin er Stahl und den damahligen Medicus
auf dem Wayßenhauße Christian Friedrich Richter
zu seinen Lehrern erwählte. Nachdem er schon zwey Jahre
Medicin studirt hatte, wurde er durch Anrathen einiger Freunde bewogen, sich auf die Theologie, oder vielmehr auf die gesamten Humaniora und Sprachen zu
legen; mit dem gröſten Eifer trieb er also noch weiter
hebräisch, chaldäisch, syrisch, arabisch und samarita-
nisch, und ertheilte darauf in dem hiesigen Pädagogio
in der Anatomie, Botanik, in der griechischen und hebräischen Sprache, mit vielem Beyfalle Unterricht.
Wie er nun in dieser Zeit bey einer gelegentlichen öffentlichen Section zugegen war; so wurde mit einem mahle wieder die alte Liebe zur Medicin in ihm rege, und
als Hofmann dieses erfuhr, so versprach er ihm allen
Vorschuß, nahm ihn in sein Hauß und an seinen Tisch,
dagegen er seine weitläuftige Correspondenz führete, aber
auch dadurch Gelegenheit erlangte, sich zu einen recht
geschickten Medicus zu bilden. Im Jahre 1717 wurde
er mit algemeinem Beyfalle Doctor der Medicin, und
fing zugleich an, als Privat-Docent auf der Universität zu lehren, dies dauerte aber nur bis 1720, da er

nach

nach) Altorf in des nach Helmstädt gegangenen Heisters
Stelle berufen wurde. Anfänglich war er zwar nur
daselbst Prof. der Medicin, aber bald darauf wurde er
noch an Baiers Stelle Prof. der griechischen, und statt
Zeltners auch der orientalischen Sprachen, so daß selten so verschiedene Kentniße in einem Manne beysam-
men, und so verschiedene Aemter in einer Person verbunden sind. Nach Gundlings Tode hielt man ihn für
den würdigsten Nachfolger deßelben in der Beredsamkeit und Alterthümern; weil er aber in Altdorf vorzüglich eine medicinische Profession gehabt hatte, so verlangte er in Halle außer der Stelle in der philosophischen Facultät auch eine ordentliche Profession der Medicin. Schon in Altorf hatte er die Geschichte der
Medicin zu bearbeiten angefangen, davon auch 1728
der erste Theil herauskam, der zweyte aber nie, indem
nach seinem Tode zwar etwas davon unter seinen Pa-
pieren gefunden worden ist, aber nie zu einer Vollständigkeit hat zusammen gefunden werden können. Und
da Hofmann durch die glückliche Cur des Königes ein
besonderes Zutrauen erlangt hatte, so konte er es wohl
wagen, für seinen einzigen Sohn Friedrich auch eine
ordentliche Stelle in der medicinischen Facultät zu erbitten, und seinen eigenen Gehalt an den Sohn abzu-
treten; es wurde also dieser jüngere Hofmann 1734
auch ordentlicher Prof. der Medicin, und diese Facultät
wurde also stärker besezt, als sie vorher je gewesen war.

In den gelehrten Sprachen gaben also nun Unterricht Schulze und Fr. Wiedeburg: dieser lezte wurde 1731 außerordentlicher, und 1733 ordentlicher Leh-

rer der Philosophie und Geschichte. Er war besonders
ein Anhänger von Böhmer und Gundling, und wurde
seiner schönen lateinischen Schreibart wegen nach des
leztern Tode, zu deßelben Nachfolger vorgeschlagen, da
aber Schulze anher kam; so erlangte er anfänglich blos
die außerordentliche Profession der Eloquenz. Gleich
in den ersten Jahren, da Schulze wieder in Halle lehrete, fing er auch an, die Münzwißenschaft in Absicht
auf römische, griechische und arabische Münzen zu bearbeiten, dazu ein kleiner Umstand Gelegenheit gab.
Ein Student aus Siebenbürgen schenkte ihm eine alte
Münze, er fing also, weil er glaubte, daraus manches
in den Alterthümern und in der alten Geschichte zu erklären, dergleichen mehrere zu sammeln, und innerhalb
vier Jahren sammelte er über 2000 Stücke. Im
Jahre 1738 fing er eine Vorlesung über die Numismatik an, und suchte mehrmahls die griechische und römischen Alterthümer aus solchen alten Münzen zu er-
läutern. Bey Vergleichung mehrerer arabischen Münzen kamen ihm auch manche vor, die mit cufischen
Charaktern ausgeprägt waren, daher suchte er die ver-
lohrne cufische Sprache wieder herzustellen, und manches alte, das man nicht zu erklären weiß, zu lesen und
zu erklären, wenn die Hypothese angenommen wird,
daß diese Charaktere cufische Buchstaben und cufische
Wörter wären, z. E. die Charaktere auf dem kayserlichen Mantel in Nürnberg. Die Sammlung der
alten Münzen von dem Prof. Schulze brachte nach seinem Tode der Geh. Rath Eichel an sich, und in seinem
Testamente hat er sie wieder der hallischen Universität
geschenkt, da sie jezt auf der Bibliothek in eigenen Be-
hält

hältnissen aufbewahrt und den Liebhabern vorgezeigt
werden.

In den orientalischen Sprachen war noch immer
der alte Jo. Heinrich Michaelis, ein vorzüglicher
Lehrer, welcher durch seine bekante Edition der hebräi=
schen Bibel, sehr viel Ehre erworben, aber sich auch
durch ein 18 jähriges Sizen bey dieser mühsamen Ar=
beit, eine lang anhaltende Kränklichkeit zugezogen hat,
von welcher er sich doch so erholete, daß er über 75
Jahr alt wurde, und 1738 verstarb. Sein Vetter
Christian Benedict Michaelis, wurde von ihm be=
sonders zu den orientalischen Sprachen gezogen, und da
er schon 1714 eine ordentliche Profession in der phi=
losophischen Facultät erlangt hatte: so hat er sich beständ
dig nach der damahligen Art, mit Erklärung des neuen,
und vorzüglich des alten Testamentes beschäftiget. Jo.
Heinrich Callenberg, wurde 1735 ordentlicher Pro=
fessor, und seine Bemühungen gingen besonders dahin,
die Juden und Muhamedaner zum christlichen Glauben
zu bringen, zu welchem Entzwecke er eine eigene Drucke=
rey schon vorher 1727 anlegte, worin zur Gewinnung
der Juden einige biblische, und andere kleinere Schriften,
in jüdisch=deutscher Sprache, und zum Besten der
Muhamedaner eben solche Bücher in arabischer, türki=
scher, persischer und indostanischer Sprache gedruckt,
und von einigen, zu diesem Zwecke reisenden Candida=
ten der Theologie verschenckt worden sind. Dieses Insti=
tut, die Juden zu bekehren, hat auch nach Callenbergs
Tode lange bestanden, und erlangte nach seinem Ab=
sterben den damahligen Prediger M. Stephan Schul=
zc, und wie dieser verstorben war, den jezigen Predi=
ger

ger Juſt. Iſrael Beyer zu Directoren, welche auch von
Zeit zu Zeit kleine Relationes von den Bemühungen
der Miſſionarien herausgegeben haben. Erſt 1792 iſt
die ganze Einrichtung aufgehoben, und die etwa liegenden Gründe und das Vermögen derſelben, dem hieſigen Wayſenhauße von dem jetzigen Könige, unter einigen Bedingungen zum Beſten für ſich meldende Proſely-
ten aus dem Judenthume geſchenkt worden.

Nachdem Wolf Halle hatte verlaßen müßen, ſo
gingen auch einige Privat-Docenten, die die wolfiſche
Philoſophie bisher gelehrt hatten, theils von der Univerſität weg, theils muſten ſie ſich in die Zeiten ſchi-
cken, und andere Sachen vortragen. Jedoch nach einigen Jahren erkante König Friedrich Wilhelm ſelbſt,
daß er zu weit gegangen, Wolfen zu viel, und der Univerſität durch ſeine Caſſation viel Schaden gethan habe,
er machte deshalb auch Verſuche, ihn wieder zurück in
ſeine Staaten, anfänglich nach Frankfurth, darauf
nach Halle zu bekommen, und ließ ihm vortheilhafte
Bedingungen dazu antragen: allein Wolf wolte nicht
unbankbar gegen ſeinen jetzigen Landes-Herrn ſeyn, der
ihn ſo willig aufgenommen und ihm ſeinen Auffenthalt in
Marburg ſo angenehm gemacht hatte*). Die veränder-
ten Geſinnungen des Königes muſten natürlich bald bekant werden, und ſo fingen allmählich andere junge
Docenten an, dieſe bisher ſo gehäßige Philoſophie
theils

*) Büſchings Beyträge zu der Lebensgeſchichte denkwür-
diger Perſonen, enthalten manche Aufklärung mehrerer
Umſtände hierbey, die man ehrdem nicht wuſte: vergleiche Theil 1. in den Beiträgen zu Wolfs und zu Reins-
becks Leben.

H

theils insgeheim, theils öffentlich wieder auf der Universität einzuführen, und hier zeichnete sich dernachher
so berühmte Baumgarten ganz ausnehmend aus. Dieser Siegm. Jac. Baumgarten, kam bald nach den
Unruhen wegen der wolfischen Philosophie auf die
Universität, und ob er gleich manches von den Vorlesungen der damahligen Lehrer der Theologie hörete; so
unterrichtete er sich doch gröstentheils selbst, da er
schon so viel Kentniß in den Sprachen, in der Historie
und in der Theologie mit brachte, daß ihn selbst Breithaupt, blos einige philologische Uebungen, und etwa
ein oder die andre Vorlesung des D. Anton anrieth,
und das mehreste seinem Privat-Fleiße und seinem
Fortstudiren für sich zu überlaßen, gegen ihn selbst äu-
serte. Wolfs Philosophie durfte in der ersten Zeit,
da sich Baumgarten auf der Universität aufhielt, nicht
gelehrt, selbst seine Schriften solten nicht gelesen werden, er studirte also dies berufene System ganz für sich,
und sahe den Grund, den Nuzen und die Anwendbar-
keit deßelben in der Theologie, sehr fühlbar ein; aber
er muste hierbei, um nicht anzustoßen, alle Behutsamkeit anwenden. Die damahligen Professores, Breithaupt und besonders die zwen Francken, Vater und
Sohn, hatten nach der Bekantschaft derselben mit seinem Vater und seiner ganz vorzüglichen Gelehrsamkeit
wegen, so viel Liebe gegen diesen jungen Gelehrten,
daß dies alles dazu wirkte, die bisher verbannte Philosophie weit mehr auf der Universität zu verbreiten,
als ehemahls. Es wurde nämlich dem gelehrten Baumgarten ein mannigfaltiger Unterricht in den Hauptcla-
ßen der Schulen des Wansenhaußes von den Directoren

ren deßelben übertragen, besonders die Unterweisung in
der obersten theologischen Claße, und nun fing er schon hier
an, gar behutsam und versteckt, von seiner Kentniß der
Weltweisheit einen guten Gebrauch zu machen, und die
philosophischen Grundsäze mit der Theologie innigst zu ver-
weben.   Als er 1732 Adjunkt der theologischen Facultät wurde, und nunmehr lauter theologische Vorlesungen
von ihm gehalten werden solten, erging im Jahre 1733
an die philosophische Facultät ein königl. Rescript: daß
ihm nicht nur nicht Schwierigkeiten gemacht, sondern
er vielmehr aufgemuntert werden solte, auch die philosophische Vorlesungen, die er bisher zu halten gewöhnt
gewesen, weiter fort zu sezen.  Aber gerade damahls
studirte sein jüngerer Bruder Alexand. Gottl. Baumgarten auch in Halle, und Philosophie war nebst der
Theologie diesem sein Hauptgeschäfte.  Seine academischen Jahre fielen gerade in die Zeit, da auch noch wolfische Philosophie zu treiben verbothen war; er studirte sie
also für sich, und gerade so, wie es Wolf verlangte,
daß er mit der Mattematik den Anfang machte.  Nach
seinem ganz besondern Tiefsinne, entwickelte er alles auf
das genaueste, und fand, daß dies System bey weiten
nicht das gefährliche in sich enthalte, welches man darin zu finden glaubte.  Er promovirte darauf, und sein
älterer Bruder überließ ihm seine philosophischen Vorlesungen, welcher also 1737 mit ganz ausnehmender
Gemeinnüzigkeit, Gründlichkeit und Ordnung, die Philosophie auf der Universität zu lehren anfing, weshalb er
gleich das Jahr darauf 1738 eine außerordentliche Profession alhier erlangte.  Er machte sehr geschwind mit
seiner Philosophie, die die leibnizisch-Wolfische war, nur

mit

mit noch mehr Präcision und systematischer Genauigkeit, eine gar starcke Sensation *), und da der König gern Frankfurth aufgeholfen wißen wolte, so wurde Alexand. Baumgarten für den gehalten, durch welchen der Flor der franckfurther Academie, wieder hergestelt werden könte, deshalb er daselbst 1739 als ordentlicher Professor angesezt wurde. In Halle blieb also Weltweisheit den ordentlichen Professoren Strähler und Urfinus, doch wurde auch schon 1739 Joh. Fried. Stiebriz außerordentlicher Lehrer, der, so sehr er auch ehedem wider Wolfs Philosophie gewesen war, sie schon einige Jahre angenommen hatte, und unter den Privat-Docenten stand Georg Fr. Meier, als ein genuiner Schüler, von dem nach Frankfurth abgegangenen Professor Baumgarten auf, welchen auch dieser bey seinem Abzuge von Halle, seinen

bis

*) Baumgarten hat wirklich die Wißenschaften bereichert: schon in Halle hatte er die Idee von einer Metapoetik wie er sie nannte, einer Wißenschaft der Regeln der Vollkommenheiten eines Gedichts, und etwas später hin bereicherte er die Philosophie mit der von ihm so genanten Aesthetik, worauf er auch auf eine besondere Weise kam, wie er mir dies selbst gegen das Ende seines Lebens versicherte. Joh. Jac. Breitinger in der Schweiz hatte nämlich in seiner critischen Dichtkunst eine logicam imaginationis gewünscht, und Baumgarten dachte dabey, warum blos eine Logik der Imagination? warum nicht aller sinnlichen Seelenkräfte? Eben so sonderbar kam er auf das abstracte Principium in seiner Philosophie: alles hat seine Folgen. Er fand den Ausdruck von *peccatis immortalibus* d. i. die ihre Folgen auch nach dem Tode des Sünders haben, und dabey associirte er den Gedanken: geschiehet dies am dürren Holze, was muß nicht am grünen geschehen? und nun war noch ein kleiner Schritt zu jenem algemeinen ontologischen Saze.

bisherigen Zuhörern in seiner lezten Vorlesung auf das
beste anempfohl.

In der Theologie wurden in den ersten Jahren
dieser Periode ordentliche Lehrer Joh. Dan. Herrn=
schmid, welchen sich auch der Director des Wansen=
haußes zum Mit=Director erbath; er lebte aber nur
von 1719 bis 1723 alhier, als in welchem Jahre er
verstarb: Gotthilf August Francke, der Sohn des
ältern Aug. Herm. und mit ihm zugleich Joh. Jac.
Rambach 1726. Diese insgesamt, der vorigen und
der jezigen Periode, machten die in dieser Zeit herrschen=
de fromme Parten, sie trieben die gewöhnlichen exe=
getischen, homiletischen und ascetischen Sachen, da
die lezten gemeiniglich über biblische Bücher, aber auch
über Thomas a Kempis, über Speners Leben von
Lange, über einige Schriften des sel. Luther von Breit=
haupt, über Arnds wahres Christenthum, Kortholds
schwere Priester=Würde von Hernschmid, über den
Macarius von dem jüngern Francken u. s. w. gehalten
wurden. In der ganzen vorigen und bis fast an das
Ende der jezigen Periode, war unstreitig Lange unter
seinen ganz eigentlichen Collegen der gelehrteste, der ältere
Francke der nüzlichste und verdienstvolleste, und Ram=
bach der beliebteste und populairste Theologe. Langen
muß man nur in Absicht seiner Schriften, nach seinen Zei=
ten beurtheilen: wäre er nicht so äuserst hizig, mürrisch
und eigensinnig gewesen, so würde er sich vielen Ver=
druß erspart; und wäre er in den wolfischen Streitig=
keiten nicht zu weit gegangen, so würde er seiner wah=
ren Achtung ungleich besser gerathen haben, ohne sei=
nen Pflichten als eines rechtschaffnen Theologen entge=

gen

gen zu handeln. Francke war weit moderater, und
manches, daß ihm in den wolfischen Streitigkeiten von
mehrern aufgebürden worden, ist, da es genau untersucht worden, falsch: Frömmigkeit zu befördern,
und sein Waysenhauß, dies lag ihm stets am Herzen:
denn durch dieses suchte er geflißentlichst junge und er-
wachsene zu beßern, durch eben diese Anstalten beßere
Prediger zu ziehen, und es selbst zu einem besondern
Size der Gottseligkeit zu machen; und obgleich kein
menschliches Werk unter der Sonne ohne Unvollkom-
menheit ist; so hat doch Francke vieles von diesen seinen
guten Zwecken wircklich erreicht. Rambach, welcher
nach Franckens Tode 1727 zugleich mit des verstorbenen Sohne Gotthilf August ein Glied der theologischen Facultät wurde, da sie beyde noch nicht zwey Jahre
vorher auch zusammen außerordentliche Lehrer geworden waren, lehrte unter andern auch Hermenevtik,
— und unstreitig schon beßer, als die übrigen, da annoch
Baumgarten späterhin über dieses Buch gelesen hat, —
und da er ein vortreflicher Prediger war, auch Homiletik und die gesamten Pastoral-Theologie: er hatte
allgemeine Liebe und Achtung, aber eben deswegen wolte ihn auch sein Schwiegervater, der alte D. Lange nicht
gern länger zum Collegen haben. Da er nun 1731 einen
Ruf nach Gießen als Professor und erster Superintendent bekam, so beförderte sein Schwiegervater eher seine Entlaßung, als er sie nach den Umständen der Universität hätte zu verhindern suchen sollen: denn er war
so ganz der Mann, welcher künftige Prediger gut zu
bilden, vorzüglich Geschick und Neigung hatte. So einen Lehrer der Theologie müste man allen Universitäten
wün-

wünschen; denn die mehresten Theologie studierenden werden doch in der Folge Prediger, und dazu findet sich oftmahls auf einer Academie gar kein Lehrer, der dieses Bedürfniß so ganz zu befriedigen im Stande wäre; Rambach war es: und Halle und Gießen hatte in seinem Besitze einen sehr verdienten und nützlichen Professor, weshalb ihn auch Göttingen so gern bey Errichtung der Universität gehabt hätte; aber er lehnte den Ruf ab, und starb viel zu früh in Gießen 1735. Statt desselben wurde Jo. Libor. Zimmermann von Wernigerode anher gezogen, welcher eben die Grundsäze seiner ältern Collegen hatte, und so auch lehrete wie sie, er hatte deshalb bereits in Jena einen empfindlichen Verdruß gehabt, daß er sich daselbst der wolfischen Philosophie entgegen sezen wolte. Doch er starb gleich in dem dritten Jahre seines Hierseyns 1734 und nun änderte sich der ganze Ton in der Theologie auf der hiesigen Universität: denn nunmehr, indem der ältere Francke 1727, Anton 1720 und Breithaupt 1732 verstorben waren, bestand die theologische Facultät blos aus den zwey Michaelißen, die doch im Grunde weniger Theologen, und mehr Orientaler waren, Langen und dem jungen Francken. Dieser war schon Director des Wahsenhaußes und auch Prediger bey der hiesigen Marien-Kirche, seiner mehrern Geschäfte wegen, hatte er deshalb bereits 1728 Baumgarten, da er noch Inspector der lateinischen Schulen des Wahsenhaußes war, zu seinem Adjunct bey dem Predigtamte erhalten, und dieser war auch seit 1732 Adjunkt der theologischen Facultät, nunmehr wurde er so gleich auf Empfehl des Probst Roloffs in Berlin 1734 ordentlicher Professor, und

legte

legte sein Predigtamt nieder, um sich der Universität
gänzlich zu widmen. Von ihm muß man in Absicht
der Theologie eine neue Epoche in Halle rechnen:
im Anfange und in dem ersten Jahren dieses seines theologischen Lehramtes, zeigte er sehr viel Behutsamkeit,
um nirgends anzustoßen. Es waren damahls die Collegia ascetica in Halle sehr gewöhnlich, wenigstens wurde
von einem jeden eins gehalten, und Baumgarten hielte
dergleichen des Sontags eines, und in der Woche ein anderes, erst späterhin bey seinen immer mehr werdenden
Arbeiten stellete er sie ein; die Glaubenslehren trug er,
wenigstens der Ordnung und dem Nahmen nach über
Freylinghaußens Grundlegung vor, welches Buch
allen seinen Collegen gefällig war; dennoch könte er bey
aller seiner Sorgfalt, keinen Anstoß irgendwo zu geben, nicht verhüten, daß er nicht selbst in Berlin
angeschwärzt worden wäre; aber seine mehresten Verdienste fallen in die folgende Periode. Im Jahre 1738
starb auch der alte Joh. Heinrich Michaelis, daher
Lange der Director des Seminariums wurde, und bald
darauf kam auf Vorschlag des geheimen Raths Hofmanns der Prediger in Merseburg Benedict Gottlob
Claußwiz, als ordentlicher Lehrer der Theologie auf die
hiesige Universität, an welchem Baumgarten allerdings
auch einen mehr gelehrten Collegen hatte, da er sich
in Leipzig, unter Anführung sehr tüchtiger Lehrer gebildet hatte. Die bisher herschende Partey in der Theologie, hatte keinen Einfluß in die Beförderung der zwey
jüngsten Lehrer: da aber Callenberg durch seine Anstalt, die Juden und Muhamedaner zu bekehren, auch
durch seine hebräischen und arabischen Vorlesungen ei-

nem

Theile der damahligen Theologen, ein sehr nützlicher und verdienter Mann schien, und Joh. Georg Knapp als Mit-Director des Wahsenhaußes schon Adjunct der theologischen Facultät, und seit 1733 außerordentlicher Profeßor, und würcklich ein gelehrter, fleißiger und rechtschaffener Lehrer war; so wurden diese beyde 1738 ebenfals ordentliche Profeßores der Theologie. Unter ihnen allen war der alte Lange der einzige Doctor, und als er in eben diesem Jahre in eine schwere Kranckheit verfiel, wo er selbst sich seines Todes versahe; so ertheilte er auf diesem seinem Krankenbette allen seinen sechs Collegen, Francken, Michaelis, Baumgarten, Claußwitz, Callenberg und Knapp, die Doctor-Würde; doch wurde er wieder gesund, und lebte annoch einige Jahre.

Als außerordentliche Profeßores waren in diesem Zeitraume auf der Universität, von den Juristen, Conr. Fr. Reinhard von 1720-1728: er war ein gelehrter Mann, der gar vieles versprach, und auch in der Geschichte manches geleistet hatte, allein er war immer kränklich und starb 1728. Joh. Dan. Gruber von 1723-1724: dieser vertheidigte unter dem Canzler von Ludewig die berühmte Disputation: germania princeps postcarolingica, und wurde nachher Doctor der Rechte, der in der genauesten Freundschaft und Verwandschaft mit dem Geh. Rath Böhmer stand; die Universität sahe in ihm einen sehr fleißigen und berühmt werdenden Mann; aber er ging gleich das Jahr darauf 1724 als ordentlicher Lehrer nach Gießen und wurde endlich Geh. Justiz-Rath in Hannover, wo er auch gestorben ist.

Von

Von den Medicis wurde ſchon 1718 Heinrich Baß außerordentlicher Profeſſor, und dieſem ge
ſchickten Manne geſchahe gewiß zu viel, daß er ſein
ganzes Leben hindurch bis 1754 das bleiben mûſte,
was er 1718 wurde: oben iſt ſchon mehr von ihm
geſagt worden. Peter Gericke wurde auch 1724
außerordentlicher Profeſſor, und er blieb es bis 1730,
da er in Helmſtädt eine ordentliche Profeſſion erlangte.
Joh. Fr. Becker wurde nach Coſchwizens Tode außerordentlicher Profeſſor der Anatomie 1729, aber er
ſtarb 1730: dagegen dieſe ſeine Function Joh. Fr.
Caſſebohm erhielt, und auch in dieſem Amte bis 1739
blieb, da er weiter in Berlin befördert wurde, und
dann wurde ſo gleich Böhmer ordentlicher Lehrer der
Anatomie.

In der philoſophiſchen Facultät wurde Joh.
Ernſt Philippi 1731 außerordentlicher Lehrer der
deutſchen Beredſamkeit: allein der ganze Menſch war
ein ſeltſamer Kopf, der ſich überall lächerlich und
verächtlich machte, er verließ die Univerſität Halle
1735, und ging nach Göttingen, aber auch hier wolte
man ihn nicht länger dulden, er ging daher nach Leipzig,
und hier trieb er ebenfals die unſchicklichſten Streiche,
weshalb er auf eine Zeitlang auf das Zuchthauß nach
Waldheim geſezt wurde, und nach wieder erlangter
Freyheit hat er ſich bald hier, bald da herumgetrieben.
Martin Otto hatte in Jena ſtudirt, beſonders Philoſophie, Mathematik und Jurisprudenz, und bey
einer Durchreiſe durch Halle wurde er von einigen überredet, auf der Univerſität zu bleiben: er promovirte
alſo unter dem Geh. Rath Heineccius 1734, und wurde
das

das Jahr darauf 1735 außerordentlicher Professor, da er denn Philosophie und Mathematik zu lehren, auch mehrere Gesellschaften, als eine lateinische, eine französische und musicalische zu stiften anfing, allein er lebte nur eine kurze Zeit und starb 1738. Alex. Gottl. Baumgarten war blos etwa ein Jahr alhier außerordentlicher Professor, und wurde darauf in Frankfurth als eine besondere Zierde der dortigen Universität angesezt; aber seine Philosophie wurde durch Meiern und andere, auch in Halle nach seinem Abzuge erhalten und näher ausgebreitet. Just. Ifr. Beyer war es von 1738 bis 1762, wo er verstarb: er kündigte Uebungen in dem lateinischen und deutschen Stile u. f. w. an: er war vorher in Leipzig Doctor geworden, und in Halle war er schon eine geraume Zeit Privat-Docent gewesen, bis ihm endlich die extraordinaire Profession ertheilt wurde.

In dieser Periode wurden außer dem Herrn von Blaspiel nach dem Tode des Herrn von Prinzen 1725, zum Ober-Curator der Freyherr von Kniphaußen ernant; und nachdem dieser 1730 seiner gesamten Dienste entlaßen wurde, der Herr von Cocceji. Der König ernante darauf 1738 diesen zum Chef des gesamten Justiz-Wesens in den preusischen Staaten, daher nun wieder der Minister Christian von Brand das Curatorium erlangte. Alle diese Männer suchten zwar den Flor der Universität, so viel an ihnen war, zu erhalten, allein die Umstände waren damals so, daß nach dem Willen des Monarchen Friedrich Wilhelm I. mehreres geschehen muste, wobey die Universität und auch das Ober-Curatorium ganz anderer Meinung war, jedoch

hatte

hatte die Academie noch immer die gelehrtesten und berühmtesten Leute, und manche wurden ihr von ihnen
zugezogen, die bey allen Hindernißen das Wohl derseb-
ben glücklich erhielten.

Noch muß von einigen Veränderungen und Einrichtungen in diesem Zeitraume, welche auf die ganze
Universität Beziehung hatten, etwas gemeldet werden.

Gleich im Anfange hatte der Stifter die Einnahmen des Klosters Hillersleben bestimt, daß davon ein
Seminarium theologicum erhalten werden solte; es
war allerdings die jährlich zu erhebende Summe unge-
wiß, und es konte auch wohl seyn, daß der Ertrag
deßelben und der dazu gehörigen Pertinenzien durch den
eingeschlagenen Weg der Administration sich nicht so
hoch belief, als er bey eigener guten Wirthschaft hätte
werden können. Der König, der ohnedem die solidesten Grundsäze bey dieser Art von Oeconomie hatte,
nahm deshalb 1729 die Veränderung vor, daß die
Verbindung des Klosters mit der Universität ganz aufgehoben, jenes zu einem Domainen-Amte gemacht, und
der theologischen Facultät dagegen ein Capital von
30,000 Rthlr. baar ausgezahlt wurde, um dies an-
derwärts anzulegen, und von den davon fallenden Zinsen den Seminaristen eine Beyhülfe, wie bisher, zu
geben. Von diesen 30,000 Rthlr. wurden 4,000 Rthlr.
an die Reformirten gezahlt, um von den Zinsen derselben die dürftigen studirenden dieser Confession zu unterstüzen. Ueber 50 Jahre hat dieses Capital von
26,000 Rthlr. nebst noch 14,000 Rthlr., welche ein
anderes pium corpus zugeschoßen, auf den Ritter-
guthe Ummendorf und Beesen gestanden, da der Ge-

neral

netraf von Löben, welcher es von dem hallischen Stadt-
Magiftrate wiederkäuflich befaß, der Facultät feine
Rechte gegen Auszahlung diefes Capitals überließ;
vor einigen Jahren aber, da der Termin abgelaufen
war, hat es der Magiftrat als ein Stadtguth wieder
eingelöfet, und jenes Capital der Facultät ift anderweit ausgethan worden.

Bey Gelegenheit einer vorgewefenen Unruhe hatte
man in dem Jahre 1722 die erfte Idee, das ambula-
torifche Prorectorat in Halle ganz abzufchaffen, dar ee-
gen aber in der Perfon des Geh. Rath Thomafius
einen beftändigen Prorector zu ernennen. Diefer hatte
gleich in den erften Jahren der Univerfität, da die Reihe
ihn traf, diefes Amt verbethen, und er hat es überhaupt nur einmahl, in dem Jahre 1708-1709 verwaltet, nunmehr aber folte er es in feinem fiebenzigften
Jahre auf beftändig über fich nehmen. Er felbft fchüzte
gegen diefen Antrag an ihn fein Alter, und die Univerfität ftellete die mehrern Schwierigkeiten, und die vielen
natürlich vorherzufehenden Unbequemlichkeiten vor, wenn
diefes academifche Amt perpetuirlich werden folte. Heut
zu Tage hört man oftmahl ftark wieder ein wandelndes
Rector- oder Prorectorat reden, zumahl, wenn man
den Verfall der Difciplin auf den Univerfitäten fichtbar-
lich zu erkennen glaubt, welche wohl nach gewißen Um-
ftänden, in einer gewißen Zeit nicht die befte feyn kan —
dabey aber der wachfamfte und rechtfchaffenfte Prorector
oft außer aller Schuld ift — und nun glaubt man,
alle die Unbequemlichkeiten würden wegfallen, wenn
ein beftändiger Chef, der Nahme fey, wie er will, an-
gefezt würde. Es kan nicht geleugnet werden, und es

ift

ist damahls ganz freymüthig von der Universität Halle
gegen den Hof eingestanden worden, daß ein wandelns
des Prorectorat manche Fehler und Unbequemlichkeiten
mit sich führe; aber es komt nur darauf an, ob nicht
durch ein solches beständiges Universitäts-Regiment
auch Unschicklichkeiten, auch Unordnungen, und wohl
noch größere, ob schon von anderer Art entstehen würden: bey der ganzen Frage würde es also auf das mehrere und größere, oder wenigere und geringere ankommen, denn in beyden Fällen sind wahrscheinlich, ja ganz
gewiß, dergleichen Unbequemlichkeiten. Der beständige
Prorector, oder wie er heißen mag, ist entweder zugleich ein Lehrer und ein College von den übrigen Professoren, oder er wäre ein fremder, der zur Universität
nicht als Lehrer gehört, welchen man, wenn auch das
Prorectorat beybehalten werden solte, über alle sezte,
der Nahme möchte hier seyn, wie er wolle. In beyden Fällen würde derselbe leicht über die übrigen ein
Dominat erlangen, und das taugt auf Universitäten
schlechterdings nicht, zumahl, wenn er zugleich Lehrer
wäre: würde er höheren Orts unterstüzt; so würden
die Lehrer durchgehends muthlos gemacht werden, in
allem Betrachte aber würde ihm, wenn man die Menschen und auch die academischen Lehrer annimt, wie sie
sind, sein Leben von Lehrenden und Lernenden sehr ver-
bittert und seine Wirksamkeit bald abgestumpft werden,
und endlich würde die Universität in der That zu einem
Gymnasio herunter sinken, wo die Lehrer von einem,
wie die Schulcollegen von ihrem Rector behandelt werden solten. Hierzu komt noch, daß wenn dieses Amt
ein Lehrer haben solte, dieser, wenn er das seinige red-

lich

lich thun solte, für die Universität als lehrer, wo nicht ganz, doch gröstentheils verlohren gehen würde, und solte er ein — frember seyn, kein lehrer, er ansehnlich erhalten werden müste, wozu nicht eben Geld vorräthig zu seyn pflegt: wenn aber alle diese Schwierigkeiten gehoben werden könten, und man einen beständigen Prorector hätte, welcher nach einer mürrischen und despotischen Gemüthsart die studirenden im mindesten nicht als Vater, sondern als strenger Richter behandelte, würde die Universität wohl nicht schlechter als ein Gymnasium werden? und welche fremde würden wohl die ihrigen unter eine solche Zucht zu geben sich entschließen können? Wirklich ist damahls dies Problem von allen Seiten erwogen worden, selbst von leuten, die dabey gar nicht interessirt waren, und nachdem in Berlin alles dafür und dawider gleichsam abgewogen war, erfolgte 1722 ein anderweitiges Rescript, worin ausdrücklich gesagt wird: weil Wir aber nachher die Uns von Euch insgesamt, als auch von Euch Unserm Geheimen Rathe Thomasio absonderlich zugekommene Vorstellungen — erwogen, und solche bey Uns so viel mehr gültig seyn laßen, da, wie Wir mit erwähnt, bey der ganzen Sache nichts, als den blühenden Zustand der Universität intendiren; So haben Wir auf Eure pflichtmäßige und gründliche Repräsentationes und Versicherungen nunmehr in Gnaden gewilliget, daß es bey dem wechselnden Prorectorat, wie bisher, so auch ferner und in der hergebrachten Ordnung sein Verbleiben haben solte u. s. w. Und so blieb es auch bis auf das Jahr 1735, da nach einer königl.

Ver-

Verordnung das Prorectorat bloß halbjährig seyn solte:
dies dauerte aber nur sechs Jahre bis 1741., und es
giebt Gründe für, aber auch Gründe wider die halbjährige Dauer dieses academischen Amts. Wird es als
eine Last angesehen — und in manchem Betrachte ist
es diese wirklich — so ist freylich dem, der sie trägt,
die halbjährige erträglicher, als die noch einmahl so
lange dauert; wird aber dabey auf das Ganze gesehen,
so hat der halbjährige Wechsel manche Unbequemlichkeiten. Es gehen immer auf einer frequenten Universität
ein oder einige Monate hin, ehe der vorsitzende die auf ihr
lebenden jungen academischen Bürger etwas genauer kennen lernt, und wenn er kaum zu dieser Bekantschaft des
ganzen jezigen Zustandes gekommen ist, so geht er von
seinem Amte ab, und der neue muß wieder von forne
anfangen. Ueberdem läßt sich von einem wachsamen
und redlichen Prorector in einem Jahre eher etwas Gutes durchsezen, als wenn sein Amt nur einige Monate
dauerte, so wie aber auch im entgegengesezten Falle in
einem ganzen Jahre manches verdorben werden kan;
daher es immer sehr zweckmäsig ist, wenn annoch ein
oder der andere, oder eine Deputation von Professoren
dem Prorector an der Seite ist., wodurch, wenn diese
herzhaft genug sind, er, wenn er auch wolte, gehin-
dert werden kan; etwas dem Ganzen nachtheiliges zu
thun oder zu unterlaßen. Als Wolf 1740 wieder nach
Halle kam, und ihn gerade die Reihe nach der Ordnung
seines ehemahligen Professorats traf, 1741 Prorector
zu werden, so wurde das einjährige Prorectorat mit
ihm wieder eingeführt, und es ist eine Anomalie, wenn
einige mahl daßelbe bey einer Person wieder erneuert

und

und von ihr zwey Jahre hinter einander verwaltet worden ist, welches doch auch die beabsichteten guten Folgen
nicht gehabt zu haben scheint. Auf der Universität Halle
ist übrigens ein Professor nur Prorector, nicht Rector,
sondern das Rectorat hat der Stifter der Academie, nach
den Statuten sich selbst, oder andern fürstlichen Personen, unter dem Titel eines Rectoris magnificen-
tissimi vorbehalten, daher diese Würde vom Anfange der
Universität bis 1705 der Chur- und Cron-Prinz, nachherige König Friedrich Wilhelm, von 1705 bis 1712
der Markgraf Philipp Wilhelm, von 1712 bis 1715
der Markgraf Friedrich Wilhelm, und von 1715
bis 1718 der Markgraf Carl gehabt hat; seit der
Zeit ist niemand weiter dazu denominirt worden, folglich ist des Königs Majestät es immer selbst gewesen.
Die Folge der Prorectoren auf der Universität Halle
ist ohne alle Rücksicht auf Facultäten so, daß der von
einem Prorector eingeführte, wenn die Reihe diesen ein-
führenden wieder trift, unmittelbar auf ihn folgt, oder
wenn dieser nicht mehr wäre, oder dies Amt verbitten
solte, der von ihm eingeführte statt seiner es wird.

In diesem Zeitraume wurden die Titel der königlichen, sonderlich der Hofräthe sehr häufig, und eine
Folge davon war, daß die academischen Würden, absonderlich in der juristischen und philosophischen Facultät fielen, auch nach gerade bey Predigern und Schulmännern in ansehnlichen Aemtern, darauf nicht weiter
gesehen wurde. Unter Stryk, Thomasius, Ludewig,
Böhmer, Cellarius, Michaelis u. s. w. ist die Zahl
der Inaugural-Disputationen überaus zahlreich, und
ob gleich unter den Promotis viele Fremde waren,

J                                                          so

so promovirten doch damahls auch viele Landeskinder.
Jezt ist — bey der medicinischen Facultät ist der Fall
anders, da die Promotion bey allen Titeln doch erfordert wird — eine Inaugural-Disputation eine Seltenheit, da fast niemand, als wer auf Universitäten
bleiben will, die academischen Würden braucht, und
ob sie gleich oftmahls keine sichern Beweise der Geschicklichkeit waren; so waren sie doch bey vielen ein starker
Sporn zum Fleiße und zum Bestreben, wenigstens in
manchen Wißenschaften etwas zu leisten, und nicht so
geschwinde, wie jezo von den Universitäten zu eilen.
Misbräuche können überall seyn, und diese giebt es
noch, und hat es besonders ehemals viele gegeben, da
die academischen Würden häufiger waren; aber der
Misbrauch muß den guten Gebrauch nicht aufheben:
absonderlich solten die Lehrer aller Facultäten äußerst
streng seyn, wenn academische Würden gesucht werden,
um in der Folge academische Lehrer zu werden, und dies
ist allerdings möglich, wenn man nur will.

Weil nun in dieser Periode die Zahl der Lehrer auf
der Universität so groß, und also auch des Sollicitirens
um Gehalt oder um Vermehrung deßelben kein Ende
wurde, der König aber keine neuen Fonds dazu anzu-
weisen geneigt war, so fiel man wieder, wie gleich bey
dem Anfange der Universität darauf, einige Präbenden
in den Stiftern zu Erhaltung der Professoren zu bestimmen. Schon im Jahr 1710 wurde von Friedrich I.
die Frage der hiesigen Juristen-Facultät vorgelegt: „ob
nämlich ein Fürst, unbeschadet der Reichs-Geseze, einen
Theil der Stifts-Präbenden zum academischen Gebrauche bestimmen könne?“ Stryk war damahls der

Mey

Meynung, daß dieses jenen Gesezen ganz und gar nicht
entgegen, ein Fürst also dazu wohl berechtiget sey, über=
gab aber die nähere Beantwortung der Frage ludewi=
gen. Dieser nun als Referent fürchtete, daß die un=
eingeschränkte Bejahung viele Streitigkeiten verursa=
chen möchte, daher er sie näher einschränkte, und diese
Veränderung blos in Absicht der scholastischen Präbende
behauptete. Es ist dieses Gutachten unter dem Monat
November 1710 den consiliis halensibus mit ein=
verleibet *), und von dem Geh. Rath und Canzler
Böhmer mit in sein System des protestantischen Kir=
chen=Rechts aufgenommen worden. Dieses Gutachten
hatte damahls für die Friedrichs=Universität keine Wir=
kung, sondern die Sache mit den Präbenden blieb, wie
sie war. Im Jahre 1724 kam nun bey der vermehrten
Zahl der Professoren dies wieder an die Juristen=Fa=
cultät zum Rechtspruche, doch ging die Frage blos auf
die specielle Präbende des Scholasters. Der Canzler von
ludewig war wieder Referent, und er unterstüzte sein
ehemahls schon ertheiltes Gutachten mit noch mehrern
Gründen, gab auch eine besondere Schrift heraus **).
So bündig auch damahls in dieser Sache geschrieben
wurde; so ist es doch bey dem alten geblieben. Freylich
ist das Amt des Scholasticus in den Stiftern in Ge=
mäßheit

*) Vergl. v. Ludewig consilia halensia. Tom. I. lib. 2.
num. 48. fol. 174.

**) Unter dem Titel: Richtiger und christlicher Unterricht
von der Präbende scholastici oder so genanten Scholaste=
rey in catholischen so wohl als evangelischen Stiftern
1724. auch in der Vorrede zum 7ten Theil seiner Re=
liquien.

mäßheit der erſten Stiftung, daß er Unterricht geben ſolle; und bey den mehreſten Stiftern ſind auch die ehemahligen Stiftsſchulen geweſen, ja es ſind viele päbſtliche, und Verordnungen von Concilien vorhanden, daß genau auf die Befolgung dieſer Pflicht des Scholaſters gehalten werden ſolle, nun aber iſt dieſe Pflicht an die Lehrer der Univerſitäten gekommen, und die Präbende bey den Stiftern geblieben, da doch das beneficium gegeben wird propter officium. Doch dies alles hat bey dem ſtarken und mächtigen Widerſpruche, zum Nuzen der Univerſität nicht durchgeſezt werden können.

Gegen das Ende dieſer Periode fiel annoch eine ſehr ſeltene und wirklich anmerkungswürdige Feyerlichkeit auf der Univerſität, und inſonderheit in der philoſophiſchen Facultät vor; es iſt die Promotion des ſehr jungen Gelehrten Joh. Phil. Baratier. Es war derſelbe in Schwobach 1721 gebohren, und ſein Vater Franz Baratier, der daſelbſt franzöſiſcher Prediger war, erzog ſeinen Sohn ſelbſt ſo glücklich, daß er ſehr bald, gleichſam ein Wunder ſeiner Zeit wurde. Bereits in ſeinem 4ten Jahre ſprach er wirklich drey Sprachen, deutſch, franzöſiſch und lateiniſch, nicht etwa blos einige Worte und auswendig gelernte Formeln, welches gar nichts beſonders wäre, ſondern völlig zuſammenhangend, ohne zu wißen, was Grammatik und was lerilen ſey, vielmehr ſo, wie ſich eine Gelegenheit darboth, unterredete ſich mit ihm der Vater in lateiniſcher, die Mutter bey andern Vorfallenheiten in franzöſiſcher, und die Domeſtiquen redeten mit ihm in der deutſchen Sprache. Er war noch nicht viel Jahr alt, ſo zeigte

ihm

ihm sein Vater das griechische neue Testament, und das noch nicht vierjährige Kind bath den Vater, ihm die Buchstaben dieser Sprache zu erklären, darauf er wieder gleichsam spielend auch im griechischen so weit kam, daß er in einem Zeitraume von etwas über ein Jahr alle historische Bücher zu lesen und zu übersezen im Stande war. Kaum war er fünf Jahre, so lernte er nach eben dieser Methode auch hebräisch, und nach drey Jahren, mithin in seinem achten Jahre, konte er alle biblischen Bücher fertig übersezen, ja fast jeden Psalm ohne Anstoß hersagen. Die hebräische Sprache gefiel ihm so sehr, daß er die rabbinischen und talmudischen Schriften mit der grösten Aemsigkeit zu lesen anfing. In dieser Zeit, zwischen seinem achten und neunten Jahre, kam unser nachheriger Prof. Schulze, da er damahls noch in Altorf stand, mit einem andern altorfischen Gelehrten nach Schwobach, und sie besuchten diesen jungen Gelehrten und seinen Vater; der noch nicht neunjährige Knabe saß zwischen vielen und großen Büchern, und laß damahls insonderheit die hebräisch-chaldäische Bibel, welche die amsterdammer Juden mit vielen rabbinischen Anmerkungen herausgegeben hatten, er hatte sich daraus mehreres excerpirt, und sie unterredeten sich mit ihm bis zu ihrem Erstaunen über mehrere gelehrte Materien in diesem Fache *): Unmittelbar darauf erlernte er auch mit der ihm gewöhnlichen leichtigkeit die andern orientalischen, syrische und arabische Sprachen. So gelehrt nun dieser junge Mensch

das

---

*) In der Bibliotheque germanique, Tom. XXVI. ist ein Schreiben des jungen Baratier über diese Bibel vom Jahre 1731, er war also damahls zehn Jahre alt.

damahls war, ſo ſchrieb er doch die Charaktere und
Buchſtaben nicht mit einer Art von Feinheit, die doch
im Schreiben ſo ſehr gefält; um alſo auch dieſe Geſchicklichkeit im Schreiben zu erhalten, bediente ſich ſein Vater
einer Art von Liſt, die ihre erwünſchte Wirkung that, er
machte ihm nämlich Hofnung, daß eine oder die andere
ſeiner gelehrten Arbeiten gedruckt werden könte, wenn er
ſich nur die Mühe nehmen wolte, die Charaktere beßer zu
zeichnen, denn anders könte es nicht in der Druckerey
geſezt werden. Dies reizte den jungen Gelehrten, und in
einem Monathe überſezte er in calligraphiſchen Buchſtaben die Reiſebeſchreibung des Rabbi Benjamin, eines
Sohnes Jonas, mit gelehrten Anmerkungen *). 
Nach der Leſung der jüdiſchen Schriftſteller fing er an,
die chriſtlichen zu leſen, abſonderlich die griechiſchen
Kirchen-Väter, und ſchrieb bald ſeinen bekanten Anti-
artemonius **), im funfzehnten Jahre ſeines Al-
ters. Kirchen-Geſchichte und chriſtliche Alterthümer
wurden in und um dieſe Zeit eine ſeiner vornehmſten
Beſchäftigungen; aber, da er hier auf Schwierigkeiten
in der Zeitrechnung ſtieß, welche zu überwinden, aſtro-
nomiſche und mathematiſche Kentniße nothwendig erfordert wurden, ſo fing er an, ſich mit beſonderm Fleiße
auf die mathematiſchen Wißenſchaften zu appliciren, ja
dieſe wurden ihm bald ſeine Lieblings-Wißenſchaften
und er leiſtete in kurzer Zeit darin ſo viel, daß er ſogar
manche

*) Voyages de Rabbi Benjamin fils de Jone de Tudele
in zwey Theilen zu Amſterdamm 1734.

**) Anti — artemonius ſ. Initium euangelii S. Joannis
apoſtoli ex antiquitate eccleſiaſtica aduerſus — Artemo-
nii criticam vindicatum. Norimbergae 1735.

manche seiner Erfindungen Academien der Wißenschaften zur Prüfung vorlegte. Hierher gehören seine Gedanken und Berechnungen über die Longitudinem, welche er
an die Academie der Wißenschaften in London und in
Berlin einschickte: von jener erhielt er ein verbindliches
Danksagungsschreiben, und von dieser wurde er bey
seiner baldigen persönlichen Gegenwart in Berlin zum
Mitgliede aufgenommen. Denn im Jahre 1735 erhielt sein Vater einen Ruf als französischer Prediger
nach Stettin, er nahm diesen an, und wolte über
Leipzig, Halle und Berlin den Weg dahin nehmen.
Alhier in Halle besuchte er mit seinem Sohne, so gleich
seinen Freund und Correspondenten, den Prof. Schulzen, und dieser führte seine Fremden zum Canzler von
Ludewig. Man wuste es, daß dieser junge Mensch
eine Gelehrsamkeit weit über seine Jahre habe, der Canzler unterhielt sich nun mit ihm persönlich einige Stunden, und erstaunte über das Wißen dieses noch nicht
vierzehnjährigen Baratier, er entschloß sich so gleich,
diesen Wunder-Jüngling, so viel an ihm sey, bey der
Universität auf eine feyerliche Weise zu produciren.
Gleich denselben Abend trug er als Senior der philosophischen Facultät, ihr vor, diesen gelehrten Jüngling förmlich zu examiniren, und ihn so dann feyerlich
in Magistrum zu renuntiiren. Des Tages darauf
wurde er des Vormittags immatriculirt, und Nachmittags von den Gliedern der Facultät statutenmäßig
examinirt, wobey ein jeder die Gelehrsamkeit und Fer-
tigkeiten in Antworten deßelben mehr als bewundern
muste, es wurde also algemein beschloßen, daß den folgenden Tag er öffentlich disputiren und darauf solenn
                                                     pro-

promovirt werden solle. Er warf so gleich nach seiner
Jahre Zahl 14 Theses philosophischen, historischen
und astronomischen Inhalts auf's Papier, sie wurden
des Nachts abgedruckt, und von dem Candidaten
ohne allem Beystand in Gegenwart aller Professoren
und Gelehrten der Stadt, auch der Studirenden mit
einer Bescheidenheit und Fertigkeit vertheidiget, die
einen jeden zur innigsten Bewunderung hinriß. Der
damahlige Decan, Prof. Lange renunciirte ihn öffentlich, und der junge Magister hielt darauf seine Danksagungs-Rede mit solchem Beyfalle, daß alle gegen-
wärtige über das gehörete, und gesehene erstaunten. Als
die Baratiersche Familie gleich darauf abreisete, wurden
dem jungen Baratier von Halle aus Recommendations-
Schreiben an den Geh. Rath Hofmann, der sich damahls in Berlin als Leibmedicus bey dem Könige aufhielt, mitgegeben. Hofmann erzählte den ganzen ihm
gemeldeten Vorfall, dem Könige: Dieser ließ ihn nebst
seinem Vater vor sich kommen, besprach sich mit ihm,
und ließ in seiner Gegenwart andere Gelehrte sich mit
ihm unterreden. Natürlich wurde die Geschicklichkeit
dieses Jünglings von jedem bewundert, der König gab
Befehl, ihm alles Sehenswürdige zu zeigen, gab ihm
eine jährliche Pension, und den Rath, sich noch auf die
Rechts-Wißenschaft, seiner künftigen beßern Versor-
gung wegen, zu appliciren, die Königin ließ ihn abmahlen und sein Bild in ihr Cabinet aufhängen; der König
aber stellete so gleich Ordre, daß sein Vater mit seiner
ganzen Familie wieder zurück nach Halle reißen und
daselbst Prediger werden, ein hallischer Prediger bey
der französischen Colonie aber, Jean Rouviere, statt
seiner

 feiner nach Stettin abgehen folte. Nach einigen Wochen kam alfo die ganze Familie wieder nach Halle, und M. Baratier nahm einige Vorlefungen bey Ludewig, Böhmer, Heineccius und Gaßer an, doch blieben immer feine lieblings-Wißenfchaften Mathematik, Natur-Hiftorie und Antiquitäten, auch Numismatik, da er 1739 eine Abhandlung über eine alte Münze den hiefigen wöchentlichen Anzeigen einverleibte. Noch über-fezte er des Canzler von Ludewig Vertheidigung der ficilianifchen Monarchie aus dem deutfchen in das franzöfifche, und 1740 gab er zu Utrecht eine chronologifche Schrift über die Succeßion der Päbfte heraus; aber feine Schwächlichkeit von Kindheit an, wurde immer größer, und artete enblich in eine langfame Schwindfucht aus, woran er im October 1740 verftarb. Die Univerfität fuchte diefen jungen Gelehrten noch im Tode zu ehren: alle Lehrer folgten feiner Leiche in Wagens, und die Studirenden begleiteten ihn ebenfals auf den Gottesacker, der Canzler von Ludewig ließ ihn in fein Erbbegrähniß benfezen, und in einer von ihm auf den Verftorbenen gemachten Trauerfchrift fagt er: oſſa ejus fufcepi egomet in conditorio genti-litio meo, concamerato, fpeciofo ac fpatiofo. Vt quem viuus amaui, ei mortuus fiam confors forfan paulo poft, feptuagenario maior etiam nunc turbato fic mortalitatis ordine.

Bey dem Schluße diefer Periode war die Zahl der Lehrer ausnehmend groß: ohne einmahl die Privat-Docenten, die damahls noch nicht in

den

nen oder ben andern, der Meynung des großen Königs nach, sich besonders auszeichnenden hervorzog, ihn
vorzüglich belohnte, und mit Ansehn und Ehre über-
häufte. Eben so gieng es auch auf der Universität
Halle. Gleich in den ersten Tagen seiner Regierung
trug er dem Probst Reinbeck auf, die schon in der vorigen Regierung angefangenen, und alsdann unterbro-
chenen Unterhandlungen mit dem Regierungsrath
Wolf in Marburg, wieder vorzunehmen, um ihn
zurück in seine Staaten zu erlangen; dabey anfänglich
die Gedanken des Königes mit ihm dahin gingen, daß
er an die Academie in Berlin gezogen werden solte, wohin aber Wolf so viel Lust nicht bezeigte, als vielmehr nach Halle, zu einem Posten bey der Universität.
Ueberdem bekam Reinbeck von dem Könige den Auftrag,
sich nach Halle zu verfügen, und daselbst den Zustand
der Academie, persönlich zu untersuchen. Bey diesem
ihm geschehenen Antrage, wolte er aber nicht gern allein
handeln, er bath also, daß ihm der Geh. Rath Mylius
als Concommissarius beygefügt werden mögte; unter
deßen meldete Reinbeck dieses vorläufig der Universität,
welche deshalb dasjenige schriftlich auffetzte, was sie
nach dem damahligen Umständen als nachtheilig erachtete, und deßen Abänderungen und Verbeßerungen
wünschte. In der schriftlichen Eingabe wurden die
ersten Einrichtungen, wozu der alte Stryk so patrio-
tisch gerathen hatte, als überaus vortheilhaft, die
Abweichungen von ihnen aber, als ihr sehr nachtheilig,
der Wahrheit völlig gemäß geschildert. Hierher wurde
insonderheit gerechnet:

1) es

1 ) es ſey eine der erſten und vorzüglich nüzlichen Einrichtungen, bey der Univerſität, daß die von den
Lehrern verſprochenen Vorleſungen alle halbe Jahre,
ohne viele Ferien zu geben, geendiget würden, und
gerade dieſes ſey es, was bisher unter allen wibrigen
Umſtänden, die Studierenden noch auf der Akade-
mie erhalten habe.

2 ) Vorzüglich hätten die allererſten Curatores, und
die erſten Lehrer, Stryk und Thomaſius, als eine
weiſe Maxime angenommen und gerathen, durchaus nicht zu viele Profeſſores anzuſezen, die ange-
ſezten aber mit einem guten Gehalte zu verſehen;
denn es komme bey dem Flore einer Univerſität, ſchlech-
terbings nicht auf die Menge der Lehrenden, als
vielmehr auf ihre Güte, und auf ihren Fleiß an.
Daß man bisher von dieſem Grundſaze abgegan-
gen, habe gewiß keinen Vortheil, vielmehr offenbar
großen Nachtheil verurſacht, und dies könne nach
der Natur der Sache nicht anders ſeyn; da unter
dürftigen Umſtänden, theils die Lehrer ſchwerlich in
ihren Wißen ſonderlich fortrücken könten, theils bey
dem Studirenden auf mancherley Art, ihre ihnen
ſo nöthige Achtung vermindert werden müße.

3 ) Die mehrmaligen feinen, oder offenbaren Werbungen zum Soldatenſtande, wären dem Rufe der Univerſität in dem äußerſten Grade nachtheilig geweſen,
und dies ſey eines der vorzüglichſten Stücke, auf
deren Abſtellung ſie ſehr vieles, und faſt das mehr-
ſte rechnen müße.

Ob nun gleich durch die eintretenden Kriegsumstände, die Commission nicht zu Stande kam; so hat doch Reinbeck von dieser Eingabe, und darin herzhaft vorgestellten Beschwerden, einen guten Gebrauch gemacht: die Zahl der Lehrer wurde allmählich wieder auf die mäßige herunter gebracht, die der Academie angemeßen war, und in Absicht der Werbungen, die in der That nur bey den damahligen Enrolirten, ganz und gar nicht bey Auswärtigen und Fremden geschehen waren, wurde das alles, was der Universität irgend eine üble Nachrede verursachen konte, abgestellt; aber wirklich dienstpflichtige junge Leute, können sich doch ihrer Pflicht nicht entziehen, wenn sie theils enrolirt, theils von der gehörigen Größe, theils nicht von besondern Fähigkeiten sind, da im lezten Falle die Befreiung von dem Soldatendienste niemahls schwer gemacht, sondern nach ertheilten guten Zeugnißen von der Universität, sehr willig ertheilt worden ist. Und in Absicht der Ausländer, ist nie etwas zu fürchten, und zu fürchten gewesen.

Das erste, was also geschah, war die Zurückberufung Wolfs als Pro- oder Vicecanzler und geheimer Rath: er kam am Ende 1740 wieder zurück, und ob er gleich älterer ordentlicher Professor gewesen war, als Böhmer, da er es 1706, und Böhmer 1711 wurde, welcher nunmehr der Universität Director war; so verlangte er doch den Rang über dem Director Böhmer nicht, sondern nach der eigenen Aeußerung des neuen Procanzlers, wurde dieser in Absicht deßelben und des alten verdienstvollen Seniors, der noch von der Zeit der Inauguration der einzige übrig gebliebene war, des Geh. Rath Hofmanns, so bestimt, daß der Prorector,

der

der Canzler Ludewig, der Director Böhmer, der Procanzler Wolf, und der Senior Hofmann, für allen
übrigen bey der Univerſität, den Vorgang haben, und
zu allen Decanal-Concilien, mit gezogen werden ſolten.
In Abſicht auf die Vorleſungen, blieb Wolf bey der
Philoſophie, und Mathematik, beſonders bey dem
Natur- und Völker-Rechte, welches er oft über den
Grotius vortrug, und nunmehr auch ſelbſt zu bearbeiten, und in mehrern Bänden herauszugeben
anfing.

In dem erſten Jahrzehnten dieſes Zeitabſchnittes,
verlohr die Univerſität in allen Facultäten, ſehr wichtige
und berühmte Männer. Gleich 1741 wurde der Geh.
Rath Heineccius als Vicecanzler nach Marburg berufen, und er fand ſeinen Umſtänden gemäß, dieſen Ruf
anzunehmen, er ſuchte deshalb durch den Probſt Reinbeck, welcher nach dem vorhergeſagten, damahls mit der
Univerſität in genauer Verbindung ſtand, ſeine Entlaſ-
ſung mit geziemender Entſchloßenheit zu erhalten: allein
während dieſen Unterhandlungen ſtarb er im Auguſt dieſes Jahrs, und in ihm verlohr die Univerſität, einen ſehr
beliebten Lehrer, einen eleganten Juriſten, und überhaupt einen Humaniſten von einem ſo ausgebreiteten
Ruhme, als jemahls ein Gelehrter dieſer Ordnung haben
kan. Seine Stelle ſolte wieder, und wurde auch zum
Theil, aber nur auf eine kurze Zeit durch Joh. Jac.
Schmauß aus Göttingen beſetzt. Es wurde dieſer
1743 mit vortheilhafteen Conditionen, als ordentlicher
Lehrer des öffentlichen Rechts, und als königl. Geh.
Rath, anher berufen; er nahm auch den Ruf wirklich
an, kam auf hieſige Univerſität, kündigte ſeine künftig

L III

zu haltende Vorlesungen durch ein Programm, aber
nicht in dem Lections-Verzeichniße an, laß auch einige derselben 1743 und 1744, und zog den ihm ver-
sprochenen Gehalt einige Quartale; doch konte er bey
allen Erinnerungen der Universität, nicht so weit gebracht werden, daß er sich hätte wirklich verpflichten
und einführen laßen. Nachdem nun fast ein ganzes
Jahr verstrichen war, und nach dem königl. Befehle
mit allem Ernst auf die Introduction gedrungen wurde;
so reisete er von hier, dem Vorgeben nach, nach Leipzig,
um daselbst einige seiner Angelegenheiten in Ordnung zu
bringen, welche seine persönliche Gegenwart erforderten:
allein er kam nicht wieder, sondern ging nach Göttingen zurück, woselbst er wieder in sein voriges Amt ein-
trat, und bis an seinen Tod 1757 verblieben ist.

Der Canzler von Ludewig, der nun noch zuletzt
1742 magdeburgischer Regierungs-Canzler wurde,
diente von dem Jahre 1740 an, wiederum seinen Landes-Herrn in öffentlichen Geschäften, da er die alten
Rechte des Königes auf einige schlesische Fürstenthümer,
näher aus einander sezen, und sie vertheidigen muste,
welche nunmehr geltend gemacht werden solten: seine Arbeit fand bey Hofe allen Beyfall, und der Canzler erlebte auch noch durch den breslauischen Frieden, die völlige Erreichung der Absichten des Königs,
und starb darauf 1743. Ludewig war einer der gelehrtesten und arbeitsamsten Professoren, die jemahls
die Universität Halle gehabt hat; und er hat als magdeburgischer Archivarius, und nachdem er noch viele andere Archive in Deutschland durchsehen muste, vieles
ehedem ganz unbekannt gewesenes entdeckt, und dadurch

durch, wie er ſelbſt zu ſagen pflegte, ein ganz neues
Licht in der Reichs-Geſchichte und in dem deutſchen öffentlichen, und Privat-Rechte aufgeſteckt. Immer be-
ſtrebt, ſeines Herrn Rechte und Ehre zu vertheidigen,
und ſich beßen Gunſt zu erhalten, war ihm auch deſe,
und das Bewußtſeyn ſeiner Arbeiten und ihrer Wirkungen, der Troſt und die Stärkung in ſeinem Alter; er
ſagte daher auch in der Anzeige ſeiner lezten academiſchen
Vorleſungen: recreauerunt ſeneĉtutem & vale-
tudinem meam nuperrimi *codicilli auguſtales* con-
cepti indulgentiſſime cum votiua formula; *in
plures annos.* Non vixiſſe diu, ſed diu profuiſ-
ſe vel rei publicae vel ſcholae vel utrique re-
fert. In neutro mihi dies ſine linea. Bey ſeinem äuſerſten Fleiße, hielt er auch über alles, auf die
beſten Hülfsmittel, etwas zu leiſten, und da er einer
der begütertſten Männer alhier war; ſo wendete er
ſehr vieles auf ſeine Bibliothek, und dieſe iſt auch wohl
die zahlreichſte unter den Privat-Bibliotheken in Halle
geweſen; ſie beſtand aus 14,000 Büchern, und 800
Manuſcripten, und ſie hatte ſo viele Fächer, als ſeine
Wißenſchaft mannigfaltig war; da er ſich in allen Diſciplinen, außer der Mathematik und Medicin, wenn ſie
auch nur in einer entfernten Beziehung mit der Geſchichte und Rechtswißenſchaft ſtanden, nicht wenig umgeſe-
hen hatte.

Nach ihm ſtarben auch hintereinander Zſchack-
wiz 1744, Gaßer 1745, Schmeizel 1747,
Schlitte 1748, und endlich der Geh. Rath und
Canzler Bohmer 1749. Dieſer war bey Lud wigs
K
Zeiten,

Zeiten, schon seit 1731 Director der Universität, und
Vice-Ordinarius der Juristen-Facultät, um ludewi-
gen, der immer mehrere anderweitige Arbeiten hatte,
zu unterstüzen.   Da Wolf Procanzler bey seiner Rückkunft 1740, und nach ludewigs Tode, wirklich Canzler der Universität wurde; so verbath sich doch Wolf
als Procanzler, den Rang über den verdienstvollen Director und Geh. Rath Böhmer; und nun, da ludewig
das Universitäts- und das magdeburgische Regierungs-
Canzler-Amt zusammen gehabt hatte; so wurde beydes
getrennt, das lezte Böhmern, und das erste Wolfen
gegeben.   Böhmer war einer der ersten lehrer auf der
Universität, war schon wirklich bey der Inauguration
gegenwärtig, und bald darauf fing er zu lehren an.
Er hatte sich besonders nach dem alten Stryk gebildet,
daher auch in seinen Schriften die Deutlichkeit und die
Ordnung herrscht, die man in den strykischen findet.
Er hatte sich zwar auf alle Theile der Jurisprudenz mit
dem rühmlichsten Fleiße gelegt; doch hat er insonderheit durch Bearbeitung des canonischen und Kirchen-
Rechts der Protestanten, sich seine Crone erworben,
und seine mehrern Schriften in diesem Fache, werden
nie verkannt werden, so lange diese Theile der Rechts-
wißenschaft werden getrieben werden.   Viel Lektüre,
viel historische und antiquarische Kentniß, würde nothwendig erfordert, wenn das in dem canonischen und
Kirchen-Rechte geleistet werden solte, was Böhmer
geleistet hat, und er ließ es auch in allen jenen Arten
von Kentnißen, nicht an Fleiße und Arbeitsamkeit fehlen, um seinem System die Vollkommenheit zu geben,
mit welcher er es wirklich zu Stande gebracht hat.

Halle

Halle und die Univerſität, wo er bald ſein Glück machte, war ihm auch ſo werth, wie ſeinem Lehrer Stryk,
daß ihm nichts bewegen konte, ſie wieder zu verlaßen;
ob ihn gleich Helmſtädt, Tübingen, Kiel und Baſel
gern als den ihrigen gehabt hätten, und ſelbſt Kayſer
Carl 6 ihm 1726‚1727 die anſehnliche Stelle eines
Reichs Hof-Raths antragen ließ. Es verlohr die
Univerſität 1749 den Vater durch ſeinen Tod, und
gleich darauf, noch in eben demſelben Jahre, auch den
Sohn und bisherigen Collegen ſeines Vaters, den Hof-
rath Jo. Samuel Böhmer, welcher als Director
der Univerſität Frankfurth mit dem Prädicate eines Geh.
Raths ſeine Vaterſtadt, worin er zu einem verdienſtvol-
len Lehrer gebildet worden war, verlaßen muſte. Wie
der Vater in der geiſtlichen, ſo hat dieſer, der Sohn
ſich beſonders in der peinlichen Rechtsgelehrſamkeit
ſo berühmt gemacht, daß er und ſein Syſtem hierin,
noch lange den erſten Rang behalten wird.

Annoch bey Ludewigs und Böhmers Lebzeiten, wie
ſchon vorher etwas davon berührt worden iſt, fingen
einige durch die wolfiſche Philoſophie eingenommenen,
auch an, die Demonſtration und mathematiſche Methode, in der Rechtswißenſchaft einzuführen. Ick-
ſtatt und Cramer als genuine Schüler von Wolfen,
machten in dieſer Abſicht die erſte Senſation; aber Ludewig war in mindeſten nicht ein Freund dieſer Lehrart
überhaupt, und am geringfügigſten urtheilte er von ihr,
wenn ſie auf dieſe Wißenſchaften angewendet werden ſolte. Der nachherige Reichs-Hof-Rath von Cramer,
ſchrieb alſo, da er noch in Marburg war, ganz eigent-

lich

lich) wider den Canzler von Ludewig\*), doch dieser
blieb bey seiner Meynung, und urtheilete nun gar von
ihr, daß sie blos zu den gelehrten Kinderenen gehörte.
Nicht viel beßer war Böhmers Urtheil von ihr, Bü-
sching erzählt von ihm\*\*) es sey diesem grosen Jur-
sten gar nicht recht gewesen; daß man auch in Hall-
anfangen wolle, zu viel Philosophie in seine Rech s-
wißenschaft zu bringen.   Er achtete überhaupt die philosophische und logische Genauigkeit, für eine grose
Kleinigkeit, so weiß man z. E. von ihm, daß er einem
Studenten bey einer Opposition, wider eine acadenni-
sche Streitschrift unter seinem Vorsitze, welcher nach
damahliger gewöhnlichen Art argumentirte; quaecun-
que definitio latior oder auguftior definito eft,
illa et etc. vom Catheder herunter in das Wort fiel
„bleiben Sie mir mit diesen Schnurrpfeifferenen von
Halse." Doch diese Kleinigkeiten abgerechnet, waren Ludewig und Böhmer, bey ihrer nicht demonstrativen Lehrart grose Männer, die mit Sprachkentniß, Historie, Critik, Antiquitäten u. s. w. den Wißenschaften
ohnstreitig mehr gedient haben, als andre bey noch so
großen Eifer um Methode und Demonstration: denn,
Lehrart kan doch gewiß den Mangel von historischen
Kentnißen, nimmermehr ersetzen, ohne welche vieles in
positiven Wahrheiten, schlechterdings nicht gehörig eingesehen werden kan.
    In der medicinischen Facultät starb nun auch
1742 der letzte von denen, welche bey der Inauguration

\*) Ungrund der Beschwerungen des Herrn Geh. Raths
und Canzlers von Ludewig, über den methodum de-
monftrativam.
\*\*) Deßelben Beyträge Theil 1. zu Wolfs Leben.

tion als Profeſſores gegenwärtig geweſen waren, der
Senior der ganzen Univerſität Geh. Rath Hofmann.
Er lehrete bis in ſein 82ſtes Jahr, in welchem er ſtarb,
und kündigte annoch ſeine einzige lezte Vorleſung an, in
welcher er den Kandidaten ſeine Methode, wie er ſagt
*meam* experientia certa ſubnixam methodum
erklären wolte, die Krankheiten zu heilen. Er wird
als einer der wichtigſten Gelehrten in ſeiner Wiſſenſchaft,
und er wird auch als Patriot und Beförderer vieler guten Anſtalten, in Halle und bey der Univerſität unver-
geßlich ſeyn. Sein ehemaliger Schüler, und endli-
cher College, der Profeſſor Schulze, folgte ihm nach
zwey Jahren 1744 im Tode nach, in welchem die
Academie einen Mann verlohr, der in der Medicin,
und vorzüglich in der Geſchichte derſelben und in den
Humanioribus, einer der vorzüglichſten der damahligen Zeit in ganz Deutſchland war. Noch bey Hofmanns lebzeiten, war der geſchickte außerordentliche
Profeſſor der Anatomie Caſſebohm, in ein anderes
Amt nach Berlin verſezt worden; aber dieſe Profeſſion
der Anatomie muſte unumgänglich nothwendig wieder
beſezt werden. Baß, der bereits ſeit 1718 mit ſehr
guten Succeß auf der Univerſität Anatomie und Chirurgie gelehrt, glückliche Praxin getrieben und ſchon
mit Coſchwiz Hofnung gehabt hatte, die ordinaire
Profeſſion der Anatomie und Chirurgie zu erlangen,
erhielt vor jezo weder die ordentliche, die vormahls
Coſchwiz, noch die beſtimmte außerordentliche Profeſſion, die bisher Caſſebohm gehabt hatte, vielmehr wurde ſo gleich der jüngſte Sohn des Directors, Phlipp
Adolph Böhmer, Profeſſor ordinarius der Anato-

mie

mie und der Chirurgie, im Jahre 1741. Er hatte
in Halle die damahligen Lehrer der Medicin gehört, und
sich besonders unter Cassebohms Aufsicht, mit der Anatomie beschäftiget, darauf er eine Zeitlang nach Straßburg ging, um in dieser Wißenschaft noch mehr zu thun.
Nach seiner Rückkunft wurde er unter dem Geh. Rath
Hofmann 1737 Doctor, und bald darauf begab er sich
nach Eisleben, und trieb daselbst Praxin; aber gerade
kam er in einer Zeit dahin, wo eine epidemische Krankheit viele Menschen ins Grab brachte, daher er natürlich sehr froh seyn muste, daß er aus dieser ihm un-
angenehmen Lage versetzt, und 1741 auf die Universität
Halle sogleich als ordentlicher Professor der Anatomie
angesetzt wurde. Nunmehr trieb er mit allem Fleiße,
die ihm zu lehren aufgetragene Wißenschaften der Anatomie und Chirurgie, und er war darauf so eifersüchtig,
daß selbst der alte, gute Baß, wo nicht von der Anatomie ganz verdrengt, doch 1746 in Haltung der Vorlesungen sehr eingeschränkt werden solte; indem Böhmer ihn von allen anatomischen Demonstrationen abzu-
wenden suchte, aus dem Grunde, weil er titulo one-
roso das anatomische Theater erlangt hätte, und
daßelbe auch auf seine Kosten unterhalten müße. Nach
mehrern und stark unterstüzten Versuchen blieb es endlich doch bey dem bisherigen, daß nur der Prof. Baß
auf dem Theatro nicht weiter demonstriren, dem Prof.
Böhmer aber doch auch nicht ein Monopol gestattet
werden solte. Dieser war übrigens ein fleißiger und
geschickter Lehrer, auch in der Praxi ein beliebter und
erfahrner Arzt, besonders hatte er als Geburtshelfer
gar vieles Zutrauen, und hätte er die anatomischen De-
mon-

monſtrationen nicht ſchon 1762 mit höchſter Bewilli-
gung an einen andern überlaßen, oder, wäre damahls
bey ſeiner körperlichen Beſchaffenheit, die Anatomie einem andern geſchickten jungen Manne nebſt einer außerordentlichen Profeſſion übertragen worden; ſo wäre
der Academie ſehr wohl gerathen geweſen, und die Anatomie würde nicht in einen Verfall gerathen ſeyn, der
viele Jahre gedauert hat, und nicht eher gehoben wurde, als nachdem dieſe ganze Profeſſur in andere Hände kam.

Nach des Prof. Schulzens Tode wurde veſt be-
ſchloßen, einen fremden angeſehenen Lehrer der Medicin wieder nach Halle zu ſezen, und man fiel bey Hofe
glücklich auf den bisherigen Lehrer in Erfurth Andreas
Elias Büchner.  Er kam nicht in Hofmanns Stelle, denn bey dem Abſterben deßelben, hatte ſchon ſein
Sohn ſeinen Gehalt, und überhaupt wurde von 1742
bis 1745 kein neuer in dieſer Facultät angeſezt, aber
nach Schulzens Tode fiel man auf Büchnern.  Zwar
ſagt dieſer ſelbſt in einem Schreiben an den Graf Franz
Roncalli Parolinus von 12 Jul. 1745 *) ad quam
(acad. halenſ.) Sereniſſ. ac Potentiſſ. Boruſſorum
Rex *in locum pie defuncti Hoffmanni* cum honori-
fico conſiliarii intimi titulo me evocaverat
et cet. aber — ich überlaße den Schlüſſel dazu dem
ſelbſt denkenden Leſer.  Außer ſeiner Kentniß und Erfahrung, da er vorher und auch in Erfurth eine anſehnliche Praxin gehabt hatte, hatte er beſonders dadurch

*) in Europae Medicina a Comite Franciſco Roncalli
   Parolino adaucta Brixiae 1747. Fol. 122.

durch) eine grofe Celebrität erlangt, daß er seit 1735
Präsident der kayserlichen academiae naturae cu-
rioforum und folglich Edler des römischen Reichs
und kayserlicher Rath war.    In Halle erlangte er so
gleich 1745 den dritten Ort in der medicinischen und
den vierten als Prof. der Naturlehre in der philosophischen Facultät mit dem Charakter eines königl. Geh.
Raths.    Der Universität, und insonderheit der medicinischen Facultät, war die sehr ausgebreitete Celebrität von Büchnern überaus vortheilhaft, da um seinet-
willen mehrere nach Halle gezogen wurden, welche unter ihm und andern Lehrern hieselbst ihre Wißenschaften
betrieben, oder doch wenigstens unter Büchners Vorsitze am liebsten promovirten.    Sein Umgang ist besonders denen sehr vortheilhaft gewesen, die in ihrer
Kunst, oder bey Anwendung derselben seine Meynung
und sein Gutachten sich erbathen, da er bey seiner man-
nigfaltigen Kentniß, besonders auch viele Erfahrungen
gesammelt hatte.    In Erfurth hatte er eine ausgebreitete Praxin getrieben, und diese seine gesammelten Erfahrungen nebst seiner Theorie in den Theilen der Medicin selbst, waren ihm nun ein erworbener Reichthum,
womit er gern andern half, die in ihrer schon erlangten
medicinischen Kentniß und deren Anwendung, sich an
ihn wendeten, um durch sein Gutachten ihre Curme-
thoden zu ändern, oder sich von der Gründlichkeit derselben, noch mehr zu versichern.

In der philosophischen Facultät lehrete Mathematik und Physik außer dem Canzler Wolf — welcher
nun noch 1745 von dem damahligen Churfürsten in
Bayern Maximilian Joseph als Vicarius des römischen

ſchen Reichs, in dem reichsfrenherrlichen Stand erhoben wurde — mehrere, die von ihm ehemals oder
neuerlich zugezogen worden waren.   Lange war ben ſeinem Abzuge ſein Nachfolger im Amte geworden, und
ob er gleich nicht ein Mathematiker der erſten Gröſe
war, ſo war er doch immer ein brauchbarer Mann,
welcher Mathematik und Mechanik, beſonders applicati-
piſch vorzutragen und daher ſo viel er konte, auch in
Erklärung der Theile der Mathematik, manches, das
zur Technologie gehört, begreiflich und anſchaulich zu
machen ſuchte: auch machte er — mag er immerhin
ſchwach geweſen ſeyn — den erſten Anfang, die Naturhiſtorie auf der hieſigen Univerſität aufzubringen,
zu welchem Ende er ſich auch ein nicht unrechtes Naturalien-Cabinet, und in Abſicht der vorhergenannten
Wißenſchaften eine ziemliche Sammlung von mechani-
ſchen Modellen angeſchaft hatte.   Strähler wurde
einige Jahre hindurch krank und ſtarb 1749.   Eigentliche Philoſophie lehrete ebenfals Wolf, Stiebriz, und
einige folgende nach dem baumgartenſchen Syſteme.
Stiebriz ward 1742 ordentlicher Prof. der Weltweisheit und erklärte das wolfiſche Syſtem, ob er gleich
vorher dagegen eingenommen war, und mit Rambach
nach Gießen ging, um daſelbſt vielleicht befördert zu
werden: hier aber änderte er ſchon ſein Syſtem, und
wie er wieder nach Halle zurückkehrte, und es nun erlaubt war, ſich frey zu Wolfs Philoſophie zu bekennen,
ſo wurde er einer der vorzüglichſten Anhänger deßelben.
Er gab auch aus Wolfs größern Werken ſpäterhin eine
philoſophiam contractam heraus, und lehrete
außer derſelben im hebräiſchen und oftmahls in dem
eigent-

eigentlichen theologischen Fache. Ueberhaupt hatte er
wohl sein Absehen auf eine theologische Professur, wegen mehrerer Hindernisse aber konte er diese seine Absicht nicht erreichen, sondern, welches er nimmermehr
gedacht hatte, er bekam nach Gaßers Tode, im Jahre
1746, die denominirte neue Profession der Oeconomie.
Ge. Fr. Meier wurde 1746 außerordentlicher, und
nach Ursinus Tode, an dessen Stelle 1748 ordentlicher Professor der Philosophie, da er schon mehrere
Jahre das System des Frankfurthischen Philosophen
Baumgartens mit vieler Leichtigkeit und Faßlichkeit erklärt hatte. Die Baumgartenschen Lehrbücher sind recht
eigentlich acroamatisch, kurz und gedrängt, aber desto
reichhaltiger, überaus tiefsinnig und bestimmt, aber
den Ungeübten eben deshalb nicht wohl verständlich.
Und da Baumgarten das System noch genauer spizete
als Wolf, und mit so wenig Worten, als möglich,
sehr vieles sagte; so war es in der That zweckmäsig,
daß Meier über diese so streng-systematische Schriften
faßlicher und mit einer angenehmen Popularität com-
mentirte; denn auf diese Art machte er dies System
durch seinen theils muntern, theils leichtern Vortrag
mehr gemeinnüzig, selbst manche kurze Ideen von
Baumgarten bearbeitete er näher für sich, und führete
sie wohl in eigenen Schriften weiter aus, so, daß durch
ihn die Baumgartensche Philosophie mehr verbreitet
wurde, als es durch die blosen acroamatischen Schriften seines Lehrers hätte geschehen können. Ueberhaupt
leistete Meier in diesem und in dem folgenden Jahr-
zehend in Gesellschaft einiger andern wizigen und ge-
schmackreichen Verfaßern, manches, das zur Aufklärung

rung und zur Beßerung des Geſchmacks in den geſitte-
ten Ständen vieles beygetragen hat.   Dies geſchahe
beſonders durch einige Wochenſchriften, die eine ziemliche Reihe von Jahren hindurch eine ſehr ausgebreitete
und gemeine lecture wurden.   Einige Engländer hatten
dazu vorher den Ton angegeben, und in Deutſchland
kam bald eine Menge von ſolchen Schriften heraus,
darunter der Geſellige und der Menſch, die unter
Meiers Direction herausgegeben wurden, immer einen
anſehnlichen Rang in dieſer Claße haben: Mögen ſolche Schriften zwar nicht zu den eigentlich gelehrten gehören, und mag in ihnen auch nicht ſo wohl Gelehrſamkeit und Forſchungsgeiſt, als vielmehr Wiz und
Geſchmack herrſchen; ſo wirken ſie doch, wenn ſie in
eine ſtarke Circulation kommen, im algemeinen wohl
mehr, als noch ſo gelehrte Unterſuchungen, die auch eine
ganz andere Beſtimmung haben.

Nach Ludewig und Schmeizels Tode war der
einzige ordentliche Profeſſor der Geſchichte, Wiedeburg, nur daß ſchon damahls Jv. Friedrich Joachim,
und einige Jahre ſpäter auch Carl Fr. Pauli ſie als
Privat-Docenten vortrugen.   Beyde wurden, der
erſte 1748, und der zweyte 1751 außerordentliche,
und erſt ſpät ordentliche Profeſſores. Wiedeburg hatte
eine gewiße Selbſtgenügſamkeit, und lehrete mit einer
Art von Feyerlichkeit, vorzüglich die Reichsgeſchichte,
und ob er gleich auch Lehrer der Beredſamkeit war, und
einigemahl bey ſich ereignenden Gelegenheiten mit einem
ſchönen Anſtande den Zuhörern auch kentlich machte,
daß er gar kein unrechter Redner ſey; ſo konte er doch
ſchwerlich in eigenen Vorleſungen ſeine Kentniße und

Geſch-

Geſchicklichkeiten in der Beredſamkeit, in den Alterthümern, in Erklärung der claßiſchen Autoren auf andere junge leute bringen, die ſich ſeines Unterrichts
hierin bedient haben ſolten.    Wenn auch ja manchmal
ein klein Häuflein von ſtudirenden — wie dies der
Fall wirklich zu Wiedeburgs Zeiten ein oder das andere
mahl geweſen iſt — eine ſolche Vorleſung verlangte;
ſo hatte doch der lehrer aus vielen Urſachen wenig luſt,
weil der Fall eben ſo ſelten war.    Damahls wurden
alle ſolche Sachen auf der Univerſität Halle von vielen
lehrern wenig, und alſo auch von wenigen ſtudirenden
viel geachtet. Wiedeburg, und ſchon vor ihm Schulze,
und die noch ältern klagten mehrmahls darüber: in den
Jahrzehenden aber von 1730, 40, 50 und 60 war
dieſer Verfall der Humaniorum beſonders ſichtbar, und
es gab dazu mehrere Urſachen, die die lehrer der Beredſamkeit nicht zu heben vermögend waren; in etwas
werden wir weiter unten die Urſachen davon auf-
ſuchen.

In der theologiſchen Facultät ſtarb 1744 der
alte D. Lange, welcher freylich in den lezten Jahren
durch Baumgarten merklich verdunkelt wurde: doch
galt er noch immer als ein gelehrter Mann, den man
nur nicht nach den neuern Zeiten beurtheilen muß, er
hatte auch noch ganz ſpäte 1741 einen anſehnlichen
Ruf nach Kopenhagen; allein ſein Alter verſtattete
nicht, eine ſo große Veränderung annoch vorzunehmen,
ſelbſt ſeine jüngern Collegen, Baumgarten und Claußwiz lehreten einige theologiſche Wißenſchaften nach ſeinen lehrbüchern, ob es wohl auch nach der damahligen
lage ſeyn kan, daß ſie, um ſeine Zufriedenheit ſo viel
ihnen

ihnen möglich war, zu erhalten, ihm, als ihren älteſten
Collegen dieſe Art von Ehre erzeigen wolten. Obgleich
durch ihn und ſeine Hize einigemahl große Unruhen auf
der Univerſität entſtanden ſind; ſo hat er doch auch
umgekehrt durch ſeine Herzhaftigkeit manches abgewen-
det, das in den damahligen Zeiten, ſonderlich von dem
alten Fürſten Leopold ihr leicht bereitet werden konte,
inſonderheit in den Jahren, wo er am Hofe und bey
dem Könige Friedrich Wilhelm vor Wolfs Vertreibung
gar vieles galt. Seine Stelle wurde nicht wieder beſezt, und Baumgarten erlangte die Direction des Seminariums. Als nun 1749 auch Claußwiz verſtarb,
der doch manche theologiſchen Wißenſchaften mehr auf
eine gelehrte, als erbauliche und aſcetiſche Art vorzutragen pflegte; ſo fiel freylich die mehreſte eigentlich theologiſche Arbeit auf Baumgarten und Knapp:
denn Francke, der als Director des Wayſenhaußes
und als Prediger bey der erſten Stadtgemeinde ſchon
viele Geſchäfte hatte, hielte blos außer einigen aſceti-
ſchen und paränetiſchen Stunden, eine oder die andere
ſo genante exegetiſche Vorleſung; Michaelis und Callenberg aber hatten mit dem orientaliſchen und hebräiſchen, das damahls noch etwas mehr galt, als jezo,
und beſonders der lezte hatte mit ſeiner Miſſions-An-
ſtalt zur Bekehrung der Juden, und ſeinen Berichten
davon genug zu thun. Baumgarten gab nunmehr,
da ſeiner Arbeiten immer mehrere wurden, die bisher
von ihm gehaltenen Collegia aſcetica völlig auf, und
fing an, ſich außer vielen andern, über alle Theile der
Theologie in ſeinen Vorleſungen zu verbreiten. Nach
ſeiner großen und wohlüberlegten Behutſamkeit, ließ er

in

in den theologischen Glaubenslehren alles so stehen, wie es bisher nach dem kirchlichen Lehrbegriffe gewesen war, blos verband er damit so viel Philosophie, als ihm nur zweckmäsig schien. Dagegen aber fing er an, einen eigenen Gang in der theologischen Moral zu nehmen, worin er auch gewiß vieles gebeßert und vieles in einem hohen Grade aufgehellet hat, wobey bisher lange nicht genug Licht und Deutlichkeit weder gesucht, noch erlangt worden war. Es hatten zwar seine Vorgänger auf der Universität zu Halle, für allen Dingen auf Ausübung der Moral, als auf das thätige Christenthum gedrungen, und dies war wirklich ihr sehr großes Verdienst, aber es waren mehrere Wörter in dieser ihrer praktischen Theologie, die ihnen zwar sehr geläufig, aber ohne Deutlichkeit in ihrer Erkentniß und ohne Präcision und Genauigkeit in ihrem Vortrage oder in ihren Schriften waren. Ein Mann, wie Baumgarten, welcher nach seinem philosophischen Kopfe überall Bestimtheit in den Begriffen, und bündige Gründlichkeit in den Beweisen suchte, konte sich unmöglich in dergleichen gewöhlichen, theils sinnlichen, theils mystischen verworrenen Vorstellungen beruhigen, er legte also den bekanten und häufig gebrauchten Wörtern und Redensarten deutliche und verständliche Begriffe unter, und es ist dies in Wahrheit eines der größten Verdienste Baumgartens um die Theologie, daß er so viel Deutlichkeit und Festigkeit in die practische Theologie gebracht hat. Die Urtheile mancher damahls lebenden frommen und gelehrten Männer über diese baumgartische Moral „als ob er zu viel Wasser mit dem vortreflichen Weine vermischt habe„ machen

rage-

dagegen auch nicht das minbeſte: denn die, welche ſo urtheilten, hielten Philoſophie und Beſtimtheit in den Begriffen für Waßer, womit der Wein der chriſtlichen Theologie nicht vermiſcht werden dürfe. Aber es war überhaupt kein Theil der theologiſchen Wißenſchaften, worin er nicht zu ſeiner Zeit mehr geleiſtet hätte, als ſeine Vorfahren; mag es gleich immer ſeyn, daß er nachher, beſonders in der exegetiſchen Theologie übertroffen worden, zu ſeiner Zeit aber, waren auch noch nicht diejenigen Hülfsmittel vorhanden, die anjeßt vorhanden ſind, oder ſie waren doch nicht das, was ſie ſpäterhin geworden ſind. Es kam noch beſonders dazu, daß er ſich nach ſeinen Zeitgenoßen richten muſte, und eine freyere Theologie war zu der Zeit, als er lebte, gewiß ſo leichte nicht, als ſpäterhin; ſeine Behutſamkeit und theologiſche Klugheit ließ auch nicht zu, daß er manches hätte frey ſagen ſollen, was er gar wohl einſahe, ſein ächter Schüler Semler giebt davon mehrere Winke, theils in ſeiner eignen Lebensbeſchreibung, theils erzählte er manches gegen ſeine Freunde, unter vier Augen, welches die fernern Blicke Baumgartens veroffenbahrte, da er nach ſeiner Privat-Kentniß ſich wohl manches anders vorſtellen mochte, als es nach der kirchlichen und Formular-Theologie öffentlich vorgetragen wurde. Seine ſo große hiſtoriſche und ſeine Bücherkenntniß iſt zwar keine nothwendige Eigenſchaft eines Theologen, aber ſie iſt eine große Vollkommenheit eines Gelehrten, und Baumgarten war in dieſem Betrachte einer der erſten, da auch ſeine Bücherſamlung nach der ludewigſchen die zahlreichſte alhier war. Die von ihm beſorgte Ueberſezung der Welthiſtorie, und

die

die Supplemente zu ihr, ist ein Werk, welches ihn als
einen der ersten Historiker zeiget, und wodurch er eine
Summe Geldes nach Halle gezogen hat, die wirklich
ins große gehet.

Nach des Canzlers und Director Böhmers Tode war der älteste in der Juristen-Facultät der Hof-
rath und Prof. Jo. Gabriel Wolf, aber er hatte
schon längst das Assessorat und die Facultäts-Arbeiten
aufgegeben, daher er auch jzt nicht Director der Universität werden konte.    Dies wurde der zweyte, und
dies war der Hof-Rath Knorre, welcher nun auch
das Prädicat eines königl. Geh. Raths erlangte, und
bis an seinen Tod mit vieler Treue und Fleiße die juristischen Wißenschaften erklärte, und die Candidaten
in der Praxi übte.    Aber noch bey Böhmers Leben trat
ein junger Lehrer auf, welcher in der Folge durch sein
System und durch die demonstrative Methode bey der
Rechtswißenschaft eine ansehnliche Rolle spielte.    Es
war Dan. Nettelbladt, der zwar schon vorher in seiner Vaterstadt Rostock die Rechtsgelehrsamkeit, aber
mit mehrern Glücke sie in Marburg getrieben hatte. Er
hatte daselbst Wolfen in der Philosophie, und Cra-
mern in der Jurisprudenz zu Lehrern, und wie er
sich nun besonders zu Wolfen hielt, so wünschte ihn
dieser nach seiner Rückkehr nach Halle, ebenfals auf die
hiesige Universität, er kam daher 1741 anhero, und
entschloß sich bald, einen Versuch zu machen, ob er
in Halle sein Glück finden könte; unter dem Canzler Böhmer promovirte er also 1744, und da er
mit gutem Beyfalle nach der demonstrativen Methode
mehrere juristische Wißenschaften lehrete, auch Wolf
ihn

ihn beſonders unterſtüzte, ſo wurde er gleich 1746 ordentlicher Lehrer mit dem Prädicate eines königl. Hof-
Raths. Nettelbladt machte ſich bald anfangs, da er
zu lehren ſich entſchloßen hatte, einen eigenen von der
Methode hergenommenen Plan, nach welchem er ſich
ein beſonderes Syſtem des Natur-Rechts, und
ein anderes allgemeines, des poſitiven Rechts machte, alles in den ſpeciellen Theilen, welches in das erſte, oder in das andere gebracht werden konte, abſon-
derte, und es dem einen, oder dem andern dieſer Syſteme einverleibte, darauf die beſondern Theile ſelbſt,
jedoch mit Abſchneidung alles deßen, was in jenen bereits vorgekommen war, zu erklären, nach dieſem ſeinen
Plane vorſchlug. Ob er nun gleich im Anfange wegen
dieſer Methode in manche Streitigkeiten verwickelt wurde, die auch, beſonders mit den zwey Brüdern Beck-
manne, welche damahls in Halle Privat-Docenten
waren, in Anzüglichkeiten ausarteten; ſo hat er doch
dieſe demonſtrative Methode bey der Jurisprudenz in Halle aufgebracht, ſo, daß ſie unter mehrern ihm glücklichen Umſtänden, ſo lange er lebte, erhalten, und noch
nach ſeinem Tode von einigen ſeiner Schüler ſein Syſtem bis jezo beybehalten worden. So zahlreich ehemals
die Juriſten-Facultät war, ſo ſchwach wurde ſie nach
gerade, da oftmahls die Stellen der Verſtorbenen nicht
wieder beſezt wurden, und ſie beſtand 1749 blos aus vier
Lehrern: Knorren, Wolf, Carrach und Nettelbladt:
und obgleich in dieſem Jahre 1749 Joh. Carl König
als ordentlicher Lehrer des öffentlichen Rechts mit dem
Hofraths-Prädicate, außer dem Director, in die dritte
Stelle der Facultät von Marburg hergezogen wurde,

so starb er doch bald nach einigen Jahren. Dieser Hof-
rath König war aus Nürnberg, und hatte in Altorf
studirt, der Ruf von Wolf zog ihn aber auch nach Marburg, daher er bey erlangter Bekantschaft daselbst aus
seiner Vaterstadt Nürnberg, wo er eine zeitlang practicirt hatte, als Lehrer nach Marburg berufen wurde;
aber im Jahre 1753 starb der Director Knorre, und einige Monate nachher auch König: und da der Hofrath
Gabr. Wolf sich längst des Assessorats in der Facultät be-
geben hatte, die eigentlichen Facultäts-Arbeiten also
blos von Carrach, welcher 1753 zum Geh. Rath ernannt worden war, und von Nettelbladt hätten geschehen
müßen; so wurde 1754 der bisherige Professor extraordinarius Philipp Jac. Heißler ordentlicher Lehrer
der Rechte, und da noch überdem Wolf in diesem Jahre 1754 verstarb, so blieben diese drey blos die Glieder der Facultät. Heißler war seiner väterlichen Religion nach ein Catholik, und war von den Jesuiten in
Augspurg erzogen worden; allein hier trat er zu der
evangelisch-lutherischen Kirche über, und wurde von
dem Senior daselbst Urlsperger aufs beste in Halle empfohlen. Bei seiner Ankunft alhier, muste er sich anfänglich
an das Waysenhauß halten, und darin ganz kleine Kinder
unterrichten. Hatte er zwar ehemals unter der Anführung der Jesuiten, die scholastische Philosophie getrieben; so gebrauchte er doch nun in Halle die Gelegenheit,
sich mit der neuen wolfischen, unter dem Canzler selbst
bekannt zu machen, und wie er die Theologie mit der
Rechtswißenschaft verwechselte, so hatte er in ihr Jo.
Sam. Böhmer, Knorre und selbst Nettelbladt,
bey welchem letzten er nähern Zutritt hatte, zu seinen
Leh-

Lehrern; darauf er 1750 promovirte, und mit beſonderer Deutlichkeit und Fleiße, zur Zufriedenheit der Studirenden, mehrere Theile der Rechtswißenſchaft lehrete; daher er auch nach den damahligen Umſtänden in Halle bald das wurde, was er endlich geweſen iſt. Kurz vor ihm, ſchon im Jahr 1750, war der damahlige D. Jo. Hartwig Reuter auch außerordentlicher Profeſſor geworden, und die Univerſität konte von ihm ſehr vieles erwarten; allein ſein Aufenthalt als Profeſſor, dauerte kaum ein Jahr, indem er in Berlin weiter befördert, und endlich Geh. Tribunals-Rath wurde. Die zwey Stellen des Geh. Rath Knorre und des Hof-Rath König, ſolten diesmahl mit fremden Lehrern beſezt werden, und in Abſicht der erſten und des Directorats bey der Univerſität, fiel man durch den Aſſeſſor des hieſigen Schöppenſtuhls Flörcke, welcher in anſehnlichen, und für ihn und die ſeinigen ſehr nützlichen Verbindungen ſtand, auf deſſen Bruder Joh. Ernſt Flörcke, damahligen ſachſen-gothaiſchen Oberconſiſtorial-Vice-Präſidenten. Dieſer wurde 1755 Ordinarius der Juriſtenfacultät und Director der Univerſität, mit dem Charakter eines königl. Geh. Raths. Er hatte in Jena, abſonderlich unter ſeinen zwey Vettern, Ephraim Gerhard und Burchhard Gotthilf Gebrüdere Struve ſtudirt, übte ſich darauf zu Magdeburg in der gerichtlichen Praxi, ging nach Jena zurück, promovirte daſelbſt, und wurde nach einigen Jahren auf der daſigen Univerſität außerordentlicher Profeſſor; von hier wurde er nach Gotha als Regierungs-Rath gezogen, und erlangte endlich die Stelle eines Vice-Präſidents. Flörcke hatte beſondere Luſt zum academiſchen

leven

leben, deshalb er auch in Gotha theils für die jungen
Leute, die die Universität besuchen wolten, theils für die
von ihr zurückgekommenen Kandidaten, juristische Vorlesungen zu halten pflegte. Mehrere Umstände machten
ihm seinen Aufenthalt in Gotha unangenehm; daher er,
als er schon ziemlich in den Jahren war, willig nach
Halle ging, um als Professor eigentlich zu lehren: besonders waren seine ihm liebsten Vorlesungen, über das
Kirchen-Recht. Bald nachher, da er seinen Aufenthalt in Halle genommen hatte, brach der traurige sie-
benjährige Krieg aus, und im Jahre 1759 hatte er das
Unglück, daß er mit seinem Collegen dem Geh. Rath
Carrach als Geißeln der Universität, von den Feinden
mit weggenommen, nach Nürnberg, von da nach Prag
und wieder zurück nach Nürnberg gebracht wurde, woselbst er 1762 verstarb. Statt des verstorbenen Professor Königs wurde der damahls in Leipzig lehrende Doctor Jo. Christoph Wilhelm Streck, welcher in Tübingen studirt hatte, nach Halle berufen, um vorzüglich
das öffentliche und das Lehn-Recht zu lehren: allein die
Universität behielt diesen Gelehrten nur einige wenige
Jahre, indem er 1758 nach Frankfurth versezt wurde,
auch von da kam er endlich nach Berlin, wo er jetzo noch
mehrern ehrenvollen Posten und erlangten Nobilitation,
als Geh. Legations-Rath stehet. Nach dessen Abzuge
von Halle, wurde der bisherige Assessor im hallischen
Schöppenstuhle Ge. Sam. Madihn 1758 ordentlicher Professor der Rechte, welcher theils in Helmstädt,
theils nachher in Halle studirt, und auch hieselbst promovirt hat. Seine Vorlesungen über fast alle Theile
der Jurisprudenz wurden sehr hoch gehalten, aber seine

Kränk-

Kränklichkeit war oft den Wünſchen derer, die ihn hören wollten, entgegen, er wurde nach mehrern Jahren auch nach Frankfurth verſezt, woſelbſt er verſtorben iſt.

Nach Claußwizens Tode änderte ſich in der theologiſchen Facultät nichts, bis auf das Jahr 1751. In
dieſem Jahre erlangte der damahlige hieſige beliebte und
erbauliche erſte Prediger bey der Ulrichskirche, Adam
Struenſee, einen Ruf als General-Superintendent
nach Hildburghaußen: er war vielen alhier Theologie
ſtudirenden ein nachahmungswürdiges Muſter, wornach ſie ſich im predigen zu bilden ſuchten, auch hatte
er mehrere Jahre wöchentlich eine aſcetiſche lection mit
großem Beyfalle der Studirenden gehalten, daher ſich
jezt eine anſehnliche Zahl derſelben mit einer Bittſchrift
an den König wendete, daß dieſem beliebten Manne
eine theologiſche Profeſſur übertragen, und er alſo bewogen würde, den Ruf nach Hildburghaußen auszuſchla-
gen. Wirklich wurde er auch Profeſſor, und trieb
mit vielem Beyfalle und zum Nuzen der jungen leute,
die ſich zum Predigtamte zu beſtimmen ſuchten, beſonders die practiſchen Theile der Theologie, als Homiletik, Catechetik und auch Moral. Seit der Zeit, als
Rambach nach Gießen gegangen war, hatte die Univerſität Halle keinen lehrer gehabt, welcher ſo wohl
theoretiſch, als practiſch hierin Unterricht gegeben, und
die Candidaten geübt hätte, und er fing dieſe ſo nüzliche und nothwendige Arbeiten alhier wieder an; allein,
es dauerte blos einige Jahre, indem er 1757 einen
Ruf nach Altona als Probſt und Conſiſtorialrath wirklich annahm; nachher wurde er General-Superinten-

bent

dent in Holstein und Schleswig, und starb in Rends-
burg erst vor wenigen Jahren 1791. Die eigentliche
Stelle von Claußwiz war bisher noch nicht wieder besezt, und Baumgarten, auf den nebst Knappen alle
Arbeiten der theologischen Facultät gefallen waren, war
überdem ein schwächlicher und kränklicher Mann, auf
dessen langes Leben nicht wohl gerechnet werden konte.
Auf seinem Empfehl wurde sein genuiner Schüler Jo.
Sal. Semler aus Altorf, anher berufen. Dieser
war in Halle fast allein unter Baumgarten gebildet
worden; erst einige wenige Jahre war er von Halle
weg, eine kurze Zeit in Coburg an dem academischen
Gymnasium, und noch nicht ein Jahr Professor der Historie in Altorf gewesen, und nun solte er 1753 als
ordentlicher Professor der Theologie nach Halle, und
zwar in seinem 28sten Jahre, und unter künftige Spe-
cial-Collegen zurückkehren, die kürzlich, zum Theil
noch seine Lehrer gewesen waren, und mit mehrern
äusern Vortheilen, als diese selbst hatten, oder nur Hofnung zur Verbeßerung haben konten. Dies alles machte
ihn allerdings unentschloßen, doch that er endlich auf
Baumgartens Rath diesen für ihr bedenklichen Schritt,
und nahm den Ruf wirklich an. Als ein besonderer
Anhänger und Freund von ihm, wurde er auch von seinem
Lehrer in seinen gelehrten Arbeiten vorzüglich unterstützt,
und zeigte sich bald herzhaft genug, sich gegen heimliche Ver-
folgungen zu erhalten, und wuste seinen Bemühungen
und Schriften einen ansehnlichen Werth zu verschaffen. Baumgarten, Semlers vorzüglichste Stüze, starb
1757, er wurde also nunmehr seinem Schicksale allein
überlaßen, und nun hatte er allerdings viele Schwie-
rigkei-

rigkeiten zu beſiegen, um ſich aus dem zu ziehen, was
ihm und ſeinen gelehrten Arbeiten im Weg gelegt wurde.    So groß offenbahr Baumgartens Verdienſte
um die eigentliche theologiſche Gelehrſamkeit in Halle
waren; ſo ſuchte man doch bald nach ſeinem Tode —
nach.Semlers Urtheile — die ehemahls gegoltene fromme Lehrart ſtatt der bisherigen gelehrten baumgartenſchen Methode wieder einzuführen: aber Semler ſtand
hier im Wege, und ob dieſer gleich das philoſophiſche
von Baumgarten in ſeinem Vortrage und in ſeinen
Schriften nicht hatte, auch nicht eben ſonderlich achtete; ſo fing er dagegen an, ſich einen neuen Weg durch
Geſchichte und Critik in der Theologie zu bahnen, einen
Weg, der mühſamer war, als der philoſophiſche, auf
welchem er aber auch den Ungrund von vielen, die
Gelegenheiten und die Umſtände entdeckte, unter welchen dies oder jenes in das kirchliche Syſtem der Theologie gekommen war.    Außer ihm wurde auch in eben
dem Jahre Gottlieb Anaſtaſius Freylinghaußen
außerordentlicher Lehrer der Theologie, welchen die
theologiſche Facultät bereits vor mehreren Jahren zu
ihrem Adjunct gewählt hatte.    Dieſer hatte ſehr gute
humaniſtiſche Kentniße, und als academiſcher Lehrer
und Mitdirector des Wanſenhaußes that er immer mit
der größten Redlichkeit das ſeine, da er ſtets nüzliche
und gelehrte Uebungen, mit ſeinen exegetiſchen und andern theologiſchen Vorleſungen zu verbinden pflegte.
Seine natürliche Schüchternheit und Aengſtlichkeit verſtattete es nur nicht, daß er in dem theologiſchen Felde
manches noch gethan hätte, dazu er Kräfte, und die erforderlichen Vorkentniße in einem guten Maße hatte.

In

In der philosophischen Facultät lehrte noch immer Mathematik und Philosophie der Canzler von Wolf bis in das Jahr 1754: denn nun starb der Philosoph und der große Mann. Wenn ich sein ganzes Leben, und was in dem Reiche der Wißenschaften durch ihn gewürkt worden ist, überdenke: so kan ich nicht anders, als ich muß noch etwas von diesen seinen Verdiensten nur ganz kurz erwähnen. Diese sind

1) in der gesamten Philosophie ausnehmend groß. In der theoretischen fand er zwar mehrere vortrefliche, tiefe, auch ausgeführte, aber zerstreute Gedanken von dem großen Leibniz: dieser hatte Materialien genug zu einem Systeme angegeben, und sie mit dem tiefsinnigsten Erforschungsgeiste bearbeitet, nur hatte er sie nicht in ein zusammenhängendes System gebracht; dies war Wolfs Werk, welcher diese leibnizischen Gedanken unter einander verkettete, und in dem Systeme dahin brachte, wohin sie als Theile eines zusammenhängenden Ganzen gehörten, weshalb auch diese gesamte Philosophie zuerst vom Bilfinger, die leibnizisch wolfische genant worden ist. Abgerißen von dem Ganzen, kan freylich diese, oder jene Lehre einen Schein von Falschheit und Gefährlichkeit haben; aber sie verschwindet, wenn nur das Ganze und der vollständige Zusammenhang eingesehen wird; und dies ist der Fall bey den ersten Streitigkeiten hierüber gewesen, daher auch die von dem König Friedrich Wilhelm I. niedergesetzte Commißion, nachdem sie den Ungrund, der Wolfen gemachten Beschuldigungen eingesehen hatte, besonders auf den Zusammenhang gedrungen, um ihn nicht

nach

nach abgerißenen Bruchſtücken zu beurtheilen, wodurch
unrichtige Folgerungen, die dem ganzen Syſteme entgegen, abgeleitet werden könten.   In der practiſchen
Philoſophie, an deren ſyſtematiſche Bearbeitung er
ſchon als Jüngling gedacht hatte, hat er weit mehr
geleiſtet, als vor ihm geſchehen, und er hat es durch
den Augenſchein in ſeinen Schriften gezeigt, daß ſich
die practiſchen Wißenſchaften eben ſo wohl bemonſtri-
ren laßen, als die theoretiſchen.   Aber hier weiß ich
von Augenzeugen, daß Wolf bey ſeinem frühern Auf-
enthalte auf der hieſigen Univerſität die Gränzen des
Naturrechts und der Moral anders geſteckt hat, als
nachher in ſeinen größern Werken,  er unterſchied nämlich damahls, nach Verſchiedenheit der Geſeze und Ver-
bindlichkeiten die zwey Hauptwißenſchaften der practiſchen Philoſophie, das Naturrecht und die Moral mit
den Untertheilen einer jeden derſelben,  ſo, daß blos die
vollkommenen, die äußern, oder die Zwangspflichten in
der erſten, die innern und unvollkommenen aber in
dir lezten erklärt und erwieſen werden müſten.   Sein
damahliger Zuhörer, der nachherige Prof. in Jena
Heinr. Köhler,  hat in ſeinen Exercitationibus
iuris naturalis et ſocialis nach dieſem Abtheilungs-
grunde ſeines lehrers, das Naturrecht erklärt,  aber wie
nachher Wolf dieſe Wißenſchaften auch bearbeitete, ſo ging
er von dieſer ſeiner ehemaligen Methode wieder ab, und
wolte in dem Naturrechte alle Pflichten, die die Ver-
nunft lehrt, erklärt wißen, in der Moral aber die Be-
wegungsgründe, die die Menſchen zur Befolgung derſelben beſtimmen ſolten.   Köhler, Baumgarten, Achen-
wall, Pütter u. a. haben nach dieſer Verſchiedenheit
der

der Pflichten mit vieler Ordnung; Daries, Nettel-
blabt u. a. ohne auf diese Verschiedenheit zu sehen, aber
daher auch manches in beyden Wißenschaften, mithin
nicht genau und nicht vollständig an einem Orte, das
System des Naturrechts zu lehren gesucht.

2) In Absicht der Mathematik hat Wolf alle
mathematischen Wißenschaften in einen vollständigen
Zusammenhang gebracht, und sie, wenn gleich nicht
mit einer schweren Tieffinnigkeit, doch auf eine gründliche und faßliche Weise vorgetragen. Durch sein
deutsches Werk hat er besonders für Liebhaber, durch
das größere lateinische aber für eigentliche gelehrte Mathematiker und Ausländer gearbeitet. Sein Auszug
ist gewiß weit mehr, als irgend ein anderes Lehrbuch
gebraucht worden, und ist noch jetzt im Gange. Es
wäre dies schon ein nicht gemeines Verdienst, aber man
muß der Wahrheit gemäß ihm noch mehreres nachrühmen. Es hatte zwar Otto Gericke schon manches von
der Luft sehr richtig gesagt, und seine Experimente
müßen in dieser Lehre zum Grunde liegen; dies alles
hat doch aber Wolf sehr glücklich gebraucht, und alles
zuerst gleichsam in die Form einer Wißenschaft gebracht,
daher man ihn auch ganz richtig den Erfinder der
Aërometrie nennet, wenn auch die Materialien dieser
ganzen Wißenschaft vorher schon bekant gewesen seyn
mögen. Und in Absicht der Universität Halle ist es
doch unleugbar, daß erst mit ihm die Mathematik
gleichsam auf ihr gepflanzt worden ist. Leibniz und
Hofmann *), welche besonders arbeiteten, daß er nach
Halle

*) Vergl. Leibnitii epistola ad Hoffmannum, p. 216. in des
letztern exercitatione de optima philosophandi ratione.

Halle gezogen wurde, ſagten es ſelbſt, daß dieſe Profeſſur noch nicht auf der Univerſität Halle ſey: Sperlette war damahls gleichſam blos ein Nothhelfer, der
nichts weiter that, als daß er höchſtens die reine Mathematik lehrte; derer aber giebt es mehrere, ohne daß
ſie in der That Mathematiker wären.

3) Um die deutſche Sprache, ſo wie um die daher entſtandene Popularität mehrerer Wißenſchaften,
hat Wolf gewiß gar nicht zu verkennende Verdienſte.
In ſeinen deutſchen Schriften ſchreibt er ein ſehr reines
Deutſch, und beſonders hat er die philoſophiſchen Kunſt-
wörter überaus paſſend und den Begriffen angemeſ-
ſen in's Deutſche überſezt: aber eben dadurch iſt's gekommen, daß man ſeit der Zeit auch über tiefſinnige
philoſophiſche Materien ſich verſtändlich in der deutſchen Sprache auszudrücken angefangen hat. Und nachdem man, ſchon auch zu ſeinen Zeiten, die Theorie der
ſchönen Wißenſchaften philoſophiſch zu betreiben ge-
ſucht, auch nach ihm viele Gelehrte zur Verbeßerung
der deutſchen Sprache ſehr glücklich gearbeitet haben;
ſo iſt man nun ſo weit gekommen, daß ſich die mehreſten Philoſophen in Deutſchland in ihren tiefſinnigen
gelehrten Unterſuchungen der deutſchen Sprache be-
dienen.

4) In Rückſicht auf andere ſpecielle Wißenſchaften iſt nicht zu leugnen, daß durch ihn und ſeine Philoſophie richtigere und beſtimtere Begriffe, und überhaupt mehrere Form und Ordnung in ſie gebracht worden ſind. In dem Naturrechte erklärte er ſchon mehrere Begriffe, die eigentlich zum poſitiven Rechte gehörig

hörig sind, und durch die Bestimtheit, die er ihnen gab,
wirkte er zugleich auf die andern positiven Begriffe, die
man nun auch in den übrigen Theilen suchte. Aber selbst
in mehreren Wißenschaften der positiven Rechtsgelehrsamkeit hat Wolf auch in Absicht auf ihre Materialien
Verdienste, da er theils in den horis subseciuis,
sonderlich in den Jahren 1729 und 30. manche Abhandlungen hat, welche geradehin in das positive Recht
gehören, theils hat er auch in Marburg und in Halle
einigemahl eigentliche juristische Vorlesungen gehalten,
und es rühmt Nettelbladt, besonders seine lectiones über
die struvische Jurisprudenz, welche er selbst mit an-
gehöret; und auch nach seinem Tode habe man Anmerkungen über dieses Buch von ihm im Manuscripte
gefunden, welche über drey Alphabete betragen hätten,
davon er auch einige Proben *) selbst angegeben hat.

Hierbei kan man aber doch nicht in Abrede stellen, daß zwar nicht nothwendig, sondern blos zu-
fälliger Weise durch diese demonstrative Lehrart und
wolfische Methode, die Gegenstände zu behandeln, mancher Nachtheil entstanden sey, der aber dem Canzler von
Wolf gar nicht aufgebürdet werden darf. In der Wißenschaft der Rechte — das sagt selbst sein starker
Anhänger Nettelbladt — giebt es zwey Arten von
Hülfswißenschaften, Philosophie und Geschichte in der
weitesten Ausdehnung: Wolf selbst hatte sich nicht eben
auf Geschichte und Alterthümer, überhaupt nicht auf
Humaniora gelegt, und das war gerade auch der Fall
bey

*) In den hallischen wöchentlichen Anzeigen vom Jahre 1754
S. 578 u. f.

bey mehrern, die als Lehrer ihn in dem Vortrage der
Rechtswißenſchaft nachahmeten, ja es wurde auch wohl
von ſolchen Lehrern ein Plan gemacht, daß in einer kurzen Zeit das nothwendige getrieben und gefaßt werden
könte, und bey dem Wahne, als ob in der Hauptwißen-
ſchaft, in den Rechten, oder auch in der Theologie, alles
demonſtrirt ſey, fielen auf der Univerſität gar ſehr die
Humaniora, die alten Sprachen, Alterthümer und ſelbſt
Hiſtorie.    Es gehört manches auf die Rechnung einiger Lehrer, daß, wenn ſie jenes für Verbalien ausgaben, man ſich aber mit Realien beſchäftigen müſte,
jene ſo genannte Verbalien vernachläßiget und nun
ſelbſt die academiſchen Jahre noch mehr eingeſchränkt
wurden, als etwa vorher; man glaubte, und man ſagte es auch wohl laut und anziehend genug, daß das
ganze ſyſtematiſirte Penſum auf ein beliebtes Biennium
ſehr füglich, und ohne etwas zu vernachläſigen, eingeſchränkt werden könne. Ein eingerißnes Uebel iſt ſchwer
wieder auszurotten, und noch jezo wird genug geredet
und ermahnt, mehr vorbereitet auf die Academie zu gehen, und ein mehreres darauf zu treiben, als blos das,
was zu den ſo genannten Brodwißenſchaften gehört:
allein mehrere haben nur zwey Jahre ſtudirt, und ihren
Kindern oder gar Enkeln, wünſchten ſie jezt dieſe Zeit
mehr einzuſchränken als auszudehnen, was Wunder
alſo! daß dies ſo oft tauben Ohren geprediget wird.

   Noch lehreten zu Wolfs Zeiten die eigentliche
Philoſophie Stiebriz und Meier, und bald traten
auch hierin zwey Brüder als Lehrer auf, nemlich die
Profeſſoren Weber. Der ältere Andreas Weber ſuchte bey Hofe, nachdem er einige Jahre als Privat-Do-

cent

cent gelehrt hatte, 1749 eine außerordentliche Profeſſion der Weltweisheit, und die Erlaubniß, zugleich auch
die theologiſchen Wißenſchaften zu lehren. Da nun deswegen von der Univerſität ein gutachtlicher Bericht erfodert wurde; ſo verbath die theologiſche Facultät durch
ihren damahligen Decan Baumgarten, das lezte als
etwas, das ihren Statuten gerade entgegen ſey, und
in vielem Betrachte, dem Rufe der Univerſität und ihrer Facultät inſonderheit, zuwider ſeyn könne; Weber
erlangte alſo blos das erſte, die außerordentliche Profeſſion in der philoſophiſchen Facultät, aber er ging ſchon
das Jahr darauf 1750 als ordentlicher Profeſſor nach
Göttingen, und erſt ſpäter wurde er als ein Lehrer der
Theologie nach Kiel berufen, woſelbſt er verſtorben iſt.
Sein Bruder Chriſtian Weber hatte auch vormahls
in Jena unter Daries ſtudirt, und bey dem Abzuge ſeines
Bruders promovirte er in Halle, und ſezte deßelben Vorleſungen mit der dieſen Brüdern eigenen Deutlichkeit, und
beſonders in der ihnen gewöhnlichen tabellariſchen Methode fort: dieſer wurde 1752 außerordentlicher und
1756 ordentlicher Profeſſor, er ſtarb aber alhier 1762.
Nach Wolfs Tode war der einzige ordentliche Lehrer
der Mathematik, Länge, aber man fand für nöthig,
einen berühmten Mathematikus wieder anher zu ziehen,
und glücklich fiel die Wahl auf Jo. Andreas von Segner in Göttingen. Es hatte derſelbe zwar in Jena
Medicin ſtudirt, aber ſeine lieblingswißenſchaft war
von je her Mathematik und Phyſik geweſen, und
nachdem er ſich in dieſer guten und ziemlich ſeltenen Qualität der gelehrten Welt gezeigt hatte; ſo wurde er bald
nach Göttingen als ordentlicher Lehrer der Mathematik

und

und der Phyſik berufen. Im Jahre 1755 wurde er
unter vortheilhaften Conditionen als Profeſſor prima-
rius, der gleich nach dem Director ſeine Stelle haben ſolte, in die philoſophiſche Facultät, mit dem Charakter
eines königl Geh. Raths und Erneurung ſeines alten un-
gariſchen Adels gezogen. Dieſer ſo gelehrte als recht-
ſchaffene Mann, hat mehrere Jahre alhier mit vielem
Beyfalle derer, die ſich auf die genaue und tiefſinnige
Mathematik ihren verſchiedenen Theilen nach, und auf
die mathematiſche Phyſik zu legen luſt hatten, dieſe
Wißenſchaften mit beſonderer Profundität getrieben.
War er freylich bey weitem nicht ſo populair als Wolf,
ſo ging er doch in ſeiner Wißenſchaft, bey ſeinem großen
Scharfſinne in der höhern Mathematik, ungleich weiter;
und in der Naturlehre, beſonders dem mathematiſchen
Theile derſelben, iſt ſein Syſtem ſehr befriedigend. Vorzüglich hat er in der Aſtronomie mehreres geleiſtet, dieſe
wirklich bereichert, und mehreres in ihr zu einer größern
Genauigkeit gebracht, inſonderheit, da er die Geſeze der
Bewegung, ausführlich auf die Weltkörper anzuwen-
den ſuchte. In ſeinen privat- und bürgerlichen Verhältnißen war er der dienſtfertigſte Freund und Patriot,
da der Treue und Unverdroßenheit deßelben die Univerſität noch jezt manches zu verdanken hat.

In dem ſiebenjährigen Kriege konte freylich nicht
viel in Beziehung auf die hieſige Univerſität geſchehen,
und es war genug, daß ſie nur erhalten, und ſo
viel, als möglich, die Unfälle des Krieges von ihr ab-
gewendet wurden. Zwar muſten einigemahl auf mehrere Wochen, wenn die Feinde in der Stadt waren,
alle academiſchen Arbeiten eingeſtelt, und vieles dem
Privat-

Privat-Fleiße der Studirenden überlaßen werden; doch
erhielt die Universität jederzeit von den feindlichen Ge-
neralen die Versicherung, daß kein Unfall derselben und
ihren Studenten wiederfahren solle, daher auch während der Anwesenheit der feindlichen Trouppen die Lectio nes
wider vorgenommen und oftmahls von den feindlichen
Officiers besucht wurden. Aber es starben auch mehrere Lehrer derselben, und der Regel nach, wurden ihre
Stellen nicht wieder besezt, dies solte erst nach wieder-
hergestellten Frieden geschehen. Die Universität verlohr
nämlich in dieser Zeit 1757 den alten Hofrath und Profeßor Alberti und den D. Baumgarten, auch Struensee ging in diesem Jahren nach Altona. Wiedeburg starb
1758, der alte Juncker 1759, Callenberg 1760, der
Professor Weber 1762, und Carrach war nebst Flör-
cken in der Geißelschaft, und der lezte starb auch als
Geißel 1762 in Nürnberg. Doch wurden einige wenige außerordentliche Lehrer ordentliche Profeßoren, als
Jo. Peter Eberhard, der bereits seit 1754 außerordentlicher Lehrer in der medicinischen Facultät war, er
erlangte 1757, um nicht nach Jena in Hambergers
Stelle zu gehen, eine ordentliche Stelle der Medicin;
auch wurde der jüngere Professor Fr. Christian Juncker, welcher schon seit 1754 eine außerordentliche
Profeßion hatte, gleich nach dem Tode seines verdienstvollen Vaters 1759, Professor ordinarius. Der
ältere Juncker hatte als Medicus des Waysenhaußes
eine Einrichtung auf demselben, die mit der Universität am genauesten zusammen hängt, zu Stande gebracht, wovon ich doch einige Worte sagen muß. Es
wird wohl allgemein eingestanden, daß einem Candida-

ten

ten der Medicin nichts erfprießlicher feyn kan, als wenn
er von einem gefchickten Practicus, zur medicinifchen
Praxis felbft gezogen wird, und daher find clinifche In-
ftitute auf Univerfitäten höchft nützliche und wünfchens-
würdige Einrichtungen. Das hiefige Wayfenhauß hat
felbft eine auf das befte verfehene Apotheke, und den
Armen auf demfelben, wurden auch die nöthigen Medicamente auf Affignation des Medicus der Anftalten
aus der Apotheke umfonft gereichet. Aber Juncker ging
zu feiner Zeit noch viel weiter, und die Umftände des
Wayfenhaußes verftatteten auch damahls eine folche
mehrere Gemeinnützigkeit: er errichtete ein clinifches In-
ftitut, und hielt ein Collegium mit den Candidaten,
worin die Armen hülfsbedürftigen Kranken felbft, oder
durch andere ihre Umftände erzählten, die Candidaten
darauf ihre Meynung fagten, und unter Auffcht ihres
Lehrers, alfo wirklich zu curiren anfingen, von diefem
wurden die verfchriebenen Medicamente auf die Apotheke des Wayfenhaußes affignirt, und die Kranken alfo
unentgeldlich damit verfehen. Diefes clinifche Infti-
tut, — welches im Grunde das Wayfenhauß errichtet, und bis in das Jahr 1787 noch erhalten hat —
war zu Junckers Zeiten von einer gar grofen Wichtigkeit. Diefer fagt felbft in einem Schreiben an den Graf
Roncalli Parolinus von Jahr 1745 *): die Way-
f na

*) In Europae medicina Fol. 102. fagt Juncker:
Ex orphanotrophaei pharmacopolio, cujus ego mo-
deramen quoque obtineo, quotannis duo et quod
excurrit imperialium folidorum millia paupribus
gratis medicamenta diftribuuntur, quod fit, it un-
dique cateruatim aegrotanti eorumque nautii con-

M fluunt

senhäuser Apotheke pflege jährlich an Medicamenten
über 2000 Thlr. an arme Kranke umsonst zu geben.
Sein Sohn, und nach ihm der Geh. Rath Böhmer
haben als Medici des Waysenhaußes, zwar späterhin mit den nöthig gewordenen Einschränkungen, diesem Institute vorgestanden, und obgleich durch das neuerlich errichtete clinische Institut bey der Universität, das
Bedürfniß nicht mehr so groß ist, als es ehedem war,
auch das Waysenhauß nicht so viel umsonst zu geben
vermag, als vormahls, so haben doch noch jetzt die Armen des Waysenhaußes die Medicamente umsonst, und
der jetzige Medicus der Anstalten giebt auch noch jezo
manchen sehr bedrängten Personen Frey-Recepte.

Nach Wiedeburgs Tod war weder ein ordentlicher
Professor der Beredsamkeit, noch der Geschichte auf der
Universität vorhanden, daher muste der Prof. Stiebritz
die öffentlichen Arbeiten, welche der Lehrer der Beredsamkeit zu seiner Pflicht hat, über sich nehmen; und die
Geschichte blieb den zwey außerordentlichen Lehrern Joachim und Pauli, bis der erste 1762 die ordentliche
Profession der Geschichte erlangte. Gleich in dem Anfange dieses Krieges fingen aber einige als Privat-
Docenten zu lehren an, die auch in diesen Jahren außerordentliche Lehrer wurden: als Jo. August Nößelt
in der Theologie, welchem schon vorher vom Hofe aus,
die Vorlesungen über die Kirchenhistorie übertragen wurden; Ernst Christian Westphal in der juristischen,

Jo.

fluant ad collegium pathologico-practicum, in quo
sub meo praesidio provectiores artis medicae Candi-
dati aegros vel eorum nuntios examinando, illisque
medicamenta praescribendo exercentur.

Jo. Ludewig Schulze und Jo. Chriſtian Förſter
in der philoſophiſchen Facultät, insgeſamt 1761, auch
wurde 1762 Phil. Ernſt Bertram, der bereits in
Weimar geheimer- und Regierungs-Secretair geweſen
war, und dieſe Stelle ſelbſt aufgab, nach ſeinem Ge-
ſuche, Profeſſor Juris honorarius. Weil nun nie
ein Profeſſor honorarius auf der Univerſität geweſen
war, ſo muſte angefragt werden, was es für eine Bewandniß mit dieſer honorairen Profeſſion haben ſollte,
und am Ende wurde entſchieden, daß er der letzte unter
den außerordentlichen Lehrern der Rechte ſeyn ſolte. Unter allen dieſen hatte blos Weſtpahl das Glück, daß er
gleich in demſelben Jahre 1761 da er die außerordentliche Profeſſion erlangt hatte, bald nach einigen Monaten, auch ordentlicher Lehrer in der Juriſtenfacultät wur-
be, und dies war auch der Facultät wegen, bald nützlich
und nöthig, da nach Flörckens und Carrachs Abführung
in die Geißelſchaft, nur Nettelbladt, Heißler und Madihn, die Facultäts-Arbeiten über ſich hätten nehmen
müſſen; aber Weſtphal wurde zeitig ein brauchbarer
und beſonders fleißiger Facultiſt, auf welchen viele dieſer Arbeiten gelegt wurden.

In Abſicht des Obercuratoriums fand der König
Friedrich II. im Jahre 1747 für gut, den damahligen
Großcanzler von Cocceji, den Miniſter von Mar-
ſchall und den Legationsrath von Bielefeld, zu
Obercuratoren der Univerſitäten, und der geſamten
Gymnaſien zu beſtellen, und das geiſtliche Departement von der bisherigen Curatel und Direction der Aca-
bemien und Gymnaſien gänzlich zu diſpenſiren. Bald
barauf kam Herr von Bielefeld ſelbſt nach Halle und

machte

machte sich von allem die erforderlichen Begriffe, um
mit den übrigen Obercuratoren, das erforderliche ein=
zurichten. Allein diese Obercuratel dauerte blos bis
1749, da wieder der Chef des geistlichen Departe=
ments, Freyherr von Danckelmann und zwar nunmehr
der einzige Obercurator wurde, welcher dieses Amt ge=
rade bis zum Ende dieser Periode, zwar mit vielem
Ruhme, aber unter mehrern Schwierigkeiten, bey dem
siebenjährigen Kriege verwaltete, da in diesen Zeiten
viele Bedenklichkeiten vorfielen, so wohl in Absicht der
Lehrer, um alle Wißenschaften auf der Academie zu pro=
fitiren, indem es oft an Lehrern fehlte, weil die erledigten
Stellen nicht besezt werden konten, als auch in Absicht
der Studirenden, daß diese in möglichster Ruhe dennoch
den Wißenschaften obliegen, und sich zu brauchbaren
Gliedern der bürgerlichen Gesellschaft bilden könten.
   In diesem Zeitraume waren außer den schon hier
und da benanten außerordentlichen Lehrern, dieses in
der Theologie Adam Struensee von 1751 bis 1757,
von den Juristen Jo. Hartwig Reuter, der 1750
zwar Professor, aber schon 1752 Cammergerichts=Rath
darauf Geh. Tribunals=Rath in Berlin, endlich Geh.
Kriegs=Rath bey dem Departement der auswärtigen
Affairen wurde, und als Subbelegatus zu der Reichs=
kammergerichts Visitation, zu Wetzlar 1773 verstarb;
Jo. Phil. Catrach, ein Sohn des Geh. Raths
seit 1752, der in Duisburg 1753 ordentlicher Lehrer
wurde, welches Amt er erst nach dem hubertsburgischen
Frieden 1764 antrat: in der Zwischenzeit wurde er
königl. Geh. Rath und nobilitirt, darauf 1767 in Holl=
stein Etats=Rath und erster Lehrer in Kiel, nachher
                                        aber

aber ging er nach Wien, woſelbſt er die catholiſche Religion annahm: Ernſt Friedrich Knorre, ein Sohn
des Univerſitäts-Directors, wurde 1754 außerordentlicher Profeſſor, nachher auch Aſſeſſor der damahligen
hieſigen Berg- und Thalgerichten, und ſtarb 1772.

In der mediciniſchen Facultät war Jo. Gottlob
Krüger von 1743 bis 1750 außerordentlicher Profeſſor. Dieſer geſchickte Mann hatte von ſeiner früheſten
Jugend an die Gewogenheit des alten Geh. Rath Hofmann, und er legte ſich beſonders auf Mathematik, Phyſik und Medicin, lehrete darauf mit vielem Beyfalle,
da ſein munterer und populairer Vortrag viele junge
Leute auf der Univerſität erweckte, theils Mathematik
und Phyſik mit Vergnügen zu treiben, theils und beſonders, dieſe mit der Medicin zu verbinden. Sein Abſe-
hen ging vorzüglich mit dahin, beyde Methoden in der
Medicin, die ſtahliſche oder organiſche, und die mechaniſche
unter einander zu vereinigen. Außer ſeinen Vorleſungen
hat er auch durch mehrere Schriften ſich auf eine rühmli-
che Art gezeiget: allein, da für ihn wenig Hofnung war,
auf der hieſigen Univerſität weiter befördert zu werden, ſo
nahm er einen an ihn ergangenen Ruf nach Helmſtädt an,
und verließ 1751 die halliſche Univerſität: Heinr. Chriſtian Alberti, erhielt 1753 eine außerordentliche Profeſſion, und behielt ſie bis 1766, da er ſeine Dimiſ-
ſion forderte, und da er dieſe erlangte, wendete er ſich
nach Sachſen, woſelbſt er geſtorben iſt: Fr. Leber.
Supprian, hieß ſeit 1746 mit dem Charakter eines
Hofraths außerordentlicher Profeſſor, und ſtarb erſt
1790: Chriſtoph Carl Strumpf, wurde 1747
außerordentlicher Lehrer der Chemie und Botanik, und

wurde

würde in der Chemie sonderlich viel geleistet haben, aber
er starb 1754: Ernst Anton Nicolai, erlangte 1748
eine außerordentliche Profeßion, ging aber 1757 nach
Jena, woselbst er annoch stehet.

In der philosophischen Facultät waren außerordentliche Lehrer Andr. Weber 1749, welcher aber
gleich 1750 nach Göttingen als ordentlicher Profeßor
weiter befördert, und von da nachher in die theologische Facultät nach Kiel versezt wurde; oben ist schon etwas von ihm gesagt worden: Jo. Ernst Nicolai,
wurde 1752 außerordentlicher Profeßor, kam aber
bald nach Frankfurth, und von da nach Zerbst als
Profeßor der Theologie, woselbst er gestorben ist:
Fr. Wilh. Ellenberger, welcher 1756 außerordentlicher Profeßor wurde, und manches, das mehr zur Theologie gehörte, vortrug, auch eine deutsche Gesellschaft
alhier errichtete: er wurde darauf nobilitirt, und erlangte den großväterlichen Nahmen von Mutter Seite Ellenberger von Zinnendorf, und starb 1767.

Es fiel noch in dieser Periode einiges vor, das
viel Aufsehen machte, und ich muß auch davon einige
Nachricht geben. Im Jahre 1750 wurde eine Uni-
versitäts-Policen-Verbeßerung zuerst in Halle zu stande gebracht, welche nachher auch auf den übrigen Academien von selbst und freywillig angenommen wurde.
Es war nämlich seit länger, als hundert Jahren der Gebrauch auf den deutschen Academien, daß die Studirenden Degen trugen, ja wohl tragen mußten. Gelegenheit zum Degentragen auf Universitäten hat theils
die Nachahmung, theils einige vorübergehende Umstände gegeben: bekantlich war in den alten Zeiten das
Kriegs-

Kriegsweſen das vornehmſte Geſchäfte des Adels, daher
die Adelichen beſtändig den Degen an der Seite trugen.
Wie nun dies alles ſich zwar ſehr geändert hat, und
der Adel ſich auch beſonders auf Wißenſchaften zu legen,
und folglich Univerſitäten zu beziehen anfing, ſo trugen
die adelichen Studenten den Degen als ein ihnen zu-
kommendes Ehrenzeichen: aber als auch die Gelehrten,
der ſo genante Buchadel, in manchen Stücken dem Ge-
ſchlechtsadel gleich geſchäzt wurden; ſo ahmeten die Studenten bürgerlichen Standes ihren Commilitonen, die
vom Adel waren, ebenfals in Tragung des Degens
nach.    Und dazu kamen im vorigen Jahrhunderte die
ſo lange anhaltenden Kriegs-Unruhen in Deutſchland,
da es faſt einem jeden erlaubt war, bewafnet einherzu-
gehen, um ſich, wenn er angegriffen werden ſolte, ſo
gut zu wehren, als er konte; daher dieſer Gebrauch
nach und nach ganz allgemein wurde. Dennoch iſt ſchon
ſelbſt zu der Zeit jenes deutſchen Krieges das Degen-Tragen den Studirenden auf mehreren Univerſitäten unterſagt, auf den mehreſten aber das Ablegen deßelben ge-
wünſcht worden. So findet ſich ein ſolch Verboth auf der
Univerſität Jena von 1625, auf der in Straßburg von
1629 und der berühmte Theolog Joh. Gerhard wünſcht
herzlich, daß dieſe Gewohnheit abgeſchaft werden möchte *).   Selbſt auf unſerer Univerſität Halle haben wir
gleich

*) Seine eigene Worte ſind: belli huius inteſtini incen-
dio deberi exiſtimo, quod militare hoc ſaeculum mi-
litarem etiam habitum, velut quodam contagio ſtu-
dioſae iuuentuti affricuerit, vt gladiis accincti paſſim
obambulare geſtiant. — Futurum ſpero, vt acade-
mica diſciplina hactenus depreſſa caput iterum exſe-
rat

gleich anfangs zwey sehr berühmte Männer gehabt, die
eine beßere academische Disciplin, und besonders die
Abschaffung des Degens als etwas sehr wünschenswür-
diges ausgegeben haben, nämlich den Canzler von Seckendorf *) und den Geh. Rath Thomasius **),
der erste klagt absonderlich über den Mangel der Disciplin in Absicht auf die Theologie Studirenden und zeigt
den großen Schaden, welcher daher für das Ganze und
für die christlichen Gemeinden entstehen müße, wenn
ihre künftigen Lehrer eine freche Wildheit auf Universitäten annehmen; und Thomasius meynet, daß, ob zwar
das Degen-Tragen durch landesherrliche Geseze abgeschaft werden könte, dies doch nicht rathsam sey, sondern dieser Misbrauch müße am besten durch Exempel
und Beyspiele abgeschaft werden. Das erste ist doch
alhier geschehen und nach dem zweyten ist der Degen
auch auf allen Universitäten nunmehr abgeschaft worden.
Daß bey jungen hizigen Leuten bey einer kleinen Gelegenheit, wenn sie dergleichen Waffen stets tragen, sehr leicht
entstehende Streitigkeiten in Verwundungen, Mord
und Todschlag ausarten können und wirklich ausgeartet
sind, das ist aus der Erfahrung bekant, aber bey Gelegenheit eines hiesigen Tumults zwischen den Studirenden und dem in der Stadt einquartirten Regimente
1750 war eine ganz schickliche Veranlaßung, daß durch
ein

---

rat & habitus martialis deponatur, conf. fortgesezte
Samlung unschuldiger Nachrichten vom Jahre 1728.
Seit. 1030.

\*) in seinem Christen-Staate. Buch 3. Kap. 9.

\*\*) in den Anmerkungen zu Melchior von Osse Testament,
Kap. 4. Seite 295.

ein Geſez das Tragen des Degens ſchlechterdings von
dem Könige unterſagt wurde. Fiel es zwar damahls
etwas auf, weil der Degen als das Zeichen eines Studenten angeſehen wurde; ſo wurde doch bald gemerkt,
daß es bequemer, in mehrerem Betrachte öconomiſcher,
ſelbſt gewiſſer maßen anſtändiger ſey, unbewafnet ein-
herzugehen, und da nachher es faſt allgemein eingeführt
wurde, ohne Degen zu gehen; ſo würde es jezt noch
auffallender ſeyn, als es damahls war, wenn man eine
große Anzahl von Studirenden alle bewafnet zuſammen
ſehen ſolte. Andere Univerſitäten folgten dieſem in
Halle gegebenen Beyſpiele, aber freywillig; und ſo iſt
der Degen ſo verſchwunden, daß er jezo nur bey einer
Feſtlichkeit als ein Ehrenzeichen getragen wird.

In dieſem Abſchnitte ereignete ſich auch eine Feyerlichkeit auf der Univerſität, und inſonderheit bey der
mediciniſchen Facultät, davon man vielleicht kein Bey-
ſpiel auf einer deutſchen Univerſität hat. Es iſt zwar
etwas ſeltenes, — aber auch eben nicht zu wünſchen,
daß es öfterer geſchehe, — daß ein Frauenzimmer bey ihrer mehrern Sprachkentniß, oder bey ihrer hiſtoriſchen
Wißenſchaft, oder bey einer populären Philoſophie,
von der philoſophiſchen Facultät auf einer Univerſität
promovirt wird, in Halle aber wurde ein Frauenzimmer nach überſtandenem examine rigoroſo, wo alles
latein geredet wurde, und die Candidatin ihre vorzügliche Kentniß in allen Theilen der Medicin an den Tag
gelegt hatte, förmlich in *Doctorem* Medicinae re-
nunciirt, und ihr die Erlaubniß, mediciniſche Praxin
zu treiben, in beſter Form ertheilt. Es war dieſelbe
Frau Chriſtiana Dorothea Erxleben, gebohrne Les-
porin,

porin, und die Solennität geschahe den 12 Jun. 1754.
Die Seltenheit dieses Falles erfordert wohl eine kurze
Nachricht davon. Die Frau Doctor Erxleben war
1715 in Quedlinburg gebohren, woselbst ihr Vater
D. Christian Polycarp Leporin eine glückliche Praxin
trieb: Da sie in ihrer Jugend stets kränklich war, ihr
Vater aber ihren ältern Bruder selbst in der lateinischen
Sprache und dem Christenthume unterrichtete, darauf
auch ihn zu den medicinischen Wißenschaften nach
Stahls, Albertis und Junckers lehrsäzen vorbereitete,
ehe er die Universität bezog, so nahm sie beständig an
diesem Unterrichte zugleich Antheil. Während der Zeit,
da ihr Bruder auf der Universität war, studirte sie für
sich die vorzüglichsten medicinischen Schriften von den
vorhin genanten, und von Hofmann, Werlhof, Boer-
have u. a. m. darauf sie oft für ihren Vater Casus
ausarbeitete, und bey seiner Abwesenheit oder Krankheit seine Patienten besorgte. Im Jahre 1740, da
der König Friedrich der Zwente die Huldigung in Quedlinburg durch Commissarien einnehmen ließ, wurde von
ihr vieles gesprochen, und sie selbst also bald nachher
dem Könige recommendirt, deshalb an die hiesige medicinische Facultät 1741 rescribirt, und derselben dies
Frauenzimmer zur Promotion empfohlen wurde. Allein
sie heyrathete bald darauf einen Prediger an der Nicolai-
Kirche in Quedlinburg, Joh. Christian Erxleben,
wurde Mutter von vier Kindern, ihr Vater verstarb,
und ihren Mann hatte sie in einer schweren Krankheit
zu curiren. Erst 1754 entschloß sie sich also, die ehemals vorgewesene Promotion nunmehr ins Werk zu
sezen, daher sie den König bath, sie der medicinischen
Facul-

Facultät in Halle zu empfehlen, daß ſie zum Examen
zugelaßen und darauf ordentlich promovirt werden
möchte. Nach einem Reſcripte vom 6 März geſchahe
dies auch wirklich, wenn nichts erhebliches dagegen
einzuwenden wäre, daher den 6 May das Examen
wirklich angeſtelt wurde, worinn die Frau Candidatin
mit viel Geſchicklichkeit, Erudition und Beſcheidenheit
auf alle Fragen, die ihr aus der theoretiſchen und practiſchen Medicin vorgelegt wurden, in lateiniſcher Sprache antwortete. Die Facultät berichtete darauf wieder
an den König, meldete die befundene Geſchicklichkeit,
und ſuchte die Approbation zu der vorzunehmenden
Promotion nach. Dieſe erfolgte ſo gleich, darauf die
Frau Candidatin ihr ſpecimen inaugurale ein-
ſchickte und abdrucken ließ, welches den Titel hat:
Diſſertatio inauguralis medica exponens, *quod
nimis citio ac iucunde curare, ſaepius fiat cauſſa mi-
nus tutae curationis*, quam ſub auſpiciis ſummi
Numinis & gratioſiſſima Regia conceſſione ad
gradum *Doctoris* obtinendum & praxin legitime
exercendam illuſtri Medicorum Ordini in alma
regia Fridericiana praegreſſo examine, ſpeci-
minis loco d. XII. Junii MDCCLIV. demiſſe ex-
hibet Dorothea Chriſtiana ERXLEBIA, nata
LEPORINA, Quedlinburgenſis. Halae Magd.
mit dem Programm eilf Bogen in 4to. Den 12 Jun.
wurde alſo dieſe ſolenne Promotion in dem Hauße des
damaligen Decans, Prof. Junckers, in Gegenwart
vieler Zuhörer vom Stande beyderley Geſchlechts vorgenommen, ihr die höchſte Würde in der Medicin und
die

die Freyheit zu practiciren von dem Decan ertheilt, der gewöhnliche Doctor-Eyd ihr abgenommen, und zu dieser Würde von den Gegenwärtigen alles Glück und Segen angewünscht, worauf die neue Frau Doctorin mit einer lateinischen Rede diese Solennität beschloß. Sie hat nachher noch einige Jahre, da sie bald Witwe wurde, bis 1760 oder 61 in Quedlinburg gelebt und practicirt, und ist Mutter von einigen bekanten gelehrten Söhnen geworden.

Bey dem Schluße dieser Periode 1763 bestand die Universität aus folgenden Professoren:

in der theologischen Facultät: Francke, Michaelis, Knapp und Semler,
Extraordinarii in ihr waren: Freylinghausen und Nößelt,

in der juristischen Facultät: Carrach, Nettelblade, Heißler, Madihn und Westphal,
außerordentliche in ihr waren: (Joachim), Pauli, Knorre und Bertram,

in der medicinschen Facultät: Büchner, Hofmann, Böhmer, Eberhard und Juncker,
außerordentliche waren in ihr: Alberti und Supprian,

in der philosophischen Facultät: von Segner, (Michaelis), Lange, (Büchner), Stiebritz, Meier und Joachim,
außerordentliche in ihr: (Eberhard), Ellenberger von Zinnendorf, Schulze und Förster.

Vierte

## Vierte Periode.

Von 1763 bis 1786 unter der zweyten Hälfte
der Regierung Friedrich II.

Nach wiederhergestelten Frieden wendete der große
König Friedrich seine Sorgfalt auf alles in seinen
Staaten, und auch vorzüglich auf die Wißenschaf-
ten und auf die Sitze derselben, auf die Universitäten.
Mehrere ledige Lehrstühle wurden also in Halle nun wie-
der besezt, und manches, das bisher in einem gewißen
Verstande vernachläßiget worden war, solte besonders in
Gang gebracht werden.

Gleich in dem Anfange dieses Zeitranms 1763
legte der Minister Freyherr von Dankelmann alle seine Aemter nieder, und das Obercuratorium der Universitäten erlangte nunmehr den Minister Freyherr von
Fürst und Kupferberg. Mit wahrer patriotischen
Entschloßenheit fing er so gleich an, da der Frieden
wieder hergestellt war, den vorigen Flor der hiesigen
Universität wieder herzustellen; mehrere bisher in
dem Kriege unbesezt gebliebene Stellen, wurden besezt, und andere bisher ganz und gar unbesezt gewesene
Fächer, erlangten auch besondere Lehrer. Besonders
wurden mehrere glückliche Einrichtungen auf der Universität zu Stande gebracht, nachdem der damahlige Geh.
Tribunals-Rath jetzige Geh. Legations-Rath von
Steck, als Commissarius die Umstände derselben ge-

nau

nau untersucht hatte. Da dieser selbst ehedem alhier
Professor gewesen war, so wuste er auch am Besten,
was überhaupt, und was insonderheit anjezo nach den
damahligen Zeitumständen zu ihrem Flor geschehen müße.
Ganz richtig wurde bey allen vorsehenden Verbeßerungen zum Grunde angenommen, daß die Schulen und
die Gymnasia, bey ihrem nächsten Einfluße auf die Universitäten zuerst gebessert werden müßten, um in gehöri-
ger Reife den Academien ihre neuen Bürger zu übergeben, daher der Obercurator auch diese zu seinem besondern Augenmerke machte.    Auf Universitäten selbst
wolte derselbe ganz vorzüglich,    daß die Lernenden
die gehörige Ordnung im studiren beobachten,    die
Wißenschaften nicht blos in der zu gedrengten Kürze,
sondern, wo es irgend möglich sey, in einer mehrern
Ausdehnung, und überhaupt nicht blos das allerunent-
behrlichste, sondern auch das treiben könten, was zur
Beßerung des Geschmacks, zur Moralität und zur Religiösität so vieles beytragen kan. Zu diesem Ende wurden in allen Facultäten 1769 methobologische Anwei-
sungen verfertiget, und bey der Inscription die von der
philosophischen Facultät allen, und einem jeden nach
Verschiedenheit der, zu welcher er sich einschreiben ließ,
die besondern, z. E. theologische u. s. w. mit übergeben.
Es ist richtig, daß ein solches Schema, dem Entwurfe mancher Lehrer, die bey ihren Arbeiten sich einen eigenen Cursus gemacht hatten, nicht entsprach, und daß
manchmal sich die jungen Leute aus diesen tabellarischen
Vorstellungen, nicht genug belehren könten; auch daß
dieser Plan nicht blos auf einen zweyjährigen Auffenthalt zugeschnitten war: aber einem jeden bliebe seine

völlige

völlige Freyheit, er konte nach ihm seinen Fleiß einrichten oder nicht; es war ein Rath, ein gut gemeinter,
auf den Nuzen der Studirenden abzweckender Rath,
deßen Befolgung oder Nichtbefolgung ihnen überlaßen
wurde. Diese methodologischen Schemata, und ihre
Vertheilung bey der Inscription dauerte dies Curatorium
hindurch, da der Nachfolger des Ministers von Fürst,
der Herr von Zedliz gute Ursachen zu haben vermein-
te, nicht weiter diese tabellarischen Entwürfe den ankom-
menden Studirenden zu übergeben, von welchem unten ein mehreres gesagt werden soll. Noch mehr aber, es
verordnete der Minister von Fürst, daß in allen Haupt-
wißenschaften eine encyclopädische Einleitung zum Besten der Anfänger; z. E. eine juristische, philosophische
u. s. w. ja eine allgemeine, die auf die ganze Gelehrsamkeit ging, und eine kurze Uebersicht aller Wißenschaften ihrer ganz allgemeinen Beschaffenheit, ihrem Werthe, und ihrer Betreibungsart noch seyn solte, vorgetragen würde, und diese Art von Vorlesungen ist auch
auf andern Universitäten gewiß nicht ohne Nuzen sehr
gemein worden. Für diejenigen, welche in ihren
Wißenschaften etwas weiter gehen wolten, wurden auch
ganz specielle Disciplinen angekündiget und gelesen,
da man wohl weiß, daß in der Welt und in den Geschäften, das specielle gebraucht wird, und man mit
dem ganz generellen nicht auszukommen im Stande ist.
Zur Moralität und zur Beförderung der Religiösität
wurde auch für die, welche nicht Theologie studiren, eine
theologische Vorlesung bestimt, worin die Wahrheit der
christlichen Religion wider die so genannten starken Gei-
ster erwießen wurde, ohne daß die Zuhörer viele andere

crit

critische, philosophische und antiquarische Kentniß —
welche für die eigentlich Theologie studirenden gehört —
vorausgesetzt werde. Besonders wurde eine eigentliche
Professur für die Naturhistorie errichtet, da diese so
allgemein beliebt worden war, und Botanik, Matallurgie,
Bergwerkswißenschaft u. s. w. einer mehrern und beßern
Betreibung anempfohlen. In Absicht der acabemischen
Disciplin hielt der Minister von Fürst streng, über die
Gesetze, über Aufrechthaltung von bürgerlicher und academischer Ordnung, ohne irgend die wahre academische
Freyheit zu beschränken. Dieser der Universität unvergeßliche Mann behielt aber nur bis 1771 das Ober-
Curatorium; denn, als er in diesem Jahre den Posten
eines Großcanzlers in den gesamten preußischen Staaten erlangte; so wurde, doch nur auf eine ganz kurze
Zeit, der Etats- und Justiz-Minister von Münchhau-
ßen Ober-Curator der Universitäten; darauf noch in
eben demselben Jahre der Justiz-Minister Carl Abra-
ham von Zedliz das Ober-Curatorium erlangte, welcher nicht weniger als sein Vorfahr unverdroßen und
unermüdet, da er nicht blos Liebhaber, sondern auch
Kenner der Wißenschaften war, an dem Wachsthume
und an dem Flore der Universität arbeitete.

Auf ihr selbst, war seit Flörckens Tode die
Stelle des Universitäts Directors unbesetzt geblieben,
und es wurde der älteste in der Juristen-Facultät der
Geh. Rath Carrach Director. Dieser war sehr lange bey der Universität, hatte sich also mit ihren Rechten
und Verhältnißen ganz genau bekant gemacht, welche
er nun auch, wenn es die Umstände zu erfordern schienen,

nen, mit ausnehmenden Muthe und auch wohl mit
Hize zu erhalten und zu vertheidigen suchte.

In der philosophischen Facultät war bereits
einige Jahre, seit Wiedeburgs Tode niemand der eigentliche Professor der Beredsamkeit, dazu wurde nunmehr
dem Könige von dem damahligen Major Quintus
Icilius, als ein sehr gelehrter Mann Adam Wilhelm
Franzen 1764 bestens empfohlen. Dieser Franzen
war schwächlich und äußerst hypochondrisch, welcher in
Halle theils die Baumgartenschen Philosophie, theils
Autores classicos zu erklären suchte; allein er war
wenigstens nach seinen kränklichen Umständen nicht vermögend, die Beredsamkeit, und überhaupt die Humaniora, welche Absicht doch der Hof bey seiner Berufung
hatte, geltend zu machen. Da nun aber der König
selbst das Lesen der alten griegischen und römischen Autoren ernstlich verlangte, und der damahlige Professor in
Jena, und bald darauf in Göttingen Christian Adolph
Kloz durch mehrere Schriften in diesem Fache eine starke Sensation unter den Gelehrten bereits gemacht hatte;
so wurde auch dieser das Jahr darauf 1765, zum ordentlichen Professor der Beredsamkeit und der Alterthümer, mit dem Prädicate eines königl. Hof-Raths ernannt; worauf auch nach einigen Jahren der Charakter eines Geh. Raths erfolgte. Der erst im vorigen
Jahre zu dieser Profession berufenen Franzen starb
aber schon 1766, und nun solte Kloz die Humaniora
mit allem Ernste auf der Universität beliebt und wichtig
machen, alle Hofnung war auch wirklich dazu vorhanden, und er stand, noch ehe er sein Amt angetreten hatte, in den besten Vorurtheilen für ihn. Ueberhaupt

N

hatte

hatte Kloz viele Talente, war ein munterer und thätiger Kopf, deßen Arbeiten ihm alle leicht wurden, und
der auch von Kleinigkeiten mit Anstande vieles zu sagen
verstand: aber academische Vorlesungen schienen nicht
eben seine Lieblingsarbeiten zu seyn. Sonst übernahm er
auch auf der Universität noch manches, um sein Ansehn
noch mehr zu erweitern, obgleich nicht eben immer zur
innern Vollkommenheit des von ihm übernommenen:
z. E. das Bibliothekariat der Universität, die Direction
einer hallischen gelehrten Zeitung, die auch bis jetzt noch
fortgesetzt wird; aber er lebte zu geschwind, und starb in
der Blüthe seiner Jahre 1771. Bald mit ihm wurde
auch Joh. Ge. Jacobi 1765 außerordentlicher Prof.
der Beredsamkeit, welcher aber bald wieder wegging und
sich als Dichter berühmt gemacht hat. An Klozens
Stelle wurde Jo. Thunmann 1772 angesetzt, der von
Geburt ein Schwede war, und sich schon einige Jahre in
der Marck und sonderlich in Berlin als einen gelehrten
und denkenden Kopf mehrern empfohlen hatte. Die alte
Geschichte war besonders sein Lieblingsfach, und er hat
einige dahin gehörige sehr gelehrte Abhandlungen, in einer höchst correcten deutschen Schreibart, herausgegeben.
Auf der Universität lehrte er als ein geschickter, fleißiger und geselliger Mann, mit vielen Beyfalle. Hätte er länger gelebt, so würde er noch mehreres geleistet
haben, da er es nicht an Arbeitsamkeit und Fleiße er-
mangeln ließ, aber er starb zeitig 1779.

In den orientalischen Sprachen war der alte
Michaelis noch immer der ordentliche Lehrer, außer
ihm lehrete auch hierin Stiebriz und Schulze; doch
Michaelis starb auch bald im Anfange des Jahrs
1764,

1764, da die Universität kaum einen Monat vorher
sein 50jähriges Amts-Jubiläum gefeiert hatte, in seinem 85sten Jahre. Bey seinem Fleiße hat er in seinem
langen Leben auf der hiesigen Universität, nach der damahligen Beschaffenheit seiner Art von Kentnißen, vieles geleistet, aber freylich gehet sein gelehrter Sohn Jo.
David, merklich über ihn, denn dieser fing wirklich in
diesem Felde eine neue Epoche an.   Alhier in Halle
promovirte er unter seinem Vater; allein so sehr auch
dieser wünschte, den Sohn dereinst zum Collegen zu
erhalten, und so eine Zierde er wirklich für die Universität geworden wäre; so war es doch seine Bestimmung,
einer der ersten Lehrer in Göttingen zu werden.   Nach
des alten Michaelis Tode erlangte 1765 der Professor
Schulze, die designirte ordentliche Profession der orientalischen Sprachen. Späterhin 1773 wurde auch Ge.
Jo. Lud. Vogel, welcher schon einige Jahre vorher mit
rühmlichem Fleiße und bey einer großen Freymüthigkeit,
das orientalische Fach bearbeitet hatte, außerordentlicher
Professor in der philosophischen Facultät, und er würde
in der Exegese, besonders des Alt. Test. noch vieles geleistet haben, wenn er nicht immer kränklich gewesen,
und bald nach etwa drey Jahren 1776 gestorben wäre.

   In der eigentlichen Philosophie wurde der Professor Förster 1768 ordentlicher Lehrer, welchem das
Jahr darauf die Betreibung einiger Theile der practischen Weltweisheit, und der politischen Wissenschaften
insonderheit aufgetragen wurde.   Der Prof. der Mathematik Lange starb 1765, und Eberhard, welcher
bisher zwar ordentlicher in der medicinischen, aber außerordentlicher Lehrer in der philosophischen Facultät ge-

wesen

wesen war, erlangte nun auch die ordentliche Profession der Mathematik und Physik. Diese Theile hat er
immer mit einer besondern Faßlichkeit und Popularität
vorgetragen, daher sie auch fast allgemein von den Studirenden pflegten getrieben zu werden, und nach seinem
rühmlichen Bestreben zur Gemeinnüzigkeit, hat er auch
in einigen Zeitschriften manchen ziemlich ausgebreiteten
physischen Aberglauben zerstört, da er die ganz natürlichen Ursachen mehrerer Begebenheiten so faßlich erklärte, daß ein Mensch von blos gesunden Menschen-Ver-
stande die Thorheit des Aberglaubens einsahe, wenn
dieser jene Begebenheiten als ganz wunderbar oder wohl
übernatürlich anstaunte.

Die Geschichte hatte im Anfange dieses Zeitraums
zum einzigen ordentlichen Lehrer Joachim, aber schon
seit 1762 war diese auch das vorzügliche Feld, welches
der so genannte Professor honorarius Bertram zu bau-
en sich beflißen, und dies blieb es ihm auch, da er ordentlicher Professor der Rechte 1764 wurde: er lehrte
Geschichte, Statistik, Cameralia, und einige Theile der Jurisprudenz, die nämlich, welche besonders
Historie voraussezen, als das öffentliche- und Feudal-
Recht. Noch wurde der Prof. Pauli 1765 ein ordentliches Glied der philosophischen Facultät, und lehrete und schrieb auch mehreres, das insonderheit die specielle preußisch-brandenburgische Geschichte betrift.
Auch wurde annoch von Leipzig schon 1764 Carl Re-
natus Haußen, als außerordentlicher Lehrer der Geschichte auf die hiesige Universität gezogen, der darauf
1766 diese ordentliche Profession erhielt. Allein alle diese vier Lehrer der Geschichte blieben es nicht lange, den

1767

1767 starb Joachim, und der Prof Haußen wurde 1772 nach Frankfurth versezt, Bertram starb 1777, und das Jahr darauf 1778 starb auch Pauli. Um diese Zeit raubte der Tod auch noch andere aus dieser Facultät, als: 1775 Stiebriz, 1777 Meier und von Segner, 1778 Pauli, und 1779 Thunmann. Ueberhaupt war in diesem Jahrzehende die Sterblichkeit unter den Professoren in Halle weit größer, als sie je gewesen.

Bald, als der D. Semler Director des Seminariums geworden war, fing er an, die Einrichtung deßelben sehr glücklich abzuändern. Die Seminaristen nämlich kamen sonst in den Hörsale des Directors zusammen, und es wurde diese oder jene erbauliche Schrift vorgelesen, die ganze Verfaßung war überhaupt klösterlich und solte zur Erbauung abzwecken. Semler war ein Freund der Humariorum, und er wünschte zur Beförderung der Wißenschaften, besonders gute Schulleute; in seinem Directorat sorgte er also, daß immer ein gelehrter und geschickter Mann, dem Institute als Inspector vorstehen möchte, er erwählte daher in diese Stelle jederzeit einen jungen academischen Docenten, welcher theils einige Vorlesungen für die Glieder des Seminariums hielt, die zu den Humanioren gehörten, theils diese selbst in Ausarbeitungen und disputiren übte, und diese Einrichtung ist auch bis auf den heutigen Tag glücklich benbehalten worden. Nach einigen solcher Inspectoren hatte auch in den ersten Jahren, zwischen 1770 und 1780 dieses Inspectorat Christian Gottfried Schüze, und dieser hatte die Humaniora mit dem Seminaristen fleißig getrieben. Er wurde auch 1773 außerordentlicher und nach einigen Jahren 1777 ordentl.

ordentlicher Lehrer in der philosophischen Facultät, und
stellte immer als Inspector des Instituts, dergleichen
Uebungen mit den Seminaristen an, wodurch allmählich
der Geschmack in Absicht der Humaniorum, sehr glücklich gebeßert wurde. Ja er kam nachher mit dem D.
Semler, als Director dieses Instituts, auf den Entschluß, in gewißem Betrachte dem deßauischen Philanthropin, des damahls mit seiner Erziehungsart so viel
Aufsehen machenden Prof. Basedow, ein eigenes
Institut in Halle entgegen zu setzen, welches mit dem
Seminarium in der genauesten Verbindung stehen solte.
Die Hauptabsicht dabey solte seyn, gute Schul-Lehrer
zu bilden, und, um dies am sichersten zu erreichen,
junge Leute wirklich auf die beste und vernünftigste Art
zu erziehen. Es ist hier der Ort nicht, den ganzen von
Semler und Schützen angelegten, und von dem damahligen Curator, dem Minister von Zedliz sehr gebilligten
Plan, näher zu beschreiben, nach welchem mehrere
Eleven von den ausgewählten Lehrern, unter Aufsicht
der zwey ersten unterrichtet, und gebildet werden solten,
er ist in dem Jahre 1778 theils besonders, theils in
dem hallischen wöchentlichen Anzeigen, öffentlich bekant
gemacht worden. Die Sache schien auch im Anfange
ganz gut zu gehen, es fanden sich wirklich mehrere Eleven ein, und diese hatten an den Senioren des Seminariums, wohl zubereitete und geschickte Lehrer: allein
Semler hatte bald das — Unglück, aus Ursachen, die
ich weiter unten freymüthig anzeigen werde, die Gewogenheit und das Zutrauen des Ministers von Zedliz
zu verliehren, und dies hatte auch in so fern einen Einfluß auf den Prof. Schütz, daß dieser einen 1779 an
ihn

ihn ergangenen Ruf nach Jena annahm. In seine Stelle wurde aus dem dessauischen Philanthropin ein eigener Lehrer, der neuen hallischen Erziehungsanstalt vorgesezt, und eine ordentliche Professio Pädagogices auf der Universität errichtet. Diese erhielt nämlich J. Ernst Trapp, welcher nachher vieles, was in das Erziehungs-Wesen einschlägt, geschrieben hat. Allein Trapp als Aufseher, und Semler als Director des Instituts, waren in ihren Meinungen nicht einstimmend, bey welcher Uneinigkeit die erst kürzlich errichtete Erziehungsanstalt, nicht, wie gewünscht und gehoft wurde, gedeihen konte. Semler gab die Direction auf, und Trapp erlangte diese ebenfals: aber auch dieser wurde unzufrieden, und ging 1782 nach erlangtem Antrage auf ein anderes Erziehungs-Institut nach Braunschweig, das hallische dauerte nachher noch eine ganz kurze Zeit, und endlich wurde es völlig aufgehoben, da niemand weiter etwas damit zu schaffen haben wolte.

Es hat vom ersten Anfange der Universität Lehrer auf ihr gegeben, die sehr viel auf Naturhistorie, ihrer Annehmlichkeit, und ihrer Beziehung nach auf andere Wißenschaften gehalten, und sich daher auch mehrere Naturalien aus den Reichen der Natur gesammelt haben. Der alte Hofmann hatte ein feines Cabinet, auch Alberti, Büchner und besonders Lange, auch ist es schon längst vorgewesen, z. E. mit dem ehemaligen hiesigen Privat-Docenten, dem D. Carthäußer, daß eine eigene Professio historiâ naturalis alhier errichtet würde. Doch ist die gesamte Naturhistorie erst neuerlich gehörig systematisch geordnet und vorgetragen, und nun ein Lieblingsstudium für viele worden,

daher,

daher, obgleich erst 1769, eine ordentliche Profession
für dieselbe gestiftet, und D. Jo. Fr. Gottlieb Goldhagen dazu als Professor Ordinarius angesezt wurde.
Goldhagen gab sich viel Mühe, sich zu diesem Behufe
ein gutes Naturalien-Cabinet zu samlen, kaufte also
mehrere, als, zum Theil das büchnerische, gründleri-
sche u. s. w. und brachte also ein ganz ansehnliches zusammen, welches späterhin von der Academie erkauft worden, und jezt das Universitäts-Naturalien-Cabinet ist.
Um nun noch mehr diese Wißenschaft in Halle aufzubringen, wurde auch Jo. Reinhold Forster, der
durch seine Reisen, ganz besonders in der Naturhistorie
so viel geleistet hatte, und auf der Universität leisten
konte, zum ordentlichen Lehrer der Naturhistorie und
Metallurgie, nach Halle gezogen.

Nach Bertrams, Meiers und Segners Tode, waren
mehrere Lehrstühle unbesezt, die nothwendig mit neuen
Lehrern versehen werden mußten: es wurde also an des
Geh. Rath von Segners Stelle der mecklenburgische
Hofrath und Professor in Büzow Wencesl. Jo. Gu-
stav Karsten 1778 als ordentlicher Lehrer der Mathematik und Physik anher berufen, welcher einer der ersten
Gelehrten in diesen Wißenschaften war, deßen litterari-
scher Werth bekant genug ist. Sein lateinisches System
der theoretischen Mathematik bleibt immer ein schäzbares
Werk, da er besonders in der Theorie des Maschinen-
wesens weiter gekommen ist, als man vor ihm war. In
der Physik trieb er anfänglich vorzüglich, den mathematischen Theil derselben, nachher aber und später räumte er
der Chemie den grösten Theil in dieser Wißenschaft ein,
und schnitte davon die mathematischen Untersuchungen
ab.

26. Wie in seinen Schriften eine besondere Deutlichkeit
herrscht, so hat er in seinem mündlichen Vortrage auf
der Universität, bey der von ihm gebrauchten analyti-
schen Lehrart mit algemeinem Beyfalle, die Liebe zu den
mathematischen Wißenschaften unter den Studirenden
erhalten und noch mehr befördert. In seinem Umgange
zeigte er überall, daß Tugend, Rechtschaffenheit und
Religiosität ihm das achtungswürdigste sey, daher er
auch selbst ehemahls die Warheit der christlichen Religion in einer eigenen Schrift zu erweisen gesucht hat,
und die Universität verlohr durch seinen baldigen Tod
eines ihrer gelehrtesten und solidesten Glieder. In der
eigentlichen Philosophie wurde Jo. Aug. Eberhard
bisheriger Prediger in Charlottenburg als ordentlicher
Lehrer 1778 nach Halle versezt, und in der Historie
das Jahr darauf 1779 der außerordentliche Lehrer
in Göttingen Matthias Christian Sprengel als
Professor ordinarius hierher gezogen. Nach Thum-
manns Tode war die Profession der Beredsamkeit einige
Jahre unbesezt, deshalb der Prof. Schüze, so lange
er noch in Halle war, die öffentlichen Arbeiten, dazu
der, welcher diese Profession hat, verbunden ist, über
sich nahm; nach seinem Abzuge von Halle aber wurden
sie von dem Obercuratorium dem Prof. Jo. Reinhold
Forster übertragen. Als nun auch Prof. Trapp von
der Universität wegging, solte die erst neu errichtete
Profession der Pädagogik doch wieder besezt werden,
dazu also 1783 Jo. August Wolf berufen und angenommen, das Jahr darauf aber diese Profession mit
der Beredsamkeit verwechselt, und der Professor der
Pädagogik nun Lehrer der Beredsamkeit wurde.

Endlich

Endlich wurde am Schluße dieses Zeitraums der D. Ge. Fr. v. Lamprecht, der eine kurze Zeit als Privat-Docent gelesen hatte, zum außerordentlichen Profeſſor der Philoſophie ernannt.

In der mediciniſchen Facultät blieb im Anfange nach dem hubertsburgiſchen Frieden, alles, wie es war, und als 1766 der Prof. und Hofrath Hofmann verſtarb, erlangte Jo. Chriſtlieb Kemme eine außerordentliche Profeſſion. Büchner ſtarb auch 1769, und an ſeine Stelle wurde ſo gleich D. Adam Nießky ordentlicher Lehrer der Arznengelehrſamkeit. Dieſer Nießky hatte als ein gebohrner Preuße in Königsberg und darauf in Halle ſtudirt, und ſich ſonderlich alhier zu dem Canzler Wolf gehalten, deßen Anbeter er faſt war. Als ein ſo eifriger Anhänger deßelben hatte er ſich die wolfiſche Denkungs- und Lehrart ſo familiariſirt, daß er feſt glaubte, nirgends könte Feſtigkeit und Gründlichkeit ſeyn, als wo nach dieſer Methode gedacht und gelehrt würde. Seine Lieblingswißenſchaft war vorzüglich Chemie, und er ſoll einen beträchtlichen Theil ſeines eigenen Vermögens derſelben aufgeopfert haben. Als Lehrer derſelben und der Medicin überhaupt, wendete er die mathematiſche Methode auf ſie an, ſchrieb ſich einige Lehrbücher ebenfals nach dieſer Lehrart, und meynte, alles müße und könne ſo demonſtrativiſch erklärt werden. Als Lehrer und als practiſcher Arzt erlangte er auch bald, da er ſchon 1753 promovirt und ſeit der Zeit als academiſcher Privat-Docent gelehrt hatte, in der That ein gutes Anſehen, viele Medicin Studirende hingen ihm als einem ſo gründlichen Lehrer mit Eifer an, und man muß es ihm auch

auch zugestehen, daß er auf der Universität fleisige und
gute Leute gezogen hat; doch konte er in Halle nach den
damahligen Umständen nicht weiter kommen, deshalb
er auf Empfehl des D. Semlers 1767 einen Ruf als
ordentlicher Professor nach Altorf erlangte, und sich
auch wirklich dahin begab: allein es gefiel ihm in Altorf
nicht, er ging deshalb bald wieder von da weg, und
nach Halle zurück, woselbst er in seine alte Laufbahn
trat und als Privat-Docent Unterricht ertheilte, bis
er nach Büchners Tode ein Glied der Facultät wur-
te. Bey seinen sonstigen guten Eigenschaften als Lehrer und als scharfer Beobachter vor den Krankenbetten
war das gewiß sein Fehler, daß er zu fest auf seiner
Méthode bestand, und andere neuere, die nicht so de-
monstrativisch dachten, größtentheils verachtete. Wie
er nun gegen die lezte Zeit seines Lebens zu unthätig
wurde, so bekümmerte er sich nicht um die Neuern,
welches, wie seine Unthätigkeit überhaupt, allerdings
einen nachtheiligen Einfluß auch auf seine academischen
Vorlesungen hatte. Er starb 1780.

Juncker lehrete annoch nach den gemäsigten stahlischen Grundsäzen, und da er Medicus auf dem hiesigen Waysenhauße gleich nach seines Vaters Absterben
wurde, so sezte er das Collegium clinicum desselben
durch Hülfe des Waysenhaußes fort, und hatte als
practischer Arzt und in Anführung der Candidaten zur
Application ihrer schon erlangten Kentniße nicht zu leug-
nende Verdienste. Er starb aber 1770. Nach seinem
Tode wurde bey den Anstalten des Waysenhaußes
Böhmer der ordentliche Medicus, und das clinische
Institut dauerte auch unter seiner Aufsicht noch bis auf

wenige Jahre vor seinem Tobe fort, wie weiter unten
annoch erzählt werden soll. Golbhagen, welcher seit
1769 außerordentlicher Lehrer in dieser Facultät war,
wurde bald barauf auch Stabt, und landphysicus und
seine medicinische Praxis wurde bald sehr ausgebreitet.
Da er nun 1777 auch ordentlicher Lehrer der Medicin
werden solte; so machte es um Anfange einiges Be-
denken, ob er bey der überhäuften Praxi die von ihm
zu erwartenden mehrern acabemischen Arbeiten werde
bestreiten können; allein er machte solche Vorkehrungen,
daß seiner Aeußerung nach, alles wohl zusammen bestehen solle. Golbhagen war ein gelehrter und belesener
Mann in seiner Wißenschaft, und er machte sich anfänglich besonders mit den glücklichen Curarten der
Ausländer bekant, verpflanzte also gleichsam das aus-
ländische gutbefundene auf den hiesigen Boden, machte
seine Zuhörer damit bekant, und wurde einer der glücklichsten practischen Aerzte. Als Gelehrter würde er es
auch noch weiter gebracht haben, wenn seine so starke
Praxis ihm mehrere Muße, zum weitern mehrern lesen
und Ueberdenken beßelben, und zum eigentlichen stubi-
ren verstattet hätte. Böhmer hatte oben erwähnter
Maßen bey zunehmenden Jahren und bey öfterer kör-
perlicher Schwachheit seit geraumer Zeit die anatomischen Demonstationen völlig aufgegeben, aber dies war
nicht ohne Unschädlichkeit der Universität, und für die,
welche Anatomie zu betreiben hatten, daß sie sich dabey
blos an den Demonstrator der Anatomie halten musten;
dieser Jo. Aug. Wohlfarth wurde auch 1771 außerordentlicher Professor, und lebte bis 1784, da er
alhier verstarb: daher das Obercuratorium ernstlich
darauf

darauf bedacht seyn mußte, daß die Anatomie wieder
ordentlicher und mit der erforderlichen Genauigkeit gelehrt würde. In dieser Hinsicht wurde Phil. Fr.
Theod. Meckel hierher als ordentlicher Lehrer der
Anatomie und Chirurgie gesezt, und Böhmer erließ der Universität die Summe, welche er che-
mahls an den Professor Cassebohm für das anatomische Theater ausgezahlt hatte. Selbst wurde das
erste von Coschwiz erbaute Theater nicht etwa blos
reparirt, sondern es wurde ein neues erbauet, und dazu
trafen mehrere Umstände zusammen, daß dieser und
ein noch anderer eben so nothwendiger Bau zum Besten
der Universität unternommen wurde. Schon längst
waren nämlich die Zimmer auf der Wage, wo vom
Anfange der Universität an, die Bibliothek gestanden
hatte, theils unbequem gewesen, theils bey dem stär-
kern Anwachse der Bücher nicht groß genug geblieben, den Vorrath zu faßen; schon oft waren daher Vorschläge gethan und Entwürfe gemacht worden, sie in einen andern Ort der Stadt zu bringen, ein
ordentliches Gebäude dazu zu erlangen, und die Bücher
aufzusezen; aber immer traten Schwierigkeiten ein,
besonders die, daß kein Geld dazu vorhanden war, ein
eigentliches Bibliothek-Gebäude zu erbauen. Zugleich
war das ehemalige 1729 erbaute anatomische Theater
in mehrerem Betrachte unbequem, und dem Zwecke
überhaupt nicht gehörig angemeßen; und über demselben
als einem königl. Hauße lagen die Reise, welche zur
Anfertigung der Salztonnen für die königl. Coctur ge-
bräucht wurden. Der Minister von Zedliz würkte
es bey dem Könige aus, daß dies ganze Gebäude der

Univer

Universität geschenkt wurde, da denn unten das anatomische Theater, und oben das Bibliothek-Gebäude aufgeführt wurde. Seit mehreren Jahren hatte auch der
Minister von den Geldern, die zu den Besoldungen der
Professoren eigentlich bestimmt waren, nach gerade eine
ziemliche Summe, durch eine vielleicht mehrern nicht
sanfte Ersparung gesammelt, und diese wurde nun dazu
verwendet, daß unter deßelben — patriotischen Für-
sorge das schöne Gebäude auf dem Paradeplaze da stehet, in welchem oben die Bibliothek, und unten das
anatomische Theater, doch nur anf einige Jahre war;
dieser Bau wurde in den Jahren 1779 und 80 vorgenommen, und in dem lezten Theile des zweyten Jah-
res die Zimmer, dieser ihrer Bestimmung gemäß wirklich gebraucht.

In der Juristen-Facultät wurde schon 1764
der Prof. Bertram ordentlicher Lehrer, ob er gleich
wie bereits bemerkt worden, auf der Academie mehr Geschichte, Statistik, auch Cameralien vortrug, als die
eigentliche Jurisprudenz, da er auch mehreres in der Historie, theils in Uebersezung größer Werke, theils in
eigentlichen Schriften zur Statistik des deutschen Reichs
geschrieben, und überhaupt als ein sehr fleißiger Mann,
sich um die Universität verdient gemacht hat. Nach des
Professor Madihns weiterer Beförderung in Frankfurth 1772 wurde, das Jahr darauf 1773 von der
Universität Kiel der Prof. Jo. Heinrich Fricke als
ordentlicher Lehrer hierher berufen. Er hatte in Helmstädt und Göttingen studirt, daselbst promovirt, und
sich so wohl da, als auch in Kiel, wohin er bald befördert wurde, durch einige Abhandlungen, die zu der

speciel-

speciellen Rechts-Wißenschaft gehören, besonders durch
seine Schrift über das Handwerks-Recht, als ein gelehrter Mann bekant gemacht, weßwegen er auch den
Ruf nach Halle erhielt. Er versuchte zwar, den noch
immer alhier vorzüglich herrschenden demonstrativen
Ton etwas zu ändern, daher erwählte er sich gleich anfänglich einige specielle Theile der Jurisprudenz zu seinen Vorlesungen, wobey sich doch in Wahrheit nicht
viel eigentlich demonstriren läst, als: Bergwerks-
Forst-Handwerks-Recht u. s. w.; allein sein Leben dauerte blos bis auf das Jahr 1775, und zu seinen früh-
zeitigen Tode gab ein geringfügiger Umstand Gelegenheit.
Er hatte nämlich, der Klugheit nicht eben gemäß, den
hallischen wöchentlichen Anzeigen, nach der damahligen
Verfaßung des hiesigen Intelligenzwesens, eine Abhandlung über die Werbungen zum Soldatendienste einverleibet; aber der damahlige Chef des hiesigens Regiments
der Fürst von Anhalt-Bernburg-Schaumburg schickte
sie mit seiner klagenden Anzeige in das Kabinet des Königs, wodurch sich Fricke den königlichen Unwillen zu-
zog, und diesen nach seiner hypochondrischen Laune viel
zu hoch empfand, so, daß, obgleich der Fürst ihm bey
seiner zunehmenden Krankheit versichern ließ, er habe
gar nicht Ursach, seinem Verdruße so nachzuhängen,
und er könne versichert seyn, daß die ganze Sache weiter keine Folgen haben würde, seine Empfindungen so
tief und ihm angreifend wurden, daß er im Anfange
des Jahrs 1775 verstarb. In eben diesem Jahre wurde an seine Stelle Jo. Christian Woltär ordentlicher Lehrer, welcher nach einigen andern Bedienungen
und gethanen Reisen 1772 in Halle promovirte, und

das

das Jahr darauf das Assessorat in dem hiesigen Schöppenstuhle erlangt hatte; bey Erlangung der ordentlichen
Profession aber gab er dies nach der Verfassung des
Schöppenstuhls und der Facultät auf. Zugleich wur-
auch Heinrich Johann Otto König, der Sohn des
ehemaligen Hof-Raths und Prof., außerordentlicher Lehrer. Dagegen aber war bereits 1775 der Universi-
tät-Director Geh. Rath Carrach verstorben, weshalb
dar Geh. Rath Nettelbladt 1776 daßelbe wieder erlangte, ingleichen starb 1777 der Prof. Bertram und 1781
auch der Prof. Heißler. Schon vorher aber 1780
wurde Fr. Christoph Jonathan Fischer aus dem wür-
tenbergischen, durch eine Cabinetsresolution ordentlicher Lehrer, besonders des öffentlichen- und des Lehn-
Rechts. Nachdem er in Tübingen studirt hatte, ging
er nach Wien und wurde Secretair bey der baadenschen
Gesandschaft, bey dem Anfange des pfalzbayerschen
Krieges suchte er die Rechte des Haußes Pfalz zu vertheidigen, und wurde nachher zweybrückischer Legations-
Secretair, in Berlin suchte er 1779 eine Profession,
und so erhielt ihn die Universität Halle, da er denn auch
das Doctor-Diplom von seiner vaterländischen Universität Tübingen, in eben diesem Jahre erlangte.

In der theologischen Facultät war Baumgartens
Stelle durch die Kriegs-Jahre hindurch unbesezt geblieben, und der alte Prof. Michaelis, der ebenfals ein
Glied dieser Facultät war, starb auch 1764. In diesem Jahre wurde daher der bisherige außerordentliche
Lehrer Jo. August Nößelt Professor ordinatius, und
mit ihm zugleich Jo. Fr. Gruner, welcher ehedem in
Jena studirt hatte, und bisher Professor auf dem aca-
demi-

demischen Gymnasium zu Coburg gewesen war. Er hatte in den Humanioribus nicht wenig gethan, weshalb er zeitig in Coburg befördert wurde, und nunmehr, da die Theologie sein eigentliches Fach wurde, hatte er die erforderlichen guten Vorbereitungen. Bey diesen, und nach seiner Freymüthigkeit in der Theologie, wolte er nicht eben eifrig an der gewöhnlichen Formular-Theologie hängen bleiben, deshalb verstattete er sich in seinen theologischen Schriften, manche freye Aeußerungen, die freylich nicht überall so aufgenommen wurden, als er wohl wünschte. Aber, überhaupt zu urtheilen, fühlte er ganz richtig den Unterschied einer gelehrten und einer practischen populairen Theologie, welche lezte er oftmahls auf der Universität für künftige Prediger, außer andern Disciplinen zu lehren pflegte.

Francke starb 1769, und an seine Stelle wurde annoch in demselben Jahre der Prof. der orientalischen Sprachen Schulze, auch ordentlicher Lehrer der Theologie; da nun durch Franckens Tod das erste Directorat des Waysenhaußes auch erlediget war, so wurde der D. Knapp als bisheriger zweyter Director der erste, und der außerordentliche Prof. Freylinghaußen wurde der zweyte; aber Knapp starb auch 1771, der nebst seiner theologischen und historischen Wißenschaft, der rechtschaffenste und exemplarischste Mann war, welcher theils auf der Universität eine Menge von guten Theologen ganz uneigennützig erzogen, theils nach den alten und ersten, von den Stiftern des Waysenhaußes angenommenen Grundsätzen, diese Anstalten dirigirte und sie auch, so lange er lebte, bey ihren Vollkommenheiten erhielt. Nach seinem Absterben wurde Freyling-

O                                    haus

linghaußen der erste Director, und dieser bath sich den Prof. Schulze zu seinem Gehülfen und zum zweyten oder Condirector aus, wozu auch das Obercuratorium einstimmte. Beyde, der erste und der zweyte Director waren auf der Universität Lehrer der Theologie, der erste aber außerordentlicher, und der zweyte ordentlicher Professor, dieser offenbaren Unschicklichkeit wegen, erlangte also auch Freylinghaußen eine ordentliche Professur, da er schon so lange Professor extraordinarius gewesen war. Seine letzten Lebensjahre fielen in einen Zeitraum, wo die Umstände des Waysenhaußes manche Einschränkungen auf demselben nöthig machten, und wo auf der Universität, und besonders in der theologischen Facultät mancherley Mismuth und Verdruß unvermeidlich war, da die Glieder derselben bey ihrem Widerstande gegen viele Leichtsinnigkeiten und Petulanzen, welche der D. Bahrdt in dieser Zeit gegen sie beging, von dem Minister von Zedliz, nicht nur nicht geschützt, sondern ihm mehr Preiß gelaßen wurden. Freylinghaußen ließ nun zwar bey seiner natürlichen Aengstlichkeit alles stehen, wie es stand, und er fürchtete immer zu viel, bey irgend vorgeschlagenen Neuerungen auf dem Waysenhauße, und herzhaften, männlichen Vorstellungen der Facultät, aber dabey ließ er andern völlig ihre Freyheit im Denken, und hielt nach den damahligen Umständen es am rathsamsten, sich ganz leidenblich zu verhalten, da die Wirkungen des Leichtsinns schon endlich merklich werden würden, und dies geschahe auch wirklich; aber er erlebte es nicht, denn er starb 1785. Bereits von dem Jahre 1770 schien ein Privat-Docent zum künftigen Vortheil der Universität, sich alhier veste-

sezen zu wollen, aber am Ende verlohr ihn dieselbe
doch, es war dieser Jo. Jac. Grießbach. Zwar
wurde er 1773 außerordentlicher Lehrer der Theologie,
und da er sich unter Semler besonders gebildet hatte,
so wünschten beyde, in eine nähere collegialische Verbindung zu treten, und in ihr zu verbleiben; allein
Grießbach wurde 1775 als ordentlicher Lehrer nach
Jena berufen, und der Minister von Zedliz wirkte ihm
die Entlaßung von der hiesigen Academie aus, daher
er seit der Zeit auf der jenaischen Universität als Lehrer
der Theologie stehet.

Im Jahre 1777 wurde der jüngere Knapp,
Georg Christian, der Sohn des 1771 verstorbenen
ältern, außerordentlicher, und nach Gruners 1778
erfolgten Absterben, wurde dies ebenfals Aug. Herm.
Niemeyer 1779. Beyde hatten als gebohrne Hallenser, auf hiesiger Universität, der erste auch eine Zeitlang in Göttingen die Wißenschaften getrieben, und
Knapp wurde 1782 ordentliches Mitglied der theologischen Facultät, Niemeyer aber 1784, und nach Freylinghaußens Tode, da Schulze das erste Directorium
des Waysenhaußes erlangte, wurden diese zwey Con-
directores dieser Anstalten, da außer der allgemeinen
M direction der erste besonders das oconomische Fach,
und der zweyte insonderheit das Pädagogium, dem er
auch als Aufseher vorstehet, zu besorgen hat.

In dieser Facultät war Semler annoch der einzige aus der vorigen Periode, und seine gröste Thätigkeit und Wirksamkeit fiel auch in die jezige. Bald,
da er hier zu lehren anfing, dräng er auf den Unterschied der Theologie und der Religion, und bey dieser

O 3

wieder auf den Unterschied der öffentlichen und der
Privat-Religion. Die Theologie hielt er für einen
Gegenstand der Gelehrsamkeit, worüber die Theologen
als Gelehrte reden, schreiben und streiten möchten, wie
sie wolten, diese aber, die Religion, hielt er für etwas
subjectives, für ganze Gesellschaften, und diese nannte
er die öffentliche, oder für einzelne Menschen, die
Privat-Religion, welche bey der unendlichen Verschiedenheit der moralischen Geschöpfe unendlich verschieden seyn könne und seyn müße. Weil nun diese
seine Unterscheidungen oft übersehen worden; so scheint
er auch oftmahls nicht consequent gedacht und gehandelt
zu haben, und so ist er auch als Theologe bey seinen
Lebzeiten durch so verschiedene Gerüchte, gute und böse
gegangen. Nach diesem Unterschiede, den er freylich
nicht immer, da er ihm so geläufig war, kentlich genug
machte, arbeitete und schrieb er so viel, daß er einer
der grösten Polygraphen seiner Zeit wurde. Nach seiner ausgebreiteten Kentniß in der Kirchengeschichte, und
nach seiner großen Belesenheit in den ältesten und
neuern Kirchen-Schriftstellern, hielt er besonders auf
die historische Erklärung der biblischen Bücher, dabey
aber wieder nicht in Abrede gestelt werden kan, daß er
sich manchmal historische Hypothesen machte, und ihnen
gemäß erklärte, obgleich jene noch nicht zur gehörigen
Wahrscheinlichkeit gebracht worden waren. Manchmal
wäre es auch wohl beßer gewesen, daß er einige Materien nicht in der deutschen Sprache geschrieben hätte,
die zur eigentlichen gelehrten Theologie gehören, als
wodurch er bey manchen Unruhe, Zweifel und Unge-
wißheit verursacht hat, die seine Grundunterscheidungen
nicht

nicht einsahen, ober wohl nicht einsehen konten, und
überhaupt macht auch seine Schreibart, daß seine Vorstellungen oftmahls dunkel und zweydeutig scheinen:
aber da er so geschwind dachte, und das gedachte so
gleich, wie er es dachte, niederschrieb, ohne an die
Zeichen und ihre Verbindung viel zu denken, so konte
es auch nicht anders seyn, als daß viele mit Recht über
Dunkelheit in seinen Schriften klageten. Uebrigens stand
Semler als ein gelehrter, freymüthiger und entschloße-
ner Mann bey seinen Obern und Vorgesezten in einem
besondern Zutrauen, daher sein Einfluß unter den Cu-
ratoren der Universität, den Ministern von Danckelmann, von Fürst und von Zedliz immer sichtbar genug
war: doch änderte sich dies unter dem lezten im Jahre
1779, da er viel von dem Zutrauen des Minister von
Zedliz verlohr, wozu der bekante D. Carl Friedrich
Bahrd die Gelegenheit gab. Dieser kam 1779, nachdem er in mehrern ansehnlichen und einträglichen Aemtern bereits gewesen und aus ihnen getreten war, oder
sie aufgeben muste, nach Halle, um alhier bey der
Universität auf irgend eine Art angesezt zu werden:
der Minister schien ihn als einen Mann von wirklichen
Talenten unterstüzen und befördern zu wollen, ob er
gleich nicht eigentlich theologische Wißenschaften lehren
solte. Semler hielt so gar seinen Aufenthalt in Halle
und seine Verbindung mit der Universität, dieser um so
viel nachtheiliger, je genauer sie etwa seyn möchte.
Mit starker Herzhaftigkeit widersezte er sich den verschiedenen Entwürfen, die der Minister Bahrds wegen zu machen suchte, und er ging auch vielleicht in
dem Widerspruche gegen den nun einmahl aufgebrach-
ten

ten Obercurator zu weit; die Folge davon war aber,
daß ihm das Directorat des theologischen Seminarium
genommen wurde, welches der D. Nößelt, ob gleich
sehr ungern, indem es bisher in guten Händen gewesen war, über sich nehmen muste; überdem erhielt die
Universität den Befehl, dem D. Bahrd als einem
Privat-Docenten nicht hinderlich zu seyn, wenn er
Vorlesungen, philosophische, philologische und rhetori-
sche halten wolte, mit der eigentlichen Theologie aber
würde und solte er sich nicht abgeben. Nun lehrete er
also, und seiner Talente, seines Rufs, aber auch seiner Leichtsinnigkeit wegen, lehrete er mit sichtba-
ren großem Beyfalle vieler jungen Leute; auch, da er
Vorlesungen einer gemeinnützigen Moral ankündigte,
mit großem Zulaufe vieler Leute aus andern Ständen,
selbst mehrerer Fräuenzimmer in Halle, davon manche
durch Bahrds rednerischen Vortrag bis zu Thränen
gerührt wurden. Semler konte sich dem damahligen
Strohme nicht weiter entgegensezen, und wolte sich der
jedesmahlige Prorector nicht vielem Verdruß aussezen,
so muste er auch die Sache mit dem D. Bahrd laufen
laßen, wie sie ging; aber die Umstände änderten sich
1786 wider alles Vermuthen, Bahrd hörte mit einem mahle auf zu lehren, er kaufte sich ohnweit Halle
einen Weinberg, ward Gastwirth, legte darin einen
Coffee- und Bierschank nebst Billard an, machte darin
den muntern und aufmunternden Wirth, und schrieb,
wenn es seine häußlichen Geschäfte zuließen, mit einer
bewundernswürdigen Schnelligkeit, kam aber auch
1789 auf specielle Ordre in Inquisition, weil er auf
mehrere, selbst auf die ersten Männer des Staats, ja

so

so gar auf des Königs Majestät schandbare Pasquille gemacht hatte, und das Resultat der gerichtlichen Untersuchung war, Bahrd solte ein Jahr lang zur Strafe auf der Citadelle in Magdeburg sizen. Er wurde dahin wirklich abgeführt, und hatte auch in seiner Gefangenschaft anfänglich sehr gute Tage. Semler nahm sich nun wieder des Gefangenen überaus thätig an, und er würde noch mehr gethan haben, wenn er nicht von seinen Freunden abgehalten worden wäre, denn er hatte wirklich einen Entwurf gemacht, um Bahrden wieder seine Freyheit zu bewirken, der Verfaßer dieser Schrift hat ihn selbst von einem bedenklichen Schritte dazu abgehalten; überhaupt hätte sich Semler nicht weiter in diese Sache mischen sollen. Nach einigen Monathen erhielt aber Bahrd seine Freyheit, und so gleich sezte er sich auf seinen Weinberg, fing seine Wirthschaft wieder an, und sezte andere schriftstellerische Arbeiten fort, aber er lebte nur noch eine kurze Zeit, da er 1791 in eine langsame Krankheit verfiel, woben er sich selbst, nach seiner Lieblings-Idee: „ein Geistlicher müße auch ein Arzt für den Körper seyn„ curiren wolte, er that es, und curirte sich 1792 ins Grab.

In den gröſten Theile dieses Zeitraums hatte der Minister von Zedliz das Curatorium der Universität, und ein jeder muß es ihm nachrühmen, daß er alles gethan hat, was er zum Besten derselben thun konte, und demselben gemäß erachtete. Selbst als Gelehrter wuſte er den Werth der Wißenschaften, und als Geschäftsmann den Einfluß derselben in die Geschäfte, und in das gemeine Beſte. Keinen Theil der Gelehrsamkeit gab es,

den

ben er nicht zu schäzen wuste, und keinen Theil gab es, mit
dem er sich nicht selbst nach seinen Verhältnißen hätte be-
kaт machen sollen. Er hörete deshalb noch als Minister
eigentliche Vorlesungen und eine jede Gelegenheit war
ihm angenehm, seine Kentniße zu bereichern. Wahre
Frenheit im Denken und Frenheit in dem Vortrage war
ihm stеts ein Kleinod, welches er zum Besten der Wißenschaften und zur wahren Aufklärung herzhaft zu erhalten
suchte. In dem Umgange mit Gelehrten selbst, ließ er
deshalb einem jeden seine Frenheit, er mochte nun neuere
Begriffe haben, oder bey den alten lehrgebäuden bleiben
wollen; genug, wenn nur die Meynungen unschäblich
waren *). Als Curator der Universitäten, vergab er unserer Academie gewiß nichts, und bey Ersetzung der ledi-
gen Stellen, sahe er immer auf Männer, die den Wißenschaften Ehre machen könten. Alte literatur und Pädagogik waren ihm besonders lieblingsfächer, und er gab
sich alle Mühe, diese auf der Universität recht empor zu
bringen, so wie er auch besonders suchte, solche Einrichtungen auf ihr zu treffen, die zu ihrem mehrern äußern
Ansehen abzweckten. lehrer behandelte er besonders an-
ständig und sanft, und in Absicht der academischen Disciplin, war ihm immer eine gehörige Strenge angenehmer
als Nachgiebigkeit: nur bey diesen oder jenen Vorfallenheiten hielt er sich nicht so genau an die Geseze gebunden,
und handelte, um die Sachen geschwind zu beendigen,
oder seinen Zweck zu erreichen, nach einer etwas eigen-
sinnigen Willkühr, daben doch aber seine Absichten die
besten

*) In der berlinischen Monatsschrift vom Jahre 1793, Mo-
nat Jun. Seite 537. ist sein Character als Gelehrter und
Staatsmann weiter entworfen worden.

besten waren, wenn er auch nachher einsehen muste,
daß er seine legten Endzwecke nicht, wie er dachte, erreicht
hatte.    Auch für das äusere Wohl der Lehrer wär er be-
sorgt, und er errichtete deshalb im Jahre 1776 eine
Universitäts-Witwen Casse; da einige Gelder, die ehemahls pflegten vertheilt zu werden, dahin verwendet
wurden, um den Witwen der ordentlichen Professoren,
eine jährliche bestimmte Pension zu versichern. Der
Geh. Rath von Segner hat den Plan dazu entworfen,
und um hier behutsam und sicher zu gehen, muste nach
der Zahl der Lehrer im Durchschnitte, so wohl ihrer Mor-
talität nach, als nach der Lebensdauer der Witwen derselben, der Plan angelegt werden. Diese damahls errichtete und approbirte Anstalt, dauert noch so fort, wie sie
im Anfange angelegt war, und beruhet auf genauen
Calculationen: denn Segner nahm die Zahl der Professoren etwa zwanzig an, und nach dieser und der wahr-
scheinlichen Zahl ihrer Witwen, wurden alle Berechnungen angelegt. Aendert sich nun aber diese Grundprämiße;
so müßen sich auch alle daraus hergeleitete Folgen abän-
dern, und dies ist jezt der Fall, da neuerlich die Zahl der
ordentlichen Lehrer weit größer worden ist, als sie damahls und auch je vorher gewesen ist, und jene geringere
freylich zum Grund gelegt werden muste.    Eine natürliche Folge davon muß seyn, daß entweder die künftigen
Witwen bey vergrößerter Zahl derselben — und diese
muß nach dem Laufe der Natur erfolgen — nicht mehr
die bestimmte jährliche Summe erlangen können: sondern einer jeden, nach den jedesmahligen vorräthigen
Geldern, etwas abgezogen, und die Witwen-Pension
bey denen später werdenden Witwen verkürzt, oder das

ganze

ganze Quantum der Einnahmen, durch anderweitige Fonds vergrößert werden muß, um die Pension ohne Verkürzung auszahlen zu können. Dies sind zwar künftige Zufälligkeiten, die aber eintreten werden, und eintreten müßen; auf welche man doch in Zeiten denken solte, damit alsdenn nicht Veränderungen und Einschränkungen nothwendig werden, über welche wohl mit vielem anscheinenden Rechte geklagt werden könte.

Bey dem Schluße dieser Periode im Jahre 1786 waren also die gesamten Lehrer, Professores, und Privat-Docenten auf der Universität folgende:

in der theologischen Facultät: Semler, Nößelt, Schulze, Knapp und Niemeyer,

in der juristischen Facultät: Nettelbladt, Westphal, Woltär und Fischer,
Extraordinarius in ihr: König,

in der medicinischen Facultät: Böhmer, Remme, Goldhagen und Meckel,
Extraordinarius in ihr: Supprian,

in der philosophischen Facultät: (Schulze), Förster, (Goldhagen), Karsten, Eberhard, Sprengel, Forster und Wolf,
Extraordinarius in ihr: von Lamprecht.

Privat-Docenten:
von den Theologen: Bahrd,
von den Juristen: D. Mencken und D. Bathe,
von den Medicis: die Doctores Junghanns, Richter, Bertram, Weber und Juncker,
von denen zur philosophischen Facultät gehörigen: die Magistri Krauße, Gütt, Fabri, Prange, Jacob, Rath und Meinert.

Fünfte

# Fünfte Periode.

### Von 1786 bis 1794 unter der bisherigen Regierung Friedrich Wilhelm II.

Gleich nach dem Regierungs-Antritte des jezigen Königs Majestät, wurden allen ganz unerwartete Veränderungen auf der Universität Halle vorgenommen. Im Anfange des Monats September, noch ehe allhier dem neuen Monarchen gehuldiget worden war, wurde der Cammerdirector, bey des Prinzen Heinrich königl. Hoheit, Carl Christoph von Hofmann, zum königl. Geh. Rathe und Cantzler bey der hiesigen Universität ernannt. Nach deßen Instruction hatte er die genaue Aufsicht über alles, was die Academie angehet, konte den Concilien der gesamten Professoren, oder der Decanen, und den Conventen der Facultäten beywohnen, wie es ihm gefällig war, konte bey den Prüfungen der Candidaten gegenwärtig seyn, sollte sein Name auf alle öffentliche Schriften der Universität gesetzt, alles, was irgend von Belang seyn möchte, ihm mit den Acten und mit den Votis der Professoren vorgelegt werden; überhaupt solte er in Absicht des academischen Senats das seyn, was in andern Collegiis der Präsident derselben ist, folglich solte sein Rang auch über den Prorector seyn, nur, daß, da der Präsident in einem Landescollegio zugleich auch Rath ist, der Cantzler der Universität doch nicht die Dienste der übrigen Glieder des academischen Senats, nicht

die

die eigentlichen Profeſſor-Dienſte verrichten ſolte. Dagegen ſolte er das beſte des Ganzen und aller einzeln be-
ſorgen, beſonders die acabemiſche Diſciplin, worüber
ſo oft auf allen Univerſitäten bittere Klagen geführt
werden, muſtermäſig einrichten, und darüber mit dem
Prorector und der ganzen Univerſität mit allem Ernſte
zu halten ſuchen. Der Obercurator von Zedliz und der
Canzler, zwiſchen welchen ſchon längſt die genaueſte
Freundſchaft feſt geknüpft war, arbeiteten nun gemeinſchaftlich, jener am Hofe, und dieſer einen großen Theil
des Jahrs hindurch, auf der Univerſität ſelbſt, ihr Be-
ſtes und ihren Flor zu befördern, und man iſt's der
Wahrheit ſchuldig, dem Canzler es öffentlich nachzurühmen, daß er wirklich große Verdienſte um die Univerſität
hat, die nie werden vergeßen werden. Durch ſeine Vorſtellung geſchahe es gleich, daß von den gnädigſten Monarchen der bisherige Fond der Univerſität mit 7000
Thlr. vermehrt wurde, um ihn den Bedürfnißen gemäß
zu verwenden. Da es nun aber der Academie an manchem fehlete, welches entweder wahres Bedürfniß, oder
doch Wohlſtand derſelben iſt; ſo wurden dieſe jährlich
zu erhebende Gelder verwendet, daß mehreres erkauft,
erbauet und abgeändert wurde. Hierher gehören
nun:

1. Der Ankauf des ehemaligen großen Fürſtengar-
tens, welcher einige Jahre vorher in Erbpacht ausgethan war. Nach eingegangenen Vergleich mit
dem bisherigen Erbpächter auf 1200 Thlr., erließ
der König den jährlichen Canon von 115 Thlr. und
da der bisherige botaniſche dichte neben dieſen Für-
ſtengarten gelegen und blos ein kleiner Theil von ihm
ge-

gewesen war; so wurde der nunmehrige botanische
Garten ohnstreitig einer der grösten auf den
deutschen Universitäten, da der ganze Garten aus
19¾ oder 18 Morgen und 33 Ruthen bestehet.
Nach der ersten Anlage und auch wirklichen Einrichtung solte ein beträchtlicher Theil deßelben an der einem Seite, der öconomische, und
der ganze übrige der botanische Garten seyn.
Ueber jeden derselben wurde ein besonderer Aufseher, über den botanischen der Professor Junghanns, und über den öconomischen der damahlige
Prof. von Lamprecht gesezt, jeder hatte auch seinen besondern Gärtner, und der öconomische war
in den ersten Jahren durch eine besondere Befriedigung dem Auge und der Untersuchung des Liebhabers
entzogen, da hingegen das Sehen und Untersuchen
in dem botanischen vom ersten Anfange an, einem
jeden, unter den nothwendigen Einschränkungen ganz frey stehet. Die Anlegung dieses großen
Gartens, der vorher fast in der Wildniß lag, erforderte allerdings viele Unkosten, dazu so wohl für
den botanischen, als öconomischen Garten mehreres
verwendet und ausgesezt werden muste. Als nun
der Aufseher des öconomischen Gartens im Jahre
1791 anderweit befördert wurde; so wurde der
Prof. Junghanns der Aufseher des Ganzen, nun
blieb zwar diese Abtheilung, doch wurde der Einheit
wegen alles, wie einem Aufseher, so auch nur einem
Gärtner übergeben, und der Prof. der Botanik wurde angehalten, außer der vollständigen Botanik, auch
die öconomische besonders vorzutragen, jedoch werden

den die öconomischen und Manufactur-Pflanzen,
allerdings noch in dem Theile des Gartens mit gebauet, welcher der öconomische Garten genannt
wird, jetzt aber ohne Befriedigung so offen ist, daß
jeder die Pflanzen, welche in ihm gebauet werden,
eben sowohl sehen kan, als die, welche in dem botanischen stehen. Wie nun mit der Anlegung des
Gartens alles fertig war, so fehlte es doch noch daran, daß ein groß Stück Wand um ihn gezogen und
eine Wohnung für einen Garten-Knecht, als welche
die Beschaffenheit und Größe des Gartens erfordert,
erbauet werden muste. Der König assignirte zwar
zu diesen Bedürfnissen außerordentlich 1100 Thlr.
im Jahre 1792, aber der zeitige Aufseher des Gartens, der Prof. der Botanik Junghanns that aus
Patriotismus noch mehr, statt einer Wohnung für
einen Gartenknecht, erbauete er auch eine schickliche
und anständige Wohnung für den jedesmaligen Lehrer der Botanik, und das dazu noch mangelnde, schoß
und schießt er noch anjezo, aus seinem eignen Vermögen hinzu: der ganze Bau ist nun auch so weit
gekommen, daß im kurzen die Zimmer bewohnt werden können.

2. In diesem Garten wurde eine Sternwarte erbauet;
deshalb ein Thurm vom Grund aus aufgeführt werden muste. Dieser Bau und die nöthigen Instrumente kosten allerdings vieles, und der König gab
dazu außerordentlich über 5000 Thlr. Nun ist
der Thurm zwar fertig, aber noch fehlt es an den
erforderlichen Instrumenten zum Observiren, welche auch bereits schon lange in Arbeit genommen sind,

um

um dieses Gebäude seiner Bestimmung nach, wirklich zu gebrauchen. Die Aufsicht über diese Sternwarte hat der Professor der Mathematik Klügel, und unter seiner Anführung werden auch künftig die Observationes angestellt werden, davon aber vorjezt, weil die Einrichtung noch nicht zu Stande gebracht worden ist, nichts genaueres gesagt werden kan, außer, daß in diesen Tagen die zuverläßige Nachricht eingelauffen, daß nächstens die Instrumente ankommen werden.

3. Es hatte der Prof. Goldhagen ein ganz ansehnliches Naturalien-Cabinet, und dieses wurde nunmehr ihm für die Universität für 2500 Thlr. abgekauft. Er hatte es durch Ankauffung mehrerer kleinen Cabinette und durch Ankauf mehrerer Stücke von Naturalien-Händlern zusammen gebracht, und der Prof. Forster, der D. König und D. Martini hatten daßelbe ansehnlich bereichert. Es bestehet aus ausgestopften, ganz besonders seltenen ausländischen vierfüßigen Thieren und Vögeln, aus Conchylien, Fischen, Schlangen, Insekten, Mineralien und Versteinerungen. Nach vorhergegangener Taxe von zwey Sachverständigen wurde es von dem vorigen Besizer der Universität überlaßen; anfänglich war nun Goldhagen selbst der Aufseher, nach seinem Tode wurde es der Prof. der Medicin Green, und da auch dieser die Aufsicht darüber wieder aufgab, wurde im vorigen Jahre 1793 der hiesige Notarius Gottfr. Hübner Inspector dieses Cabinets, welcher theils für die erforderliche Erhaltung der Naturalien die gehörige Sorge tragen, theils

theils den Lehrern, welche die Naturgeschichte erklären wollen, die ihnen zum Vorzeigen nöthigen
Stücke herausgeben, und nach dem gemachten Gebrauch wieder in Empfang nehmen und gehörig
aufstellen muß.

4. Die Aufstellung dieses Cabinets erforderte einen
eigenen geräumigen Saal; der Professor der Anatomie fand auch die Bequemlichkeit bey dem vor
wenigen Jahren unter der Universitäts-Bibliothek
erbaueten anatomischen Theater nicht, die er wünschte, und die auch zu der Absicht erfordert wird; es
fehlte in ihm an Waßer, welches doch wohl auf
einer Anatomie ein wahres Bedürfniß ist, auch war
es nicht genugsam helle: imgleichen solten künftig
auf königl. Kosten chemische Operationes veranstal-
tet und zu diesem Zwecke ein Laboratorium erbauet
werden. Um nun dies alles in die Wege zu richten,
wurde wieder durch den patriotischen Vortrag des
Canzlers bey des Königs Majestät ein Theil des
alten Residenz-Gebäudes erbethen und auch erhalten. Nach der Angabe des Canzlers wurde also
ein neues anatomisches Theater, so wie es der Professor der Anatomie wünschte, erbauet; vermittelst
dahin geleiteter Röhren und eines Waßerständers
kan auf dem neuen Theater so viel Waßer erhalten
werden, als man verlangt, und daßelbe kan ganz
bequem wieder fortgeschaft werden, auch ist es weit
heller als das vorige, da ihm kein Gebäude gegen
über stehet; demselben zur Seite wurde ein chemi-
sches Laboratorium angelegt, und oben der Saal
zum Naturalien-Cabinet. Dies alles stehet nun

da,

da, die Naturalien sind aufgestellt, auf dem Theater werden die anatomischen Demonstrationes und
Präparationes vorgenommen, nur noch nicht die
chemischen Operationes in dem Laboratorio, da es bis
jezo an den Instrumenten fehlt, aber auch dieses
wird in der Folge in Gang gebracht werden. Obgleich mehrere hierzu erforderliche Unkosten auf andere Cassen assignirt wurden; so mußte doch der größte Theil derselben aus dem neuen der Universität ge-
schenkten Fond bestritten werden.

5. Die jährlichen Einkünfte für die Bibliothek — die
doch auch schon bisher wenigstens mittelmäßig waren — wurden mit 500 Thlr. jährlich vermehret,
um auch die neuesten auswärtigen und theils kostbaren Werke so gleich anzuschaffen. Diese Einrichtung muß natürlich einem jeden Liebhaber der Gelehrsamkeit auf der hiesigen Universität höchst angenehm seyn, da sich die öffentliche Bibliothek jährlich
so vermehrt, als vielleicht wenige andere, und nunmehr unendlich mehrere Hülfsmittel den hiesigen Gelehrten zu Dienste stehen, als ehemals, und ihnen
ihre Arbeiten immer mehr erleichtert werden.

6. Eine gewiß nie genug zu rühmende Neuerung war
die Errichtung eines philologischen Seminariums. Zwar hatte schon seit der Zeit, als Semler
Director davon war, das theologische Seminarium
einen ähnlichen Zweck, Humaniora nämlich in dieser
Anstalt zu treiben, allein bey dieser neuen Einrichtung gehen die Absichten weiter, und die Unterstützung
ist auch ansehnlicher. Dies philologische Seminarium wurde 1788 gestiftet, dabey die nächste Ab-

P                    sicht

sicht war: mehr gelehrte und vorzüglich mit Sprach-
und Alterthums-Kentniß verfehene Lehrer für die
Gymnasia in preußischen Landen zu ziehen, und der
Universität ein Hülfsmittel zu verschaffen, wodurch
auf ihr der Geschmack an Litteratur und Humaniora gegründet werden könte, da derselbe im Grunde
niemahls auf ihr herrschend gewesen ist. Zu diesem Ende sind immer zwölf fähige Köpfe als Mitglieder darin, die bereits einen guten Vorschmack
und Vorkentniße von der Schule mitbringen müßen,
besonders aber Neigung zum Schulstande und Lust
für dieses Fach der Gelehrsamkeit haben, wenn sie in
diese Gesellschaft aufgenommen werden sollen. Die
Aufnahme hängt lediglich von dem Professor der Beredsamkeit, als dem Director ab, welcher die Com-
petenten durch Aufgaben von Probeschriften, und
durch andere ihm zweckmäßig scheinende Mittel prüft.
Die innere Einrichtung ist nach dem Muster, der von
Geßner 1737 in Göttingen gestifteten Verfaßung,
da di Glieder den Director bey ihrem Privatstudiren,
um Rath und Beystand angehen können. In der
geschloßnen Gesellschaft selbst werden mehrere Uebungen angestellt, die insgesamt auf die so genannten
Schulwißenschaften und alte Litteratur Bezug haben,
und diese Uebungen sind theils mündliche theils
schriftliche. Jene gehen auf Erklärung alter
Schriftsteller, da entweder einer von den Seminaristen erklärt, oder, um eine Lehrfertigkeit zu erlangen, werden einige junge Leute aus den hiesigen
Schulen dazu gezogen, mit denen solche Uebungen
vorgenommen werden; und entweder wird vorher
schon

schon einer zu der anzustellenden Erklärung bestellt, oder es wird einer unvermuthet aufgefodert, daher jederzeit alle vorbereitet erscheinen müßen. Diese, die schriftlichen, bestehen in Ausarbeitungen über Materien aus eben diesem Bezirke, die vorzüglich lateinisch geschrieben, und alsdann entweder von dem Director öffentlich, oder von mehrern Mitgliedern, denen sie mitgetheilt sind, beurtheilt, und dieser ihre Meynungen zugleich bey der öffentlichen Recension berichtiget werden. Um aber noch mehr die Beurtheilungskraft der Glieder des Seminariums, im critischen und litterarischen Fache zu stärken, wird auch oft eine Lection, mehr eine vertrauliche Unterredung, als ein Collegium; da die Glieder ihre Zweifel und Bedenklichkeiten freymüthig eröfnen, dies also die Materie der gelehrten Unterhaltung wird. Es versteht sich von selbst, daß sich die Mitglieder außer diesen auch auf andere Wißenschaften appliciren mögen, wie sie wollen; jedoch müßen sie in einem jeden halben Jahre dergleichen philologische Vorlesungen hören, um solche Kentniße zu erlangen, zu deren practischen Anwendung das Seminarium ihnen Gelegenheit giebt.

Ein jeder von den zwölf Mitgliedern genießet der Regel nach, auf zwey Jahr ein jährliches Beneficium von 40 Thlr., jedoch wird auch wohl diese Zeit bey besonderm Fleiße und musterhaftem Betragen, noch in etwas verlängert: annoch ist außer diesem zur Aufmunterung bestgesezt worden, daß, wenn von einem oder dem andern, Abhandlungen verfertiget worden sind, die dem Director des Druckes werth

P 2                      schei-

scheinen, sie auf öffentliche Kosten gedruckt werden
können, wozu anfänglich noch besonders jährlich
30 Thlr. ausgesezt worden sind. Da nun dies ganze
Institut eine Pepiniere von guten Schulmännern
seyn soll; so ist den Gliedern derselben vorzüglich
zugesichert worden, sie in erledigte Stellen an guten
Schulen zu sezen: und in den wenigen Jahren, da
diese Pflanzschule errichtet worden ist, sind wirklich
schon mehrere angesehene Gelehrte aus ihr hervorge-
gangen, deren Verdienste gewiß nicht unbekant sind:
ich will nur einige anführen: der Ober-Prediger
in Neuwied Schellenberg, der Professor in Breslau Fülleborn, der Professor in Liegnitz Klose, der
Rector in Magdeburg Delbrück, der Conrector in
Hirschberg Fischer, der Rector in Brandenburg
Blühdorn, der Conrector in Berlin Rambach, der
durch seine Uebersezung des Tyrtäus und Homers
essay on man bekant gewordene Bothe, Morgenstern, Vater u. f. w. Auch die Vorlesungen, die
von den Prof. der Beredsamkeit und Director des
Instituts pflegen gehalten zu werden, zwecken insgesamt dahin ab, daß mehr Litteratur verbreitet, und
Schulkentniße immer mehr geachtet werden, als:
Universalhistorie der alten Welt, Encyclopädie der
alten Litteratur, allgemeine litterair-Geschichte, Geschichte der griegischen, der römischen Litteratur, griegische und römische Alterthümer, griegische und lateinische Prosaisten und Poeten u. f. w.

7. Es ist vorher erzählt worden, daß das ehemalige
clinische Institut des Waysenhaußes unter dem

alten

alten Profeſſor Juncker ſehr anſehnlich geweſen ſey;
freylich mußte es ſpäterhin durch die nöthigen Ein-
ſchränkungen auf dem Wayſenhauße auch eingeſchränkt werden: aber es dauerte doch noch immer
fort, und gleich in dem Jahre 1787 wurde ein neues
cliniſches Inſtitut errichtet, das lediglich von der Univerſität abhängt, und dazu jährlich 1000 Thlr. aus-
geworfen wurden. Dieſe Errichtung, ſo vortheilhaft
für die Candidaten der Medicin, und ſo wohlthätig
für die leidende Menſchheit, da die Kranken der
Stadt und der umliegenden Gegenden, beſonders
wenn ſie mit Krankheiten behaftet ſind, bey deren
Curart der junge Arzt noch manches erlernen kan, mit
Medicin und mit den dienlichen Speiſen unentgeltlich
verſehen werden, ſolte anfänglich mit dem Stadt-
lazarethe, welches unter der Aufſicht des Magiſtrats
ſtehet, in gewißer Maße verbunden, und deshalb auch
neue Zimmer erbauet werden, um die armen Kranken alle beyſammen zu haben; allein man gieng von
dieſem Plane wieder ab, ſo, daß die Kranken von den
Candidaten in ihren Wohnungen, wenn die Umſtände es erfodern, fleiſig beſucht, von der Beſchaffenheit ihrer Krankheit in dem Clinico an dem Director
referirt, und die Curart nachher vorgezeichnet wird.
Der Profeſſor und Ober-Berg-Rath Goldhagen
ſtand dieſer Einrichtung vor, und er hat wahrſchein-
lich auch die Inſtruction für den Director aufgeſezt,
die ihm wirklich Ehre macht. Im Jahre 1791
wurde dies Inſtitut in etwas wieder eingeſchränkt,
und gewißer maßen wurde es getheilt, da es nunmehr ein cliniſches und ein chirurgiſches Inſtitut iſt,

wel-

welches leßtere auch einige hundert Thaler hat, der
gröste Theil des ausgesezten Geldes aber ist bey der
clinischen Einrichtung geblieben, welcher der Professor Reil, so wie der chirurgischen der Professor
Meckel vorstehet.

§. Da es immer auf Universitäten arme Studirende
giebt, die zwar manche Wißenschaften gern treiben
möchten, aber das gewöhnliche Honorarium dafür
an die Lehrer zu bezahlen unvermögend sind; so haben zwar diese auf unserer Academie, es ihnen ganz
oder zum Theil zu erlaßen, sich bereitwillig finden
laßen. Damit aber diese doch einigermaßen bey der
großen Zahl der Unvermögenden in etwas schadlos
gehalten, und ärmere keine Entschuldigung haben
möchten, dieses oder jenes ihnen in Wahrheit sehr
nüzliches zu vernachläsigen, so ist 1787 die Einrichtung gemacht worden, daß einige solcher Wißenschaften besonders für Arme, welche Theologie studiren,
von gewißen dazu aufgeforderten Lehrern vorgetragen werden, dafür diese aber halbjährig etwas vest-
geseztes aus diesen neuen Fond erlangen. Unvermögende Studirende, die dergleichen zu betreiben
Lust haben, meldeten sich ehemahls bey dem Canzler
dazu, von ihm erlangten sie einen Admissions-Schein,
auf welchem sie von dem Lehrer zu diesen Vorlesungen zugelaßen wurden; doch gehen diese nicht so
wohl auf die ihnen nach ihrer künftigen Lebensart un-
entbehrlichen, als vielmehr auf solche Kentniße, die
jezt in der Welt gelten, und oftmahls neben jenen,
welche genug Lehrer vortragen, erfordert werden.
Bisher sind sie folgende gewesen:

1. Die

1. Die Volksmedicin als eine Wißenschaft für die, welche Theologie studiren. Allerdings wäre es gut, wenn Volkslehrer auch Volksärzte wären, und es giebt ja auch hin und wieder e nen Landprediger, welcher gar nicht unrechte medicinische Kentniße und Geschicklichkeit hat, sie auch bey seinen Pfarrkindern in sich ereignenden Fällen, ganz glücklich anwendet. Der Prof. Goldhagen, welcher zuerst diese Wißenschaft alhier lehrete, und zu diesem Zwecke auch ein eigenes Lehrbuch herauszugeben anfing — er starb aber während dem Abdrucke deßelben — hatte besonders bey diesem Lieblingsplane des Minister von Z d'itz zur Absicht, daß ein Prediger eine richtige Relation von der Krankheit des Patienten au zusetzen lernen solte, in Kleinigkeiten auch allen als Hausmittel anrathen möge, ohne doch in bedenklichen Vorfallenheiten sich irgend mit der Praxi abzugeben. Aber wenn er es nun thut? so ists ein Misbrauch, der freylich sehr schlecht ausschlagen kan. Dieses Collegium hat seit einigen Jahren wieder aufgehört, wenigstens lehrt niemand die Volsmedicin für die, welche Theologie studiren, und wolte es jemand thun; so wäre es eine gewöhnliche, aber nicht eine Vorlesung, die auf königliche Unkosten gehalten würde.

2. Die theoretische und practische Pädagogik. Die mehresten Candidaten der Theologie müßen sich oft eine gute Zeit mit der Erziehung abgeben, und brauchen auch selbst in ihrem künftigen Lehrstande

stande mehrere pädagogische Grundsäze. Da nun je t einigen Jahrzehnden diese Wißenschaft so sehr bearbeitet worden ist, als wohl keine andere, und von den angesehensten Pädagogen doch gewiß manches sehr zweckmäsiges und sehr anwendbares über eine gute Erziehung gesagt worden ist; so konte es nicht anders, als für Theologie studirende sehr vortheilhaft gehalten werden, ihnen mehrere Gelegenheit zu geben, diese Erziehungskunst so wohl theoretisch als practisch zu betreiben. Dem Prof. Niemeyer, welcher es schon lange besonders mit der Erziehung auf dem hiesigen Pädagogio zu thun gehabt hat, ist gleich vom Anfange dieser Unterricht und diese Uebung aufgetragen worden.

3. Die Naturhistorie hat vielen Reiz an sich, und eine sehr starke Beziehung auf andere Wißenschaften, gilt auch jezt vorzüglich unter den gesitteten Ständen der Menschen. Ehemahls sahen freylich die mehresten, welche die theologischen Wißenschaften studirten, die Naturhistorie gemeiniglich als ihnen etwas ganz frembes an, nur, daß manchmal einer oder der andere, so weit es seine Umstände zuließen, sich von selbst darauf legte: jezt aber, da es ihnen so nahe gelegt wird, auch sie eine sehr ausgebreitete und intuitive Kentniß durch das öffentliche Naturalien-Cabinet erlangen können, hat sie gar vielen Eingang gefunden, und der Prof. Forster hat diese Vorlesung, wie überhaupt, so insonderheit zum besten derer, die Theologie studiren, über sich genommen.

4. Eben

4. Eben diese Bewandniß hat es auch mit der Botanik. Keinesweges ist sie blos für einen Medicus, es giebt auch eine öconomische, und diese
so wol als jene ist auch dem Theologen sehr vortheilhaft, zumahl, wenn er zugleich Volksarzt
seyn soll: überdem ist es eine gute Empfehlung für einen jungen Gelehrten, wenn er
auch eine beßere Kentniß von den Pflanzen-
Reiche und der Anwendung der Pflanzen hat.
Diese lehrt der Prof. Junghanns als Lehrer der
Botanik, auch auf königl. Unkosten für die Liebhaber, die nicht Medicin studiren.

5. Physik oder Naturlehre kan nie ohne Schaden
von dem, der Theologie studirt, vernachläsiget
werden; aber bekänter maßen hat der Lehrer der
Experimental-Physik immer nicht wenige Unkosten, um die Experimente zu machen, und er hat
wohl gar von dieser Vorlesung nicht nur nicht
Gewinn, sondern wirklichen Schaden, wenn die
größere Anzahl der Zuhörer unvermögende Leute
wären, oder diese fänden aus dieser Ursach mehrere Schwierigkeiten, wenn sie zwar ihren Fleiß
darauf zu wenden wünschten, aber ihren Wunsch
nicht befriedigen könten; beyden ist durch die
königl. Milde auf der hiesigen Universität abge-
holfen worden, da der Prof. Gren, diese wichtige Wißenschaft auch auf königl. Unkosten lehrt.
Gerade ist dies der Fall

6. mit der angewendeten Mathematik. Instrumente, Maschinen und Modelle erfordern dabey
vielen Aufwand, aber der Gebrauch und die An-
wen-

wendung der verschiedenen Theile dieser Mathematik fält in dem künftigen Laufe der Welt ganz
häufig vor, sicherer aber gehet derjenige immer,
welcher alsdann mit eigenen Augen sehen und die
Entwürfe anderer richtig beurtheilen kan, ohne
sich in seinen Angelegenheiten dem oft sehr gemeinen und seichten Gutdünken anderer zu überlaßen:
der Prof. Meinert lehrt diese Wißenschaften
ebenfals auf königl. Befehl und Unkosten.

7. Historie, Staatenhistorie kan heut zu Tage gar
nicht entbehrt werden, wenn nicht der Geistliche
eine ihn sehr verkleinernde Unwißenheit an den Tag
legen will, und von den jezigen Weltbegebenhei-
ten kan kein, nur erträgliches Urtheil gefällt werden, wenn man nicht die Vorbereitungen und
Veranlaßungen aus dem vorher vorgefallenen ein-
siehet: überdem ist die Geschichte eine Disciplin,
die bey allen denen vorausgesezt wird, welche als
Erzieher, junge Leute zu bilden, anfangen sollen.
Der Prof. Krauße hat diese Vorlesung über sich
genommen, und sie wird ihm aus dem neuen
Fond vergütet.

8. Dies gilt auch von der Statistik, da man doch
den Staat, worinnen man lebt, und andere
länder, die unter einander in Beziehung stehen,
oder von denen oft geurtheilt wird, etwas beßer
nach ihrer Beschaffenheit, Regierungsart, Po-
pulation, Nahrungsstande u. s. w. kennen solte,
wenn man richtig über dieses oder jenes urtheilen
will. Diese Kentniße sind jezt so geltend, daß,

wenn

wenn jemand auch noch so viele theologische Kentniße haben solte, er bey dieser Art von Unwif-
senheit kein Mensch für die feinere und verstän-
digere Welt seyn würde; aber dies solte doch ein
junger Theolog zu seyn und zu werden sich äußerst
bestreben: hierin giebt nach der königl. Verordnung der Prof. Sprengel den Unterricht für
die, die nicht des Vermögens sind, den gewöhnlichen statistischen Vorlesungen gegen Entrichtung
eines Honorariums beyzuwohnen.

9. Archäologie, die Wißenschaft von den Kunst-
werken, sonderlich der Alten, richtig zu urtheilen, ist etwas besonders empfehlendes, und richtig verstanden, trägt es sehr viel bey, die alten
Schriftsteller beßer zu verstehen; aber sie sezt
auch eine Geschicklichkeit im Zeichnen, und die
Proportion richtig zu treffen voraus, welches
in manchen Situationen so wohl den Gelehrten, als den Manufacturisten und Fabrikanten
ganz unumgänglich nöthig ist. Im Jahre 1787
wurde zu diesem Endzwecke der bisherige Privat-
Docent Prange außerordentlicher Professor,
und es wurde ihm zur Pflicht gemacht, so wohl
theoretische Vorlesungen über die bildenden Kün-
ste zu halten, als auch practischen Unterricht in
den Arten derselben zu ertheilen, da denn die unvermögenden Studirenden, welche daran Antheil
nehmen wollen, ihn umsonst haben können. Dieses Institut ist nachher 1791 noch weiter, auch
außer der Universität ausgedehnt worden, indem
es zugleich zu einer Provinzial-Zeichenschule von

der

der Academie der bildenden und mechanischen
Wißenschaften, für Handwerker, als Tischler,
Zimmerleute, Maurer, Gürtler, Gold- und
Silber-Arbeiter, Schloßer, Formschneider,
Tapezirer u. s. w. gemacht worden ist, da denn
diese Leute wöchentlich sechs Stunden ebenfals
unentgeltlichen Unterricht in diesen ihnen so nö-
thigen Sachen erhalten.

Ueberhaupt sind diese auf unserer Universität ge-
troffenen Einrichtungen sehr vortreflich und des wärm-
sten Dankes würdig; nur ist zu wünschen, daß der
academische Auffenthalt so vieler, sonderlich Theologie
Studirenden nicht auf das viel zu kurze Biennium eingeschränkt bleiben möge; denn bey einer solcher Einschränkung muß doch eins, oder das andere, das nöthige,
oder das überaus vortheilhafte und empfehlende vernachläßiget, da doch nach den weisen Absichten des Königes beydes unter und mit einander soll verbunden
werden. Alle diese neuen Institute hat die Universität
dem Canzler von Hofmann nachzurühmen, und nie
wird sie diese patriotischen Verdienste beßelben um sie
vergeßen können. Aber er ging auch noch weiter, da
er viele von den hülfsbedürftigen, doch hofnungsvollen
Studirenden sehr thätig unterstüzte: ein Lehrer konte,
wenn er dem Canzler einen solchen empfahl, auf eine
ansehnliche Hülfe für den Anempfohlnen zuverläßig
rechnen, wodurch mancher arme Mensch in großer Verlegenheit neuen Muth und Kräfte gesammelt hat.

Natürlich musten diese neuen Einrichtungen so
viel Geld wegnehmen, daß das mehreste von dem neuen

Fond

Fond, wenigstens im Anfange, darauf verwendet wurde: denn dasjenige, was gleich anfänglich 1787 außer dem Canzler-Gehalte einigen sehr wenigen Professoren als Gehalts-Vermehrung gegeben wurde, war eine wahre Kleinigkeit, nur ein einziger junger Docent bekam, da er in der Geschwindigkeit eine ordentliche Profession erhielte, einen für einen Anfänger immer ansehnlichen Gehalt, ja er behielt ihn auch nachher, da er in ein anderes Landes-Collegium versezt wurde, also wirklich Universitäts-Gehalt hat, ob er gleich mit der Academie nichts weiter zu thun hat.

Bey der bisherigen Verfaßung der Universitäten, hat das Creditwesen der Studirenden überall viele Beschwerden verursacht; die Ursach dazu liegt keinesweges in den Gesezen, denn wohl auf allen Academien hat man vernünftige und weise Geseze, wie es mit den Creditiren an junge academische Bürger gehalten werden solle: In der Theorie läßt sich hiervon leicht viel Gutes sagen, wenn es aber auf die Anwendung und Execution der Geseze ankomt, alsdenn zeigen sich oft Schwierigkeiten, die bey allem guten Willen, auch der thätigste und rechtschaffenste Rector oder Prorector nicht zu überwinden im Stande ist. Ueberhaupt soll die academische Disciplin und Justiz — da die Studirenden annoch junge Leute, gemeiniglich zwischen 16-22 Jahren sind — viel väterliches an sich haben, und die Studirenden sind auch nicht mehr Schüler, und haben, und sollen bürgerliche Freyheit haben, gemeiniglich auch Vorrechte und Privilegien, die andern Bürgern nicht zukommen; daher aber entstehen jene Unbequemlichkeiten, weswegen man wohl gar die Universi-

.täten,

täten, — wie dies jezt laut genug gesagt wird —
für Schnizer wider die Moral und Psychologie ausgiebt.
Dies Problem aber ist außer meinem jezigen Gleise,
da sich auf beyden Seiten manches dafür und dawider
sagen läßt. Daß nun das häufige Creditgeben auf
Universitäten vieles vertheure, den Aufenthalt der Studirenden kostbar mache, sie zu einer Ueppigkeit verführe,
wodurch manche ganz verderben u. s. w. das ist eine Erfahrung, die nicht geleugnet werden kan. Um nun
das Uebel aus dem Grunde zu heben, ist schon mehrmahls eine Administrations - Anstalt vorgeschlagen *), auf der hiesigen Universität aber 1787 wirklich errichtet worden, so, daß Eltern und Vormünder,
die in Absicht ihrer Kinder und Pflegbefohlnen sicher gehen wollen, die für die ihrigen bestimten Gelder an die
Administration einschicken können, wornach diese einen
genauen Etat macht, und alles für den in Administration gegebenen bezahlt, ohne daß er weiter Schulden
machen dürfe oder könne. Es versteht sich von selbst,
daß es bey dem Willen der Eltern und Vorgesezten ste-
he, ob sie die ihrigen unter die Administration geben
wollen, oder nicht; im lezten Falle aber würden sie
auch gehalten seyn, alle legale Schulden, die die ihrigen gemacht haben, zu bezahlen. Bey dieser so guten
Absicht will doch bisher das Administrations-Wesen
in

*) Michaelis in dem Raisonnement über die deutschen
  Universitäten Th. 4. Seite 643. hat von den Admini-
  strations-Einrichtungen auf Universitäten, von dem guten
  und dem bedenklichen dabey mehr gehandelt, und die
  Realität seiner Urtheile, wird durch die Erfahrung be-
  stätiget.

in Halle, nicht in's große gehen, wie man doch anfänglich hofte und wünschte, die Zahl derer, welche
wirklich unter der Administration stehen, bleibt immer
noch sehr gering, davon die Ursachen schon in dem ein-
gezogenen Raisonnement ganz richtig erörtert worden
sind.

Polizey auf Universitäten ist, wie Polizey überhaupt,
eine Ergänzung der Moral;  in dieser Absicht wurde
auch einiges versucht, wodurch mehrere Moralität, und
— welches eine Folge ist — eine gehörige academische
Disciplin erlangt werden solte.  Hierauf solte nun
abzwecken:

1. eine gelehrte Gesellschaft, die alle Sonnabende
Nachmittags in der Wohnung des Canzlers, wenn
er in Halle gegenwärtig war, gehalten wurde. Es
kamen nämlich die Professores und Privat-Docenten nebst einer ansehnlichen Zahl von den jedesmahl
dazu erbetenen Studirenden zusammen, da denn
wohl von jenen Gelegenheit genommen wurde, sich
von Universitäts-Angelegenheiten zu besprechen, dies
oder jenes zu überlegen, und zu beschließen.  Nach
diesem wurde von einem, eine gelehrte Abhandlung
gelesen, wozu sich der Canzler und die Professores,
wie sie in diesen Vorlesungen auf einander folgen solten, durchs loos verglichen hatten.  Nach Verschiedenheit der Wißenschaften, die jeder vorzüglich be-
treibt, waren diese sehr mannigfaltig, und manche
derselben überaus belehrend.  Einige haben nachher
eine oder die andere ihrer vorgelesenen Abhandlungen
dieser, oder jener Zeitschrift einverleiben lassen, so
wie

wie sie ehedem gehalten worden war, oder mit einigen
Zusätzen und Abänderungen.

2. Alle Sonntage wurde gegen Abend Assemblee gehalten, dazu mehrere Professores und ihre Familien
und eine gute Anzahl von Studirenden eingeladen
wurden.    Diese Idee hatte man schon bey dem
allererſten Anfange der Univerſität, ſelbſt noch vor
der Inauguration, da in der Beſtallung des Canzlers von Seckendorf ihm mit aufgetragen wurde,
ein oder zweymahl in der Woche Aſſemblees zu halten, wo ſich ſo wohl die Lehrer, als die Studirenden
einander näher kommen könten, um guten geſell-
ſchaftlichen Ton und Feinheit im Betragen zu befördern.    Dieſes ehemahls vorgeweſene Project wurde
nunmehr 1787 realiſirt, und die Studirenden hatten nun auch mehr Gelegenheit, in Bekantſchaft mit
Familien zu kommen, und allerdings konte dies eine kräftige Anreizung zur Ordnung, zum Fleiße und
zur Moralität ſeyn; denn nur die, welche ſich gut
auszeichneten, wurden dazu invitirt; aber dies waren nicht etwa blos die vornehmern und reichern,
ſondern auch ſolche, die bey ihren eingeſchränkten
Umſtänden, wohl ſelbſt bey ihrer Armuth durch
Fleiß und Anſtändigkeit ſich empfohlen, und man
hatte Hofnung, daß ſich alles das gute und feine,
welches man beabſichtete, nach gerade über alle, oder
doch die mehreſten Studirenden verbreiten würde.
Es dauerte aber dieſe ganze geſellſchaftliche Einrichtung nicht lange genug, daß die Folgen davon ſichtbar hätten in die Augen fallen können.

Blos

Blos einige Monate waren unter der neuen Regierung verfloßen, als der Monarch das Ober-Schul-Collegium errichtete, unter welchem alle Schulsachen des ganzen Landes, und auch die Universitäten und deren Angelegenheiten stehen solten. Bisher war die Universität nach der Grundverfaßung an zwey Ober-Curatores gewiesen, und seit den Zeiten des Minister von Dankelmann war ihr blos ein Ober-Curator vorgesezt, und solten Stellen besezt werden, so verlangten die Curatores vormahls, bis in die Regierung Friedrich Wilhelms I. zuerst das pflichtmäßige Gutachten der Universität; nachher nahmen dieselben Rücksprache, theils mit dem Ober-Consistorio, theils mit andern Gelehrten, wie? und mit wem? die erledigten Stellen besezt werden könten. Daß dieses seine Unbequemlichkeiten habe, ist wohl unstreitig, da der Curator unrichtig von jemanden geleitet werden, oder selbst für, oder wider etwas zu stark eingenommen seyn kan. Der Minister von Zedliz hat daher die Idee schon längst gehabt, hierbey alles eigenmächtige und willkührliche zu verhüten, und also diese Angelegenheiten collegialisch zu betreiben. Bey dieser Gelegenheit waren die eigenen Worte des Ministers in einem Privat-Schreiben an unsere Universität: Die Gründe, warum ich glaubte, daß durch ein ganzes Collegium von Männern, deren Einsichten in Dingen dieser Art schon längst bewährt gefunden und anerkant waren, dem ganzen Schulwesen noch beßer, sicherer und dauerhafter gerathen wäre, als durch eine einzige Person, die mit dem besten Willen nicht leicht von allen Menschlichkeiten

Q                                   frey

frey bleiben könte, habe ich dem Publikum vorgelegt und bin mir innigst bewust, daß es die
wahren sind. Der Plan zu einem solchen Collegium war lange und reiflich überdacht, hatte den
Beyfall des Publikums erhalten, ward Sr. Majestät dem Könige zur allerhöchsten Genehmigung
vorgelegt, und erhielt sie völlig und ohne Einschränkung u. s. w. Und in einem königl. Rescripte
vom 29 Dec. 1787 heist es ausdrücklich: Es ist bekant, daß schon immer die Curatores in wichtigen
oder zweifelhaften Fällen, wie es denn auch füglich
nicht anders seyn konte, noch andere hiesige geschickte und gelehrte Männer zu Rathe gezogen
haben. Dadurch also, daß dergleichen Männer
durch höchste Autorität dem Curatorio beygefügt
worden, und mit dem Etats-Minister zusammen
künftig das Fach aller pädagogischen, gelehrten so
wohl als nicht gelehrten Anstalten, in ihre Ob-
acht nehmen sollen — ist dem Curatorio ein mehr
ausgebreiteter Rath beygesellt worden u. s. w. Es
wurde also das königl. Ober-Schulcollegium errichtet,
davon der Minister von Zedliz der Chef, und der
Canzler von Hofmann eines der ersten Mitglieder
wurde. Nach dem 2ten §. der Instruction für dieses
königl. Collegium, behandelt es alle Geschäfte collegialisch: wenn die Mitglieder nicht einstimmig
sind, so entscheiden die meisten, und wenn die
Stimmen gleich sind, so giebt der präsidirende
Staats-Minister den Ausschlag u. s. w. Nach
dieser gesamten Verfaßung konte also die Universität
Halle gegründete Hofnung haben, daß durch daßelbe

und

und durch deßen ansehnliches Mitglied, durch ihren
Canzler, ihr Flor und ihr Wachsthum am wirksamsten
werde befördert werden.

Gleich vom Anfange dieser neuen Einrichtung
schien man in Absicht der Lehrer den Grundsaz — den
der Minister von Zedliz ehedem doch nicht hatte —
angenommen zu haben: „man müße recht viele Lehrer auf der Universität ansezen;“ daher wurden im
Frühjahre 1787 acht neue Professores ernannt, und
bald nachher wurde von Zeit zu Zeit, die Zahl derselben noch mehr vermehrt, so daß sie bald so hoch anwuchs, als sie nie gewesen ist. Insonderheit wurden
in der philosopischen Facultät die bisherigen Privat-
Docenten: Jo. Christ. Krauße, Chr. Fr. Prange, Ludw. Heinrich Jacob und Fr. Meinert mit
einemmahle außerordentliche Professores, und der bisherige extraord. von Lamprecht, wurde mit dem Charakter eines Kriegs-Raths Professor Ordinarius; dagegen verlohr aber gerade in dieser Zeit, die Universität
eines ihrer würdigsten Glieder, den Hof-Rath und
Prof. Karsten, als welcher in April verstarb, da er
nur acht Jahre alhier in Halle sehr rühmlich gelebt, und
mit dem bestverdienten Beyfalle gelehrt hatte. An seine Stelle wurde der bisherige Professor in Helmstädt
Ge. Simon Klügel, als Lehrer der Mathematik anher berufen, welcher sein neues Amt 1788 antrat; in
diesem Jahre erhielt auch der Prof. Krauße eine ordentliche Profession der Geschichte, und M. Christ.
Gottf. Everbeck, wurde außerordentlicher Professor;
vor seiner Einführung und Verpflichtung aber erlangte

er

er einen Ruf in seine Vaterstadt Danzig als Professor,
welchen er annahm, und die hiesige Universität also verließ; auch erlangte der bisherige Rector in Bückeburg
S. Fr. Günther Wahl, nachdem ihm das königl.
Departement der auswärtigen Geschäfte, zum Dolmetscher der orientalischen Sprachen angenommen hatte,
auf unserer Universität eine außerordentliche Lehrstelle
der orientalischen, besonders der türkischen und persischen Sprachen.

In der medicinischen Facultät wurden ebenfals
1787 zu außerordentlichen Professoren ernant; Phil.
Casp. Junghanns, der schon mehrere Jahre Demonstrator der Botanik gewesen war: Aug. Wilh.
Bertram, Fr. Alb. Carl Gren und Jo. Christian
Reil, welcher lezte als practischer Arzt seit einigen Jahren in Ostfrießland gewesen war, und nun zurück nach
Halle berufen wurde. Der Senior dieser Facultät
Böhmer erlangte annoch das Prädicat eines königl.
Geh. Raths, lebte aber nur noch eine kurze Zeit, doch
überlebte er annoch den Prof. Goldhagen. Dieser erhielt 1787 den Charakter eines königl. Ober-Berg-Raths, starb aber gleich im Anfange des Jahrs 1788.
Außer seiner weitläuftigen Praxi, da er Stadt- und
Landphysicus war, hat er so wohl als Lehrer der Naturhistorie, als auch der Medicin viel Verdienste um die
Studirenden, und er stand in den zwey lezten Jahren
seines Lebens dem neuerrichteten clinischen Institute mit
viel Betriebsamkeit vor, deßen Einrichtung auch größtentheils von seinen Rathschlägen mit abgehangen hat.
Gleich nach seinem Tode wurde der Prof. Bertram

von

von dem hiesigen Magistrats-Collegium, in das erledigte Stadtphysicat erwählt, und wurde zugleich auch ein
ordentliches Mitglied der medicinischen Facultät; allein
nach einigen wenigen Wochen, noch ehe er als ordentlicher Professor eingeführt wurde, starb er auch, worauf die Professores Junghanns, Reil und Gren,
sogleich ordentliche Lehrer wurden, und dem Prof.
Reil wurde ebenfals das Stadtphysicat übertragen.
Mit dem clinischen Institute wurde in gewißem Betrachte eine Aenderung vorgenommen, denn es wurden
aus ihm zwey, das eigentlich clinische und das chirur-
gische, wie dies schon vorher bemerkt worden ist.
Außer diesen wurden aber auch gleich wieder, drey
zu außerordentlichen Professoren ernannt, die Doctores Jo. August Richter, Aug. Gottl. Weber
und Jo. Christ. Wilh. Juncker, der zweyte von
ihnen nahm 1789 einen an ihn ergangenen Ruf auf
die Universität Rostock an, und da nachher 1789 der
Geh. Böhmer verstorben war, so wurden diese zwen,
Richter und Juncker, ebenfals 1791 ordentliche
Lehrer in der medicinischen Facultät.

Schon 1787 war in der juristischen, der Privat-
Docent, D. Jo. Casp. Lud. Mencke mit den übrigen,
die oben genant worden, außerordentlicher Lehrer der
Rechte, und da in diesem Jahre das Administrations-
Institut errichtet wurde, so wurde er bey demselben zugleich Administrator, obgleich nach dem ersten Entwurfe
dieser Anstalt, niemahls ein Professor die Administration
haben solte. In eben diesem Jahre erhielt auch der bisherige außerordentliche Prof. König einen Antrag zu
einer

einer ordentlichen Profeſſur auf der Univerſität Königsberg, und ob er gleich im Anfange faſt entſchloßen zu
ſ.η ſchien, dieſe ihm angetragene Station anzunehmen;
ſo änderte er doch wieder ſeine Meynung, und lehnte
den ganzen Antrag ab, welches ihm aber der Miniſter von Zedliz nicht eben gnädig aufnahm, da er ſich
in Halle zu bleiben entſchloß.

Der ehemalige Obercurator und jeziger Chef des
Ober-Schul-Collegiums von Zedliz gab 1788 das
geiſtliche Departement und das Amt eines Chefs im
königl. Ober-Schul-Collegio an den jezigen Miniſter
Herrn von Wöllner ab, 1789 gab er alle ſeine Dienſte
auf, und 1790 wendete er ſich nach Schleſien auf
ſeine Güter, woſelbſt er 1793 verſtarb. In manchem Betrachte wurden nun wieder die Verhältniße
der Glieder dieſes neuerlich errichteten königl. Ober-
Schul-Collegii, unter einander in etwas geändert,
und [der von dem Herrn von Zedliz entworfene
Plan anders modificirt; dazu kam auch noch, daß
das zweyte Glied deßelben, der Canzler von Hofmann
aus dieſem Collegio ſchied, und er meldete es gleich
im Anfange des Jahrs 1791 der Univerſität ſelbſt,
daß er auch das Amt eines Univerſitäts-Canzlers aufgegeben habe, welche ſeine Entſchließung durch ſeine
damahligen Geſundheits-Umſtände verurſacht worden.
So viele und in Wahrheit wichtige Verdienſte er um
die Univerſität ſchon hatte, ſo unangenehm muſte ihr
dieſe Nachricht ſeyn, da ſie noch ſo viel auf ihn und
ſeinen Patriotismus rechnete. Da er nun die Directica
über die geſamten neuen Inſtitute auf der Univerſität

goo

gehabt hatte, so wurde diese unter mehrere getheilt, um
alles in seinem Gange zu erhalten, und dadurch das
Wohlseyn der Academie, so viel als möglich, zu befördern.
In dieser Hinsicht wurden von Hofe aus die Einrichtungen getroffen, daß der jedesmalige Prorector die Admis-
sions-Zettel an diejenigen Studirende ausgeben solle, die
die neuen königlichen Vorlesungen zu hören wünschten.
Bey dem ersten Anfange dieser Einrichtungen wurde
ganz vorzüglich die Volksmedicin und die Pädagogik
— denn dies waren des Minister von Zedliz seine lieb-
lings-Entwürfe. — beabsichtet, als worin auch die
künftigen Candidaten mit examinirt werden würden;
deshalb auch die unfleißigen selbst durch Strafen dazu er-
muntert werden solten. Jezt ist nun der Fall freylich
anders, da der Prorector blos die Scheine ausgiebt,
nach welchen die Zuhörer von den Lehrern angenommen
werden. Die Direction des clinischen Instituts erlangte der Prof. Kemme, die des botanischen Gartens
der Verfaßer dieser Schrift, und die über das Naturalien-Cabinet der Prof. Westphal, welche also die Aufsicht und die Abnahme der Rechnungen über sich haben,
welches sonst das Geschäfte des Canzlers war. Nach
Westphals Tode ist blos der Inspector Hübner über das
Cabinet gesezt und es ihm zur Pflicht gemacht worden,
es zu erhalten, die Naturalien aufzubewahren, und
die, welche der Prof. der Naturhistorie zum Vorzeigen in seinen Vorlesungen verlangt, ihm verabfolgen
zu laßen, und alsbenn wieder an sich zu nehmen;
aber die eigentliche Direction hat niemand.

In

In den verschiednen Facultäten ereigneten sich noch gegen den Schluß der ganzen Periode einige und zum Theil wichtige Veränderungen.

In der theologischen ließ man nach Veränderung des Obercuratoriums oder des Chefs des Ober-Schul-Collegiums, dem D. Semler, welcher seit 1779 viel gelitten hatte, in gewißer Absicht Gerechtigkeit widerfahren, da er nach seinen langen Diensten durch ansehnliche Gehalts-Zulage belohnt wurde; aber sein Leben war noch von kurzer Dauer, denn er starb 1791. Er war einer der größten Gelehrten, die auf der Universität in diesem Jahrhunderte gelebt haben, und ob er gleich durch die bahrdischen Unruhen ziemlich gebeugt und niedergeschlagen wurde, so hielt er doch immer in seiner Wissenschaft gleichen Schritt mit seinen Zeitgenoßen, und blieb bis an sein Ende der arbeitsame und freymüthige Mann, welcher er von je her gewesen war. Gegen das Ende seines Lebens schrieb er zwar manches, das mit seinen ehemaligen freyen Grundsäzen nicht vereinbar schien; allein er wuste sich immer mit seinem Unterschiede zwischen der öffentlichen und Privat-Religion aus der anscheinenden Inconsequenz zu ziehen. Sehr oft hat der Verfaßer dieser Schrift, vermöge ihrer intimen Freundschaft in dem familiairen Umgange mit ihm ihn dieser Unbeständigkeit beschuldiget, aber es lief seine ganze Vertheidigung dahin aus, öffentliche Religion müße, wie sie ist, aufrecht erhalten werden, obgleich die Privat-Religion anders seyn könne, und er als Theologe müße wieder davon Theologie unterscheiden, bey welcher mehrere Successionen der Vorstellungen von je her gewesen, und seyn müßen. In der lezten Zeit mach-

te

te er bey vielen, durch seine chemischen und alchemischen
Experimente, einen ihm nicht eben rühmlichen Eindruck;
allein man würde doch zuverläsig gegen ihn unbillig
seyn, wenn man dabey das viele übermiegende Gute,
welches er gewirkt hat, sogleich übersehen, und ihn zu
einem schwachen Manne herabwürdigen wolte, welches
er gewiß nicht war.    Da mir diese Umstände vielleicht
am genauesten, und auch das, was zu seiner Entschuldigung gereicht, bekant sind, so glaube ich, es erfordert die
Pflicht der Freundschaft, zur Ehrenrettung seines Freun-
des zu sagen, was man sagen kan.    Geiz und Geld-
gierde war es zuverläßig nicht, was ihn dazu brachte;
denn Geiz war kein, vielmehr Gutmüthigkeit und Frey-
gebigkeit ein fast zu starker Zug in seinem Charakter.
Und ob man sich gleich alle Mühe gab, ihn davon ab-
zuziehen, so ging es, wie bey allen Leuten, die diese
veste Idee haben, er wolte nicht hören; sehr viel war
es indessen, daß er einmahl durch den Augenschein
überführt wurde, er sey von einem schlechten Menschen gemißbraucht und betrogen worden, sogleich versicherte er auch mich, er würde alles offenbar für aller
Welt eingestehen, er that es in der berlinischen Monatsschrift im Jahre 1790, aber ganz wurde er von seinem
Vorhaben, wie man doch damahls glaubte, nicht ab-
gebracht.    Ueberhaupt war er ein Mann, der nach seiner großen Belesenheit von einigen der wichtigsten Gelehrten, als Leibniz und Cartesius, und von andern
sehr frommen Leuten, als Arndt und Andreä, gelesen
hatte, daß sie hierauf gearbeitet, oder noch mehr, daß
diese frommen Männer von Gott gewürdiget worden
wären, dies Wunder der göttlichen Macht, wie er
sich dabey auszudrücken pflegte — mit Augen zu sehen.
                                                          Nun

Nun war er gegen gelehrten Ruhm gar nicht unempfind-
lich, und in seinem Charafter lag auch wirklich eine
ziemliche Portion von frommer Schwärmerey, welche
Mischung es eben ist, woraus sich dieses, und manches
andere in seinem Leben erklären läst. Mit einem besondern Enthusiasmus redete er daher, wenn er auf diesen Gegenstand kam, von der göttlichen Hoheit, und
der menschlichen Unvermögenheit, besonders der Gelehrten, da, wie wohl sehr selten, ein Freund Gottes ohne alle Gelehrsamkeit und ohne Geldaufwand von Gott
gewürdiget werde, durch wahre Kleinigkeiten und geringfügige Dinge das wirklich zu finden, worauf so
viele vergeblich arbeiteten. Seine in Wahrheit auch sehr
geringen chemischen Operationen nannte er deshalb ein
Spiel, dabey er Gott überließe, ob er ihn so weit bringen, oder das Gesuchte ihm auch verborgen halten wolte.
Einen Auftritt mit ihm, welcher einige wenige Tage
vor seiner lezten Krankheit vorfiel, muß ich doch erwähnen, daraus man Semlern so ganz erkennen
kan. Auf sein Verlangen ging ich nämlich mit ihm in
das damahls neu erbauete pfännerschaftliche Siedehauß,
woselbst er die ganze neue Einrichtung und die Mani-
pulationes gern in Augenschein nehmen wolte. Bey
unserm Eintritte in daßelbe, sprach er so gleich mit besonderer Lebhaftigkeit den gegenwärtigen uns umrin-
genden Salzsiedern, bey ihren damahls allerdings verworrenen Umständen, Muth ein, ermahnte sie zur Hofnung auf Gott, und zur Treue gegen ihre Herren; diese wurden durch die Herzlichkeit Semlers so gerührt,
daß sie ihm ehrerbietig die Hände drückten und seinen
Ermahnungen zu folgen versprachen, darauf ließ er sich
von

von ihnen eine kleine Flasche von so genannter Mutter-Soole, oder dem Bodensalz derselben füllen, und sagte mir, er habe oft gelesen, daß in dieser Soole eine wahre Aureitas enthalten sey, und mit ihr wolte er doch auch sein Spiel fortsetzen. Gleich nach einigen Tagen verfiel er in seine lezte Krankheit, und auch hier redete er einmahl von seinen Versuchen, als von Spielen. Er hatte sich einige Retorten verschrieben, und ließ sich eine derselben auf sein Bette bringen, um sie anzusehen: bey dem Zurückgeben derselben sagte er mit einer heitern Miene; „ich habe auch ein paar Jahr gespielt." Mag dies Spiel immer eine Schwachheit gewesen seyn, so bleibt er doch als Gelehrter, und als Theolog, ein wichtiger Mann. Seine Stelle wurde bey der Universität nicht wieder besezt, außer daß nach einigen Monaten der bisherige Privat-Docent und Prediger bey der Ulrichs-Kirche M. Heinrich Ernst Güte außerordentlicher Professor der Theologie wurde.

In der juristischen Facultät wurde der immer noch außerordentliche Prof. König 1788 ordentlicher, so wie D. Joh. Christian Bathe außerordentlicher, und das Jahr darauf 1789 der Professor extraordinarius Mencke ebenfals ordentlicher lehrer; und im Jahre 1791 erlangte auch der sich seit einigen Jahren alhier aufhaltende Privat-Docent, D. Carl Christian Dabelow, aus dem Mecklenburgischen, eine außerordentliche lehrstelle, dagegen aber starb gegen den Herbst dieses Jahrs der Director der Universität, Geh. Rath Nettelbladt. Fast 46 Jahre hinter

tet einander hatte er mit unermüdetem Fleiße alle Theile
der Rechtswißenschaft auf der Universität gelehrt, und
hatte das Glück, bey einer ununterbrochenen Gesundheit die ihm so angenehmen Arbeiten der academischen
Vorlesungen bis auf wenige Wochen vor seinem Ende
fortzusezen. Er war einer der angesehensten Juristen,
welche die demonstrative Methode in ihrer Wißenschaft
eingeführt, und diese hat er auch durch sein ganzes
Leben in Halle erhalten, und er erhält sie noch nach
seinem Tode durch einige seiner Schüler. An seine
Stelle wurde der bisherige Cammergerichts-Rath in
Berlin Ernst Ferdinand Klein Director der Universität und Ordinarius der Juristen-Facultät mit dem
Charakter eines königl. Geh. Justiz-Raths und trat
dies sein Amt 1792 in Ostern an. Mit ihm erlangte
zugleich der älteste Professor in dieser Facultät und
auf der Universität, Westphal ebenfals das Prädicat eines königl. Geh. Justiz-Raths; aber er starb
bald gegen das Ende des Jahrs 1792, da er schon
seit mehrern Jahren kränklich gewesen; ehemahls, als
er völlig gesund war, gehörte er zu den fleißigsten Lehrern, und blieb bis an sein Ende einer der arbeitsamsten Facultisten, in seinem Leben aber war er der red-
lichste und gewißenhafteste Mann. Nun erhielt der
Professor Dabelow eine ordentliche Profession der
Rechte, da er schon vorher Beysizer der Facultät gewesen war.

In der medicinischen Facultät ereignete sich keine
weitere Veränderung, als daß der bisherige Privat-
Do-

Docent D. Curt Sprengel eine außerordentliche Stelle erlangte.

In der philosophischen Facultät änderte sich dagegen aber noch manches: denn 1791 war der bisherige außerordentliche Professor Jacob Ordinarius geworden, auch ging der Kriegs-Rath und Professor von Lamprecht als Kriegs- und Domainen-Rath bey der churmärkischen Kammer nach Berlin ab: schon kurz vorher aber hatte der Assessor des hiesigen Salzamts Joh. Christ. Chr. Rüdiger eine außerordentliche Profession bekommen, so wie auch 1792 M. Joh. Gr. Fr. Maaß außerordentlicher Professor, und der Professor Rüdiger Ordinarius wurde. Im Jahre 1792 wurde noch der Rector der Stadt-Schule im Joachimsthale Joh. Heinr. Tieftrunk zum ordentlichen Lehrer in der philosophischen Facultät ernannt, und erlangte zugleich das Recht, theologische Vorlesungen zu halten; endlich wurde auch noch 1794 der bisherige Privat-Lehrer M. Jo. Christ. Hofbauer außerordentlicher Professor der Philosophie.

In Absicht der Wissenschaften giebt es keine derselben und kein System in ihnen, welches nicht ebenfals auch bald in Halle näher erklärt und vorgetragen worden wäre. In der Philosophie war von Wolfs Zeiten an die leibniz-wolfische die herrschende, aber es traten von Zeit zu Zeit auch Lehrer auf, die die Philosophie des Crusius und anderer auf ihr aufzubringen suchten, und in den neuesten Zeiten, so bald als Kant mit der critischen

Phi-

Philosophie eine Sensation zu machen anfing, so standen auch sogleich Lehrer auf, die diese auf der Universität Halle in Gang zu bringen suchten, so, daß die dog-
matische und die critische mit allem Eifer alhier vorgetragen, gelehrt, erläutert und auch widerlegt wird.
Dies ist ein Stück der so nöthigen academischen Freyheit, da die jungen Gelehrten mit dem neuesten Zustan-
de der Wißenschaften bekant gemacht werden müßen,
denn sonst blieben, wenn ihre Lehrer nur das sagen wolten, was vor zwanzig und dreysig Jahren neu war, sie
merklich zurück, und ihre Kentniß wäre nicht den neuesten Zeiten angemeßen.   So ist es in der Philosophie,
und so ist es auch in allen übrigen Wißenschaften gegangen, da, wenn irgend etwas neues auffam, es
auch gleich auf der Universität Halle näher geprüft, aufgenommen oder verworfen wurde.   Ueberhaupt ist dies
in allen Wißenschaften vortheilhaft, daß von Zeit zu
Zeit Abänderungen entstehen müßen, denn sonst würde bey lang anhaltendem Stillstand, wirklich ein Rück-
wärtsgehen in den Disciplinen erfolgen, welches im
Ganzen, oder auch blos auf gewißen Sizen der Gelehrsamkeit und der Wißenschaften geschehen kan, und oft
geschehen ist.

Von je her hat man auch auf dieser Universität
gar vieles auf moderne Sprachen und Uebungen gehalten, ja eine solche Ritter-Academie, worauf Sprachen
und Uebungen getrieben werden, ging der Zeitfolge nach
unserer Universität voran, und die lezte entstand aus
der ersten.   Ohne viel vom Hofe ernanten Sprach- und
Exercitien-Meister, haben sich immer auch freywillige
Lehrer

Lehrer dieser Art genug eingefunden, die in den Sprachen und in den körperlichen Geschicklichkeiten Unterricht
zu geben bereit sind, auch andere, die in den schönen
Künsten Geschmack und Philosophie zu verbinden, und
ihre Kunst philosophisch noch mehr zu studiren suchen,
sind immer bereit gewesen, die Liebhaber unter den
hiesigen Studirenden in ihrer Kunst noch weiter zu
bringen.

Zwey Monate vor dem Schluße des ersten Jahrhunderts der Universität Halle sind nun die Lehrer auf
ihr folgende:

in der theologischen Facultät: Nößelt, Schulze,
Knapp und Niemeyer,

Extraordinarius in ihr: der Prediger M. Güte,

in der juristischen Facultät: Klein, Woltär, Fischer,
König, Mencken und Dabelow,

Extraordinarius in ihr: Bathe,

in der medicinischen Facultät: Kemme, Meckel,
Reil, Junghanns, Gren, Richter und
Juncker,

Zwar nicht Professor, aber Assessor in ihr ist auch
der Prof. Forster, und hat den dritten Ort.

Extraordinarius in ihr: Sprengel,

in der philosophischen Facultät: (Schulze), Förster,
Eberhard, Sprengel, Forster, Wolf,
Klügel,

Klügel, Krauße, Jacob, Rüdiger und Tieftrunk,

Extraordinarii in ihr: Prange, Meinert, Wahl, Maaß und Hofbauer.

### Privat-Docenten:

von den Juristen: die Doctores Stelzer, Leopold, Gründler und der Justiz-Director Hirsch,

von den Medicis: Jacob,

von denen zur philosophischen Facultät gehörigen: die Magistri Rath, Beck, Tieftrunk, Morgenstern und der Lector Hezel.